司法责任制度比较研究丛书

丛书主编：蒋新苗 肖北庚

湖南师范大学法学学科经费资助出版

德国司法责任制度研究

王葆莳 赵冠男 著

WUHAN UNIVERSITY PRESS
武汉大学出版社

图书在版编目(CIP)数据

德国司法责任制度研究/王葆莳,赵冠男著.—武汉：武汉大学出版社,2018.5

司法责任制度比较研究丛书/蒋新苗　肖北庚主编

ISBN 978-7-307-20192-7

Ⅰ.德…　Ⅱ.①王…　②赵…　Ⅲ.法律责任—司法制度—研究—德国　Ⅳ.D951.66

中国版本图书馆 CIP 数据核字(2018)第 087462 号

责任编辑:胡　荣　　　责任校对:李孟潇　　　版式设计:韩闻锦

出版发行：**武汉大学出版社**　（430072　武昌　珞珈山）

（电子邮箱：cbs22@ whu.edu.cn　网址：www.wdp. com.cn）

印刷：北京虎彩文化传播有限公司

开本:720×1000　1/16　印张:17.25　字数:254 千字　插页:1

版次:2018 年 5 月第 1 版　　2018 年 5 月第 1 次印刷

ISBN 978-7-307-20192-7　　定价:50.00 元

总　　序

司法责任一般是指司法责任主体违反其职业操守和背离司法权运行基本规律而需承担法律方面的不利后果，乃至遭受惩处的法律责任。早在我国西周时期《尚书·吕刑》中的"五过之疵"就可视为古代对判官追责的萌芽，而唐朝《唐律疏议·名例》所规定的"出入人罪"则更加明确了对司法官员追责的依据和标准。宋元明清在司法责任追究方面除沿袭唐制外，并无新的建树。1949年中华人民共和国成立初期全面废除旧法统，加之一些历史原因，导致我国的司法责任制度在很长一段时间内处于缺位状态。从20世纪80年代开始，一些地方法院开始试行"错案责任追究制"，以结果责任模式为逻辑建立法官责任制。我国《宪法》第126条明确规定"人民法院依照法律规定独立行使审判权"，但司法权作为一种权力，也会被滥用甚至导致腐败，因而必须通过责任追究等措施对司法权进行控制。中国有近20万名法官，掌握着司法权。法官在什么程度上承担责任，如何承担责任对人民群众的日常生活有重大影响，影响人民群众对依法治国的信心，影响人民群众能否在每一个案件中感受到公平正义。而1995年《法官法》的颁行是我国司法责任制建立的标志，该法于"惩戒"一章规定了对法官的追责事由与惩戒方式。此后，党中央与最高人民法院制定了诸多关于法官责任制的政策性文件与规定。1998年，最高人民法院颁布了《人民法院审判人员违法审判责任追究办法（试行）》和《人民法院审判纪律处分办法（试行）》。1999年《人民法院五年改革纲要（1999—2003）》（《"一五"改革纲要》）要求"对法官担任审判长和独任审判员的条件和责任做出明确规定"。2005年《"二五"改革纲要》要求"建立法官依法独立判案责任制，强化合议庭和独任法官的审判职责。院长、副院长、庭长、副庭长应当参加合议庭审理案件。逐步实现合议庭、独任法官负责制”。2009年《“三五”改革纲要》要求“建立体现宽严相济、促进社会和谐稳定的办案质量考评制度和奖惩机制，改进办案考核考评指标体系，完善人民法院错案认定标准和违法审判责任追究制度”。2010年最高人民法院发布了《法官职业道德基本准则》和《法官行为规范》。同年，全国政法工作会议提出了“四个一律”的要求。最高人民法院还发布了法官“五个严禁”(2009年)、“十个不准”(2013年)等禁令。

2013年11月12日，党的十八届三中全会通过了《中共中央关于全面深化改革若干重大问题的决定》，标志着我国改革进入了新的历史时期。十八届三中全会决定提出：“完善主审法官、合议庭办案责任制，让审理者裁判、由裁判者负责。”2014年6月6日，中央全面深化改革领导小组第三次会议通过了《关于司法体制改革试点若干问题的框架意见》，标志着我国开启了新一轮司法改革。该意见要求主审法官、合议庭法官在各自职权范围内对案件质量终身负责，严格错案责任追究。2014年10月23日，十八届四中全会通过的《中共中央关于全面推进依法治国若干重大问题的决定》进一步强调：“完善主审法官、合议庭、主任检察官、主办侦查员办案责任制，落实谁办案谁负责。……明确各类司法人员工作职责、工作流程、工作标准，实行办案质量终身负责制和错案责任倒查问责制，确保案件处理经得起法律和历史检验。”而《四五改革纲要》则更具体地提出：“按照权责利相统一的原则，明确主审法官、合议庭及其成员的办案责任与免责条件，实现评价机制、问责机制、惩戒机制、退出机制与保障机制的有效衔接。主审法官作为审判长参与合议时，与其他合议庭成员权力平等，但负有主持庭审活动、控制审判流程、组织案件合议、避免程序瑕疵等岗位责任。科学界定合议庭成员的责任，既要确保其独立发表意见，也要明确其个人意见、履职行为在案件处理结果中的责任。”2015年9月21日，最高人民法院发布了《关于完善人民法院司法责任制的若干意见》，该意见规定了审判责任的认定与追究，包括审判责任范围、审判责任承担、违法审判责任追究程序等。该意见第25条规定：

“法官应当对其履行审判职责的行为承担责任，在职责范围内对办案质量终身负责。法官在审判工作中，故意违反法律法规的，或者因重大过失导致裁判错误并造成严重后果的，依法应当承担违法审判责任。”2015 年 9 月 28 日，最高人民检察院发布了《关于完善人民检察院司法责任制的若干意见》，2016 年 7 月 22 日，中央全面深化改革领导小组通过了《关于建立法官、检察官惩戒制度的意见（试行）》，2016 年 10 月 22 日，最高人民法院和最高人民检察院联合将该意见发布。这标志着我国的司法责任制在全国范围全面推行。

习近平总书记指出，司法责任制改革是全面深化司法体制改革的“牛鼻子”。司法责任制改革在全面深化司法体制改革中具有基础性、全局性地位，是本轮司法改革的重要内容。当前，司法实践中依然存在冤假错案，有损司法公正和司法公信。导致错案的原因很多，但审者不判、判者不审、权责不清无疑是重要原因。司法责任制改革对于完善中国特色社会主义司法制度，促进司法公正高效，提高司法公信力具有十分重要的意义。如何科学界定法官的审判责任，构建符合权责一致性规律的法官责任追究机制，是当前人民法院深化司法责任制改革的一个重大课题。为此，习近平总书记还特别强调，全面深化司法体制改革，“要紧紧抓住司法责任制这个牛鼻子，凡是进入法官、检察官员额的，要在司法一线办案，对案件质量终身负责。法官、检察官要有审案判案的权力，也要加强对他们的监督制约，把对司法权的法律监督、社会监督、舆论监督等落实到位，保证法官、检察官做到‘以至公无私之心，行正大光明之事’”。

虽然《关于完善人民法院司法责任制的若干意见》、《关于完善人民检察院司法责任制的若干意见》以及《关于建立法官、检察官惩戒制度的意见（试行）》已经发布，但这不是我国司法责任制度改革的终点。司法责任制度的建立和完善是一项长期工程，不可能一蹴而就。域外一些法治比较发达的国家依然在通过推进司法制度改革不断完善司法责任制。比如，美国的司法责任追究制以美国联邦《宪法》第 2 条第 4 款和第 3 条第 1 款的“弹劾”为基础，而为完善司法惩戒机制进行的司法改革就从未停止过，2015 年 9 月美国联邦司法中心就对《联邦司法改革纲要》进行了新一轮修订。加拿大 1971 年设立了负责司法惩戒程序的司法理事会，但此后一直在对司法惩戒程序进行修正和完善，2016 年 10 月加拿大司法理事会又发布了《关于改革对联邦任命法官的司法惩戒程序的建议》。德国曾在 1851 年就设立了法官纪律法院（Dienstgericht），随后又通过《德国基本法》和《德国刑法典》等不断健全和完善法官的弹劾与惩戒机制。由此可见，域外司法责任制的推行是一个长期的、不断探索发展完善的过程。要在我国科学构建和完善司法责任制度并使其在实践中发挥应有的作用，在上述关于司法责任制和惩戒制度的意见颁布之后，还有很长的路要走。除了上述意见本身还需要解释细化之外，我国司法责任制的基本原则、司法责任制的适用范围和标准、司法责任追究的程序和承担形式等都还需要进一步完善。

法治是人类智慧的结晶，是人类文明的共同财富。不能因法律的政治目的不同而抹煞其具体功能上的一致性，更不能以政治体制的不同而否认不同法律制度间相互借鉴的可行性和必要性。我们要积极借鉴人类社会创造的一切文明成果，不管是哪种社会制度下创造的文明成果，只要是进步的优秀的东西，都应积极学习和运用。① 各国司法制度在回应社会需要和自身的发展规律等方面已有趋同之势。一些国家的司法责任制度已经比较成熟，司法惩戒程序已经运行多年并积累了丰富的案例。我国的司法责任制改革应该树立现代司法理念，勇于冲破思想观念的障碍和利益固化的藩篱，直面改革中的深层次问题，积极借鉴国外司法责任制度发展的经验。尽管司法更多地体现了一种地方性知识，但司法改革也要尊重司法自身的规律。考察不同国家的司法责任制度及其演变过程，有助于总结司法责任制改革中的司法规律，有助于理解当前中国司法责任

① 《深刻领会和全面落实邓小平同志的重要谈话精神，把经济建设和改革开放搞得更快更好》（1992 年 6 月 9 日），载中共中央文献研究室编：《十三大以来重要文献选编》（下册），中央文献出版社 2011 年版，第 2068～2069 页。

制改革面临的问题和使命。

目前，我国的司法体制改革已进入深水处，司法责任制的建立和完善已到了全面推行的阶段，仅仅靠自己摸着石头过河还不够，在某些方面也许还需要借鉴和参考具体细致的域外经验。理想的状态是，针对一项改革措施，能够尽可能全面地收集域外做法，包括一项制度的演进脉络、配套措施、实施效果和不利影响等。然而，现有的对域外司法责任制进行研究的比较法资料不够全面、系统、深入和具体。为此，我们选择了英国、美国、加拿大、德国、法国、澳大利亚、日本以及我国香港特别行政区、澳门特别行政区等能够代表英美法系和大陆法系主要国家和地区的司法责任制度为研究对象，对这些国家或地区司法主体的职责、行为规范与惩戒程序等进行分门别类、全面系统的研究，力图将各个法域关于司法责任的立法、理论和司法实践图景完整展现，使国内读者能够直接、全面地掌握相关资料。通过对司法责任制的比较研究，有利于厘清司法责任制的内涵与外延、司法责任的范围和法律依据，有助于借鉴国外司法责任制在具体内容和形态(如惩戒责任和刑事责任)、责任追究程序(例如惩戒诉讼)等方面的先进经验，为我国的相关制度构建提供理论支撑，为司法责任制度的进一步完善提供参考资料。

比较法研究应当是问题导向和功能主义的，本丛书不拘泥于其他国家或地区包括“司法责任”的概念或法条，而是关注我国司法责任制改革所需要解决的问题，探究其他国家为了达到相似的功能所采取的制度安排以及背后的成因。需要说明的是，我们清醒地认识到，域外关于司法责任制度的实践经验并不是解决中国问题必然可行的“灵丹妙药”。因此，这一套司法责任制度比较研究丛书提供的是一种视角、一种思路、一种启发，而不是一种答案。对于中国的司法改革来说，无论是本土资源，还是域外经验，都是一种视角，还需要通过进一步研究转化为可操作的改革措施。在本丛书的基础上，可以进一步研究不同法律制度下司法责任制度之间的相同和差异，以及差异形成的原因，探讨我国借鉴的可能性与限度。

当前，党中央高度重视全面推进依法治国，加快建设社会主义法治国家，这是一个千载难逢的伟大时代。我国的司法改革面临前所未有的发展机遇和挑战，司法改革中有大量的问题需要理论研究支撑，司法改革方案在实施过程中也会遇到新的问题需要理论研究来解决。希望本套丛书的出版，可以为解决中国司法问题，为推进全面依法治国，为建设社会主义法治国家提供域外经验参考。正如邓小平同志所言："我们的制度将一天天完善起来，它将吸收我们可以从世界各国吸收的进步因素，成为世界上最好的制度。"

蒋新苗
教育部长江学者特聘教授
第五届全国十大杰出青年法学家
第七届国务院学位委员会法学学科评议组成员
国家万人计划哲学社会科学领军人才
中国国际私法学会副会长
湖南师范大学副校长、教授、博士生导师
2017 年 3 月 1 日

目　　录

导论 …… 1
一、研究对象 …… 1
二、选题意义 …… 2
三、现有研究基础 …… 4

第一章　德国司法责任制度概述 …… 7
第一节　德国司法制度背景 …… 7
一、德国的审判制度 …… 7
二、德国的法官制度 …… 11
第二节　德国的司法独立原则 …… 14
第三节　德国有关法官责任的规定 …… 17
一、关于法官司法责任的法律适用 …… 17
二、对法官审判行为的职务监督 …… 19
三、对违反职责之法官的弹劾 …… 20
四、法官违反审判职责的惩戒责任 …… 23
五、法官违反审判职责的民事赔偿责任 …… 25
六、法官违反审判职责的刑事责任 …… 27

第二章　法官惩戒制度 …… 31
第一节　惩戒机关 …… 31
一、职务监督机关和惩戒机关的分离 …… 31
二、作为惩戒机关的主管部门 …… 32
三、作为惩戒机关的法院 …… 33
第二节　惩戒措施 …… 36

一、惩戒措施的类型 …… 36
二、惩戒措施的酌定和适用限制 …… 38
第三节　惩戒事由 …… 40
一、错案追究抑或不当行为追责 …… 40
二、惩戒的判定标准：法官的职务义务 …… 44
三、具体惩戒事由 …… 47
四、法官的兼职工作和兼职活动 …… 48
第四节　机关内部惩戒程序 …… 50
一、针对普通公务员的机关内部惩戒程序 …… 51
二、针对法官的机关内部惩戒程序 …… 57
第五节　法院的惩戒程序 …… 58
一、针对公务员的惩戒诉讼程序 …… 58
二、针对法官惩戒程序的特别规定 …… 63
第六节　惩戒的救济措施 …… 67
一、复议程序 …… 67
二、撤销之诉 …… 68
三、上诉和再上诉 …… 69
四、法院惩戒程序的再审 …… 73
第七节　对被撤职或被剥夺退休金者的生活保障 …… 75

第三章　法官违反审判职责的刑事责任 …… 77
第一节　违反审判职责的刑事责任概述 …… 77
第二节　接受利益(《德国刑法典》第 331 条) …… 80
一、法条内容 …… 80
二、法条概述 …… 80
三、法条解读 …… 83
第三节　索贿(《德国刑法典》第 332 条) …… 94
一、法条内容 …… 94
二、法条概述 …… 95
三、法条解读 …… 95
第四节　枉法(《德国刑法典》第 339 条) …… 99

一、法条内容 …………………………………………………… 99
二、法条概述 …………………………………………………… 99
三、法条解读…………………………………………………… 100
第五节　职务中的身体伤害(《德国刑法典》第 340 条) …… 104
一、法条内容…………………………………………………… 104
二、法条概述…………………………………………………… 105
三、法条解读…………………………………………………… 105
第六节　逼供(《德国刑法典》第 343 条) ………………… 110
一、法条内容…………………………………………………… 110
二、法条概述…………………………………………………… 111
三、法条解读…………………………………………………… 112
第七节　追诉无辜者(《德国刑法典》第 344 条) ………… 117
一、法条内容…………………………………………………… 117
二、法条概述…………………………………………………… 118
三、法条解读…………………………………………………… 118
第八节　无辜者之执行(《德国刑法典》第 345 条) ……… 121
一、法条内容…………………………………………………… 121
二、法条概述…………………………………………………… 122
三、法条解读…………………………………………………… 122
第九节　职务中的虚假记载(《德国刑法典》第 348 条) …… 127
一、法条内容…………………………………………………… 127
二、法条概述…………………………………………………… 127
三、法条解读…………………………………………………… 128
第十节　侵害职务机密和违反特别保密义务(《德国刑法典》第 353b 条) ……………………………… 132
一、法条内容…………………………………………………… 132
二、法条概述…………………………………………………… 133
三、法条解读…………………………………………………… 135
第十一节　非法通报法庭审理情况(《德国刑法典》第 353d 条) ……………………………… 142
一、法条内容…………………………………………………… 142

二、法条概述 …… 142
三、法条解读 …… 143
第十二节　引诱下属犯罪(《德国刑法典》第 357 条) …… 157
一、法条内容 …… 157
二、法条概述 …… 157
三、法条解读 …… 159

第四章　德国法官司法责任制度对我国的借鉴意义 …… 162
一、追责对象主要是不当行为 …… 162
二、惩戒机构独立与程序司法化 …… 163
三、重视豁免与救济措施 …… 164
四、对被追究责任之法官的基本生活保障 …… 166
五、法官腐败犯罪的惩处力度大于一般公务员 …… 167

德国《联邦公务员惩戒法》 …… 168
德国《法官法》 …… 208
德国《联邦公务员法》(节选) …… 242
德国《刑法典》(节选) …… 252

主要参考文献 …… 261

导　　论

一、研究对象

司法责任，指的是法官违反其职业责任或职务责任而可能要承担的惩罚和法律责任。法官违反的是审判责任，即法官在履行职务时因行为违法或不当而需要承担的法律责任。此处的“法律”为广义上的法律，不仅包括相关法律、法规、条例、办法等，而且包括规范法官职业道德的行为规范，所以这里的违法行为包括违反法律、法官惩戒和职业道德规范的行为。① 法官在行使审判职权的过程中超越权限、滥用权力、不当行使司法裁量权以及违反程序等都可以构成一定的司法责任。有学者指出，法官司法责任责任可以是行为责任(如渎职)或结果责任(如错案的发生及追究)，也可能是二者的混合(如枉法裁判)。② 本书认为，司法责任主要是一种行为责任，是法官因违反法律规定的作为或不作为义务而应当承担的不利后果。

法官司法责任制度是法定机构对违反法定义务的法官通过法定程序予以追究与制裁的活动。③ 其中法定机构是指法律规定的有权追究法官责任的专门性权力主体。法定义务是指法官所承担的维护社会公平正义的同时又促进公众对司法信赖或信任的职责责任或者

---

① 范愉主编：《司法制度概论》，中国人民大学出版社 2004 年版，第 125 页。

② 钱雪丽：《论我国法官责任追究制之完善》，华东政法大学 2015 年硕士学位论文，第 7 页。

③ 全亮著：《法官惩戒制度比较研究》，法律出版社 2011 年版，第 10 页。

职业道德。法定程序是指专门针对法官职业设立的针对违纪违法行为的追责方式。

国外对法官司法责任一般称之为“法官惩戒”。法官惩戒，指的是法定的主体根据法定的程序对法官的违法行为或者不当行为进行责任追究，换句话说，因为法官的不当行为导致法定的主体需对其进行惩戒，让其承担一定的不利后果。大多数法治发达国家都有专门的法官惩戒制度。例如加拿大成立的司法委员会，澳大利亚成立了议会调查委员会，美国联邦和各州成立了司法行为委员会，德国也在联邦法院和各州法院设立了针对法官的职务法庭。

法官司法责任制和法官惩戒制度的着眼点均在与法官违反职务义务的不当行为，国外对法官的责任追究制度都是围绕着如何确保法官正确独立行使审判权而设计，而不是针对审判结果。因为不同的法官所具备的素质修养、判案经验及文化背景等各方面存在不同，案件事实的复杂性也不相同，加之法律文本在一定程度上也存在不同的理解，在这些多重因素交织、多重变量共同发生作用的情形下，法官不可能在案件判决的过程中，对同一案件有统一的认识，也不可能对同一案件作出完全相同的判决。① 所以很难评判某一判决书是“错误”的，只能考察法官在履职过程中是否存在违反审判责任的不当行为。对于违反审判责任的，应当接受惩戒和法律处分。从我国错案追究制度的实证分析来看，错案责任多是与绩效考核挂钩。除非同时存在违法犯罪行为，否则法官一般并不会受到行政处分和承担刑事责任，② 即法官因为渎职行为造成错案的，主要承担的也是惩戒责任。

二、选题意义

原则上，法官履行职务的时候应当免于任何外界不当影响。这

① 钱雪丽：《论我国法官责任追究制之完善》，华东政法大学 2015 年硕士学位论文，第 3 页。

② 参见王伦刚、刘思达：《从实体问责到程序之治——中国法院错案追究制运行的实证考察》，载《法学家》2016 年第 2 期。

种影响可能来自行政部门、立法监督部门、诉讼主体、压力团体、媒体、自我利益考虑或者其他法官。法官根据在法庭呈现的证据依法独立裁断，所需要考虑的只是事实和法律，只有这样才能履行宪法赋予的职责提供公正裁断。但任何一个法律制度都会产生司法错误（error of justice），为纠正错误，各国法律一般均规定了再审和上诉制度，但上诉法院的裁判也可能出错。同时，现代国家为了确保法官独立履行职责，一般均规定了司法豁免制度，但是这样也会导致一个后果，就是法官的判决不受任何制约，除了上诉制度，对法官的工作没有任何监督。① 事实上，法官独立原则并不意味着法官在行使职权的时候不受法律约束，必须在维护司法独立原则的同时，充分探讨法官职务监督制度和惩戒制度的可能性和可行性。如何平衡两者的关系，尤其是在程序方面维持两者平衡，需要借鉴国外经验，完善我国的相关规定。

《最高人民法院关于完善人民法院司法责任制的若干意见》(法发〔2015〕13 号)提出，完善人民法院的司法责任制，应当以严格的审判责任制为核心，以科学的审判权力运行机制为前提，以明晰的审判组织权限和审判人员职责为基础，以有效的审判管理和监督制度为保障，让审理者裁判、由裁判者负责，确保人民法院依法独立公正行使审判权。2016 年 7 月 20 日上午，在吉林省长春市召开全国高级法院院长座谈会上，最高人民法院院长周强进一步强调，当前司法责任制改革正处于全面推进的重要时刻，完善法官惩戒制度，将违法审判责任追究落到实处，是司法责任制度改革的重点内容之一。

法官因为违反审判责任而需要承担责任的情形，英文中称为“accountability”，德文为“Zurechenbarkeit”，即法官行为的可非难性或可归责性。在德国，如果法官违反法律赋予的审判职能，需要承担相应的惩戒责任和刑事责任。德国法律一方面强调司法独立，同时也注重对法官的职务监督(Dienstaufsicht)，职务监督可能会导

① 胡岩：《论司法错误与司法责任——兼论“错案追究制”的正当性》，载《法律适用》2011 年第 3 期，第 94 页。

致警告和惩戒程序，其他惩戒措施只能通过司法惩戒程序进行。司法监督是对法官之审判工作的评价，主要是其行为对司法中立性和公正性的影响，还包括其作为公务员本应遵守的一般工作职责（allgemeine Dienstpflichten）和职务之外的行为（ausserdienstliches Verhalten）。① 本书的研究目的，即在于考察德国相关法律规定，探求德国立法和司法实践中如何平衡法官独立原则和法官司法责任的关系，如何在保障法官心证过程不受外部干涉的前提下实现对法官的司法监督，如何妥当设立法官的惩戒措施和程序保障，包括法官对于惩戒措施的救济机制，从而对我国相关立法和司法实践提供参考依据。

三、现有研究基础

目前对法官司法责任制度进行专题研究的专著仅有全亮的《法官惩戒制度比较研究》（法律出版社 2011 年版），其他涉及法官司法责任的都是在研究法官或者法院管理体制时单独列出一章进行论述。譬如宋远升的《法官论》一书中的第六章就对"法官的自主与约束"进行了分析，指出在处理法官司法责任时应追求"司法程序化"，即"采取一种司法程序的方式削减对法官制裁带来的行政影响，从而在制裁式的形式下也保证司法独立与权力制衡之间的张力，建设一种权力之间相对稳定的框架"。严仁群在《法官弹劾中的实质思维与表象思维》中表明分析法官在何种情形下应受到责任追究时有实质思维和形式思维两种方式。实质思维就是仅仅根据判决的结果决定是否对法官进行责任追究，而形式思维则是根据法官外在的行为是否违法或者明显不当来决定是否对法官进行责任追究。宋远升认为对法官进行责任追究应根据法官的外在行为考察其是否达到被追究责任的标准。谭世贵在《中国法官制度研究》第二十章系统论述了法官司法责任制度的内涵及原则，并归纳对比了国

① Samtleben, Die rechtliche Veranwortlichkeit der Richter, in G. Drobing & H. Puttfarken eds., Deutsche Landesreferate zum Privatrecht und Handelsrecht 85, 1982, S. 92-96.

外几个国家的法官惩戒机制，追溯了我国法官司法责任制度的历史发展，进而对我国的法官司法责任制度的现状进行分析，指出其不足，并通过借鉴国外的先进经验对我们的相关制度进行完善。

法官司法责任方面的期刊及论文相对比较多，但是大多数都是通过与"错案责任追究"、"法官弹劾制度"或"法官责任豁免"等相结合进行研究论述的，也有针对法官责任追究的程序、事由等单一方面进行研究的。如李卫东的《法官惩戒制度探讨与完善》、徐翀的《法官责任制度的合理构建》认为现有法官责任制度在立法方面缺乏高位阶的统一规定、法官责任追究的主体缺乏独立性或者专门性、惩戒事由不合理、惩戒程序不规范、惩戒处分措施具有明显的"行政性"，并针对性地提出完善对策。魏胜强的《错案追究何去何从?》，贺日开、贺岩的《错案追究制实际运行状况探析》等文献，从"错案"出发，指出错案认定的不合理和不科学性出发，建议转变观念对法官责任追究制进行完善。汪贻飞的《论法官惩戒之事由》从法官司法责任的事由为立足点，对法律规范及司法实际运用过程中对法官进行责任追究的原因进行归纳总结，指出当下的法官司法责任制度对法官职务外行为的规制相对比较少；对法官的责任追究没有设置禁区。蒋惠岭的《论法官惩戒程序之司法性》、于秀艳的《论我国法官惩戒程序及其改革》都通过对现存的法官司法责任的法律文本进行梳理分析，指出法官责任追究程序具有明显的行政性，不能凸显法官的职业特点，追究程序比较简单，缺乏证据规则、证明标准、审理程序。

在上述研究成果中，仅有全亮的《法官惩戒制度比较研究》对德国的法官惩戒制度有较为全面的介绍。Matthias Goebel 在《德国法院在公务员惩戒救济制度中的角色》一文中对德国法院的惩戒程序有较为详细的介绍。其他涉及法官司法责任的文献均只有部分段落提及德国立法情况。如朱崇坤在《法官错案责任追究的法理分析》、尹泽海在《论法官职务监督与法官独立》、胡志斌在《域外司法问责制度的考察与启示——以美国、加拿大、澳大利亚、德国、法国、日本为样本》等论文中，在相关部分介绍德国的立法和司法实践。

总体来看，现有研究对德国法官责任制度介绍过于简略，且资料较为陈旧。如多数文献中介绍德国设有联邦惩戒法院（Bundesdisziplinargericht），专门审理联邦公务员的惩戒案件；对联邦公务员的惩戒诉讼只经过两次审理：针对联邦公务员惩戒法院作出判决的上诉申请直接由联邦行政法院终审审理。但德国在 2013 年已经撤销了联邦公务员惩戒法院，将其职责并入了行政法院系统，实行三审终审制；同时在联邦普通法院内设立职务法庭，专门审理涉及法官的惩戒事件。

有鉴于此，本书将首先介绍德国司法背景下的法官司法责任制度的概况，包括司法责任的法律依据、追责类型等。在此基础上探讨德国法官违反审判职责的具体责任形态，包括惩戒责任制度、弹劾制度和刑事责任，其中又以惩戒责任为重点。

第一章　德国司法责任制度概述

第一节　德国司法制度背景

德国实行联邦制，全国划分为联邦、州、地区三级，联邦和各州均有自己的立法机构、行政机构及司法机构，并根据《德意志联邦共和国基本法》之规定履行各自权力。德语中有多个词语表达“司法”或“司法制度”，如 Judikative、Jusitiz、Gerichtsbarkeit、Rechtsprechung、Rechtspflege 等。本书所称的司法或司法制度采取狭义说，大致等同于诉讼和诉讼制度。在德国，狭义的司法权就是审判权，狭义的司法机关就是法院，狭义的司法就是指审判，虽然检察机关从事的活动也属于广义司法工作，但检察机关受政府司法行政机关的领导和指挥，性质上不属于司法机关的范畴，① 故针对检察机关违反法定职责的追责制度，不是本书的研究重点。

一、德国的审判制度

（一）德国法院的设置、管辖和审级 ②

德国的法院由宪法法院、普通法院、行政法院、劳工法院、社会法院、财政法院 6 个不同的系统构成。每个系统都有自己的管辖

---

① 邵建东主编：《德国司法制度》，厦门大学出版社 2010 年版，第 3 页。

② 关于德国法院之设置和数量来自：https://de.wikipedia.org/wiki/Liste_deutscher_Gerichte，（2016 年 8 月 8 日访问）。参看邵建东主编：《德国司法制度》，厦门大学出版社 2010 年版，第 39~45 页。

范围，并受本系统最高法院的领导。宪法法院外的5个法院系统不按地域而按案件类别划分管辖范围。五类法院的联邦级法院还建立有“联邦法院联席会议”协调彼此工作。德国2013年之前针对公务员惩戒事项设有专门的惩戒法院，该法院撤销后，其管辖事项并入联邦行政法院。

1. 德国宪法法院

德国设有联邦和州两级宪法法院。两级宪法法院各自独立设置，没有隶属关系。德国16个州均设有宪法法院。宪法法院管辖违宪案件，保证宪法实施。联邦宪法法院地位超越其他各类联邦法院，是德国最高司法机关和最具权威的宪法机构，不从属任何权力机关，具有“司法审查”“行政权限裁决”“弹劾案审判”等广泛职权。州宪法法院仅管辖违反州宪法的案件。宪法法院诉讼程序不同于专门法院，其审理案件实行一审终审制。

2. 普通法院

联邦普通法院的设置、层级、组织、职能和彼此间的工作协调等由德国《法院组织法》规范。普通法院的管辖权包括民事、刑事和知识产权案件。按照审级设立区法院、地方法院、高等地方法院、联邦普通法院四级。全国设有区法院约640个、地方法院115个、高等地方法院24个，联邦普通法院包括分设在全国的12个民事审判合议庭、5个刑事审判合议庭、8个专业委员会，以及联邦司法部长在联邦普通法院所在地外设立的民事、刑事审判机构。普遍法院审理刑事、民事案件。其中区法院是一审法院，管辖刑期为3年以下的轻微刑事案和金额在5000欧元以下的民事案件；地方法院既是区法院的上诉审法院，同时也审理一审刑事案件；高等地方法院主要审理对地方法院二审判决不服的再上诉案，对反国家罪和恐怖活动案件行使初审管辖权并受理州司法部指令管辖的案件；联邦普通法院是民事、刑事案件的最高审级，主要受理不服地方法院和高等地方法院的上诉案件。普通法院审理案件实行四级三审终审制。

普通法院系统同时受理大量的非宪法性公法争议。例如设置在高等地方法院的卡特尔审判庭(Kartellsenate)受理卡特尔行政争议。

律师法院受理关于律师管理方面的行政争议。设立在联邦普通法院的联邦专利法院审理专利、许可和针对联邦专利局的案件，与高等地方法院同级。

3. 行政法院

德国有行政法院 52 个，分初级行政法庭、高等行政法院和联邦行政法院三级。① 行政法院审理行政机关侵犯公民合法权益案件，实行复议前置。行政法院审理案件实行三审终审制。初级行政法院是通常的第一审法院。高等行政法院通常是初级行政法院的上诉审法院，是同时且越来越多地受理第一审案件。高等行政法院在各州中只有一个，是州法院中的最高法院。联邦行政法院是联邦的最高行政法院，与联邦普通法院、联邦财政法院、联邦劳动法院和联邦社会法院同为《基本法》第 95 条第 1 款意义上的最高级别法院。联邦行政法院原则上只进行法律审，而不对事实问题进行审查，而且原则上它也不对州法律作出裁判。行政案件上诉，原则上要经上一级法院准许，但对于高等法院不准上诉的一审案件，公民可直接上诉到联邦行政法院。

4. 财政法院

德国有财政法院 19 个，分联邦财政法院和地方财政法院两级。财政法院审理纳税人状告国家财政税务局的案件，触犯刑法时由普遍法院管辖。发生管辖权争议时由“联邦法院联席会议”协调。财政法院审理案件实行二级二审制。

5. 劳工法院

德国有 124 个劳工法院，分地方劳工法院、高等地方劳工法院和联邦劳工法院三级。劳工法院审理劳动纠纷和工会纠纷，且仅受理双方有书面合同的争议，否则归普遍法院管辖。劳工法院审理案件实行三级终审制。

---

① 行政法院确切而言应被称为普通行政法院，因此财政法院和社会法院属于特别行政法院。初级行政法院和高等行政法院为州法院，只有联邦行政法院是联邦法院。参见薛刚凌主编：《外国及港澳台行政诉讼制度》，北京大学出版社 2006 年版，第 2 页。

6. 社会法院

德国有社会法院69个。分地方社会法院、高等地方社会法院和联邦社会法院三级。社会法院负责审理社会保险、事故、失业金、退休金、社会救济等由政府、行政机构负责的赔偿以及国家法律规定的福利费等。企业福利发放产生的纠纷由普通法院管辖。社会法院审理案件实行三审终审制，主要是调解结案。

(二)审判程序

德国民事案件的立案程序是指法院在收到案件原告的起诉材料后进行审查并立案的程序。内容包括对地点、事实类型上进行管辖权的审查，并审查诉讼费用的交纳是否符合法律的规定，有无缓、免交诉讼费的申请等。之后通知双方当事人，按规定提供有关诉讼文件，法官视文件提供的情况，决定是否与当事人进行会谈，如果法官决定与当事人会谈，当事人双方应该明白地将自己的观点向法官表达出来，法官据此再审查是否听取证人证言。当事人之间的口头表述、书面文件的往来都对法官进行判决有重要的作用。

德国法院对案件实行三审终审制。当事人对一审判决不服的，可以提出上诉，对上诉判决不服的，可以提出再上诉。① 对于法院就程序问题作出的裁定，可以提出抗告和再抗告。在一审程序中，如果是简易案件，只有一个法官主持庭审，由录音机代替书记员记录的工作，事后由书记员根据录音打出文字，形成庭审记录内容。如果是必须以判决形式结案的案件，庭审记录要由书记员和法官签字，寄给原、被告阅读并提出意见。如果当事人在庭上达成口头协议，先由法官口头重复一下双方所达成的协议内容，再由双方辩护人重复协议内容，之后由书记员打印出来，由书记员和法官签字即

① 部分学者认为，德国民事诉讼法中的"上诉"是个总称，包括控诉(Berufung，第二审上诉)、再上诉(Revision，第三审上诉)和抗告(Beschwerde，对裁定和命令的上诉)三种。控诉针对的是第一审所作的判决，再上诉的对象主要是高等地方法院在控诉审中所为的判决。参见《独和法律用语词典》，成文堂1993年版；谢怀栻译：《德意志联邦共和国民事诉讼法》，中国法制出版社2001年版。为便利国内读者理解，本书将第二审上诉称为上诉，而将第三审上诉称为再上诉。

可，不用另行制作判决书、裁定书、调解书等法律文书。法官签字的庭审记录，效力相等于判决书、调解书。如果一方当事人反悔不履行义务，另一方当事人可凭法官签字的庭审记录件向法院申请强制执行。案件复杂一些的案件则由三位法官共同审理，书记员在场记录。低级初审法院案件当事人上诉的，由初审法院组成三人合议进行审查，上诉理由成立的，送上诉法院，不成立的径直驳回，并说服当事人撤回上诉请求。

德国法律上没有关于案件审限的规定。在区法院，审结案件所需要的时间一般是3~4个月。地方法院结案的时间一般在半年以上。德国司法界认为，法官享有独立的地位并且只服从法律，法官在履行职责时，不接受任何部门或其他人的指令。民事案件的上诉期限，为接到判决书的1个月之内；刑事案件为接到判决书的1周之内。上诉法院只对上诉案件的诉讼程序、法律条文的适用以及适用法律、法官的逻辑方法等进行审查，而不是审查上诉案件的事实构成。德国法律界认为，法官对案件的审理是律师、法官推理的过程，法官不进行推理或推理违反逻辑规律是不可想象的，且推理出现矛盾必然会产生案件被改判的结果。

二、德国的法官制度

(一)法官的选任

根据《法官法》的规定，职业法官的类型分为终身法官、定期法官、试用法官和代理法官，只有具备下列条件的人员才可以被任命为法官：(1)《基本法》第116条意义上的德国人；(2)保证随时为《基本法》所规定的自由民主的基本秩序而努力；(3)具备法官资格(第5~7条)；(4)掌握必要的社会能力。

为获得法官资格，必须要通过正规大学学习和国家司法考试。学生在大学法学专业经过5年学习之后，应参加第一次国家司法考试，如果通过第一次考试，即开始两年半的见习期。在见习期间要从事5个领域的工作：民事法庭、刑事法庭、检察官办公室、行政机构或私人律师事务所。然后在立法机关、公证机构、工会、仲裁等机构中选择3个机构，分别接受为期6个月的实习。见习结束后，参加第二次国家司法考试。第二次国家考试与第一次考试的形式相同，但内容上更注重理论和实践相结合。第二次国家司法考试未通过者，4 年内有 1 次补考机会。第二次考试的成绩是挑选法官的主要依据。第一次国家司法考试通过率约 30%，第二次国家司法考试通过率约 10%，所以能够通过两次司法考试的人还不到参加考试全部人员的 3%。

通过两次考试的学生，才有资格挑选与法律有关的任何一种法律职业。但是要想成为一名法官，还必须提出申请，并再参加一次考试。这次考试由各州司法部和州法院负责进行，是与考核、评估结合起来的，不但要面试还要看每位报名者在实习部门的鉴定，只有通过这次考试的人，才能够成为试用法官。试用法官一般由州专门委员会负责任命，任期一般为 3 年，也有的是由本州的司法部部长负责签署任命书。对于一名试用法官来说，还要经过连续 3 年的严格考察评估，才有可能成为正式法官。在这 3 年试用期间，试用法官要在 3 个审判部门各工作 1 年，和正式法官一样独立审理案件。试用法官的考察评估由司法部和其所在法院共同完成：法院人事部门每 3 个月对试用法官进行一次鉴定，甚至对这个试用法官审理的每一个案件进行鉴定。在试用期届满前，高等法院院长必须研究、评价这个法官是否适合被任命为终身法官，而评价的主要手段和依据是试用法官人事档案中记载的评定，包括对这个试用法官处理的每个案件的鉴定。只有当试用法官的考核合格时才能被任命为终身法官。在试用期间的第 6 个月、第 8 个月、第 12 个月、第 24 个月，如果发现试用法官不能胜任法官工作，法官评定委员会可以提出解除任命。试用法官最迟在任职满五年之时，应当被任命为终身法官。任职期间有不带薪休假的，上述期间相应延长。

取得法官资格后担任法官职务 3 年以上的，才能被任命为终身法官，如果担任法律规定的工作，可以折抵 3 年期限，例如担任高级行政官员，在德国公共机关或国际机构担任高级行政职务，取得教授资格后在德国的学术型高校担任法学教师，在律师事务所或公证处担任律师、公证员或候补文官等。

德国的正式法官一般是终身法官，但如果符合联邦法律所规定的条件，且为完成联邦法律所规定的任务，可以被任命为定期法官。终身公务员或者任期公务员在被任用为终身法官之前，可以被任命为代理法官。代理法官继续保留之前的职务。薪俸和福利仍然按照之前的职务确定。在代理法官关系存续期间，其他基于公务员关系的权利和义务中止，但保密义务和禁止收受礼物的义务除外。代理法官最迟在任职满两年之时，应当被任命为终身法官或作为候选人推荐给法官选举委员会。代理法官不接受任命的，其代理法官关系终止。关于代理法官的任用，适用试用法官的规定。

(二)法官的管理

在法院行政事务上，德国联邦法院和州法院依法分权管理，联邦普通法院的司法行政工作由联邦司法部负责，州法院的司法行政工作一般由州司法部负责。司法部除负责法院的安全保卫、设备购置、财务等日常行政工作管理外，还负责任用和管理法院的书记员、执行员。

法官的任命由联邦和各州司法部负责，因此对法官的日常管理也是由司法部负主责，各法院协助进行。各法院院长主要负责法院的正常运行，包括对法官数量、行政、人事、后勤等问题进行管理。院长同时也是法官，同样负责审理案件。法院为协助法官审理案件设立若干辅助部门，这些部门的负责人也都是法官，他们领导一个部门为法官审判服务。德国的法官由专业法官和兼职法官(未经法律专业培训的陪审员)组成。

德国法官编制法定，有职位空缺时才选任和晋升法官。其中，州宪法法院和联邦宪法法院法官均由联邦议院和联邦参议院根据联邦司法部编制的候选人名单选举，选出者经联邦司法部长副署，联邦总统任命。联邦普通法院法官一般由法官选拔委员会从地方高等法院法官、律师、教授中选拔，州法官选拔委员会负责挑选，由联邦司法部长与“法官选举委员会”共同推选，联邦总统任命。区法院的法官选拔没有统一模式，由通过司法考试及法官选任考试者担任。在晋升方面，法官空缺职位登载在司法部公报上，由低级别法官主动申请。司法部长在征求该法官所在法院院长的意见并听取由其他法院法官组成的委员会意见后再决定录用。

德国《公务员法》第 1 条规定，本法适用联邦内的所有公务员。而德国的法官和检察官属于公务员编制，除法律另有其他规定外，也适用该法。该法是德国公务员的基本大法，规范了德国公务人员应遵守之人事管理基本事项，包括：公务员关系、资格、任命、考评、升迁、退休、公务员关系的法律地位 、一般权利义务、工作时间、兼职、人事档案、法律保护和申诉等事项。如果德国《法官法》没有特别规定，即应适用该法的相关规定。同样，《联邦薪俸法》规范德国各类公务员的俸给，包括一般公务员、军人、高校教师以及高校行政主管等，法官和检察官也并列规范在该法第 37、38 条。

（三）名誉法官

根据《法官法》的规定，司法权由职业法官和名誉法官共同行使，且法官法的规定仅适用于职业法官，除非法律另有规定。

根据《法官法》的规定，任命名誉法官需要具备法律规定的条件，其选举、委任或聘任应适当考虑男女性别比例；在名誉法官任期届满之前，只能根据法律规定的条件撤职，必须基于法院的生效判决才能违反其意愿撤职。

不得担任名誉法官的人员包括：（1）违反人道原则或法治国家原则；（2）曾经担任《斯塔西档案法》第 6 条规定的前德意志民主共和国国家安全部的全职或非官方工作人员。如果任命后发现名誉法官存在上述情形，应当撤销对其的任职。

名誉法官在独立性上与职业法官一致，同样要在法院公开会议上宣誓，且有义务保守合议秘密。任何人不得因为担任或履行名誉法官职务而受到限制或受到歧视。名誉法官在履行职务期间，雇主应当减免其工作任务，且不得因担任或履行名誉法官职务而解除劳动关系。州法的其他规定不受影响。

第二节 德国的司法独立原则

联邦德国《基本法》第 97 条第 1 款规定：“法官独立行使职权，只依照法律行事。”在民主法治国家，法官的独立性是司法制度的核心内容，其目的是保证公正和中立司法，具体表现为事务上的独立性和人身上的独立性。

事务独立性指的是法官依照法律行事，依法行使其审判职能时不受议会、政府、行政机关或法院上级的约束；行政机关或立法机关对未决诉讼施加影响属于违宪行为。事务上的独立性体现在德国《法官法》第 25 条："法官独立，只服从法律"以及第 26 条第 1 款"法官在独立性不受侵害的原则下才接受职业监督"。法官独立性还体现在法官不受其他法院在其他诉讼中就同一法律问题所作判决的约束，即不受判例约束。① 法官只需依照法律从自己的法律信念出发作出判决，无须听从上级法院的判决，但联邦宪法法院的判决例外。《联邦宪法法院组织法》第 31 条第 1 款规定，联邦宪法法院的判决不仅对联邦和各州的宪法机构、也对所有法院有约束力。

人身独立性意味着，法官原则上不得违背其意志被调任、解除职务、退休和委派。例如《基本法》第 97 条第 2 款规定："正式任用之法官非经法院判决，并根据法定理由、依照法定程序，在其任期届满前，不得违反其意志予以免职，或永久或暂时予以停职或转任，或令其退休"；第 3 款规定："法律得规定终身职法官退休之年龄。遇有法院之组织或其管辖区域有变更时，法官得转调其他法院或停职，但须保留全薪。"《法官法》第 21 条第 3 款规定："只有基于法院的生效判决才能免除终身法官或者定期法官的职务，除非该法官书面同意(被免职)。只有在法院做出具有法律效力的认定后，根据第 1 款对终身法官或定期法官的免职才生效。只有基于法院的生效判决才能免除终身法官或者定期法官的职务，除非该法官书面同意(被免职)。只有在法院作出具有法律效力的认定后，根据第 1 款对终身法官或定期法官的免职才生效。"第 30 条规定："(一)未经终身法官和定期法官书面同意，只有在下列情形才能将其调任其他职务或撤职：1. 经过法官弹劾程序(《基本法》第 98 条第 2 款和第 5 款)；2. 经过法院惩戒程序，为维护司法利益(本法

---

① ［德］沃尔夫冈·塞勒特著：《"法官独立"和"法官法定"原则在德国的历史发展》，马红湘译、方小敏校，载《南京大学法律评论》1997 年春季号，第 123 页。

第31条)；3. 由于法院组织的变更(本法第32条)。(二)除第1款第4项规定的情形以外，只能根据法院生效判决宣布法官调任或者撤职。"《基本法》第101条第1款规定了法官法定原则"非常法院不得设置。不得禁止任何人受其法定法官之审理"。法官法定指的是，法官的职权范围必须根据法律和法院院长实现决定的业务分配计划确定，任何规避此原则的法庭都是被禁止的例外法庭。法官法定原则的目的是避免政府和行政机关对法院的人员选定和配置进行干涉，保护公民免收不正当的法官职务变动造成的侵害。此外，德国《联邦薪俸法》考虑到法官阶层相对于一般公务员的特殊性，规定法官薪金高于一般公务员，以确保法官在经济上的独立性。

另一方面，法官独立性受到国家法律的约束。法官固然受司法独立的保障，在作出裁判及执行法官职务时，除依据法律外，不受其他权威之干涉，但独立性并不意味着法官可以根据自己的判断标准或个人感觉作出裁判。法官免责原则，在实践上并不意味着法官能豁免一切法律上责任，而是指法官在其执行审判职务的行为范围内，应享有不受诉讼的权利及免除其作证的义务，但法官如果因故意或重大过失违背其职务，那么法官就违背了依法审判的基本义务，所以不容假借司法独立的名义而受到庇护。①

可见，司法独立本身并非司法目的，而是实现司法公正的手段，即通过保障法官面与外来不当干预来实现司法公正。因此司法独立本身并不排斥司法责任，只是能够使法官免于承担不该承担的责任；如果片面强调司法独立而排斥问责制度，司法独立本身也容易失去公信力，难以实现司法公正的目的。法官作为司法权的行使者，本身应对权力的来源负责，确保恰当履行其职责。在此意义上，法官和其他公务人员并无二致。法官负责制(judicail accountability)意味着督促法官展示公正司法，才能让公众真正尊重司法独立。②

---

① 尹泽海：《论法官职务监督与法官独立》，载《河北科技大学学报(社会科学版)》2005年第1期，第49页。

② 陈杭平：《在司法独立与司法负责之间——美国州法官考评制度之考察与评析》，载《当代法学》2015年第5期，第130页。

第三节　德国有关法官责任的规定

一、关于法官司法责任的法律适用

1.《法官法》

德国《法官法》①是规定职业法官之法律地位的基本法，其中规定了联邦和各州的法官资格、法官选任标准、法官职务关系、任职条件、撤回任命和免职、法官独立原则和职务监督标准、调任和撤职、法官的特别义务、退休和休假、人事代表制度等。

该法是《公务员法》的特别法，在法官司法责任问题上优先适用于《德国公务员法》和《联邦惩戒法》的规定。例如一般公务员的惩戒案件由惩戒庭或惩戒院受理，而根据《法官法》，联邦法官的惩戒事件由联邦职务法庭审理，州法官的惩戒事件由州职务法庭审理。《法官法》第 61 条规定：(1)联邦职务法庭是联邦普通法院专门负责联邦法官(事务)的特别法庭。(2)联邦职务法庭的审理和判决由一名审判长、两名常任陪审法官和两名非常任陪审法官负责。审判长和常任陪审法官由联邦普通法院的法官担任，非常任陪审法官由涉案法官所属法院系统的终身法官担任。所有法院的院长和常务副院长不得担任职务法庭成员。(3)职务法庭之审判长、陪审法官及其候补人员，均由联邦普通法院院长会议确定。审判长和陪审法官任期为 5 年。非常任陪审法官应当从各联邦法院院长的推荐名单中按顺序任命。(4)职务法庭属于《法院组织法》第 132 条意义上的民事庭。第 62 条规定，职务法庭对惩戒事件有终审裁决权。第 63 条规定：(1)针对法官的惩戒事件，准用《联邦惩戒法》的规定。(2)职务法庭根据最高职务主管部门的申请裁定暂时停止职务和扣留薪俸以及裁定撤销上述措施。裁定应当送达最高职务主管部门和

① 德文：Deutsches Richergesetz，简称 DRiG，1972 年 4 月 19 日颁布(《联邦法律公报》第 1 部分，第 713 页)；经 2015 年 8 月 31 日的法律修正案第 132 条最新修订(《联邦法律公报》第 1 部分，第 1474 页)。

相关法官。(3)联邦职务法庭在惩戒程序中引用关于上诉诉讼费之规定的，可适用《联邦惩戒法》第78条。在诉讼费方面，针对主管上级之惩戒命令提起的诉讼程序与职务法庭的罚款程序相当。在诉讼费方面，申请暂时停止职务和扣除薪俸的程序适用申请中止上述措施的程序规定。第64条规定：(1)通过惩戒命令的形式只能科处警告。(2)对各最高层级联邦法院的法官仅能科处警告、罚款或撤职。

2.《联邦公务员法》

《联邦公务员法》①是德国公务员的基本大法，规范了德国公务人员应遵守之人事管理基本事项，包括：公务员关系、资格、任命、考评、升迁、退休、公务员关系的法律地位 、一般权利义务、工作时间、兼职、人事档案、法律保护和申诉等事项。该法第1条(适用范围)规定："本法适用联邦内的所有公务员，除非法律另有规定。"德国《法官法》第46条(联邦公务员法的适用)规定："联邦法官的法律关系适用联邦公务员的规定，本法和法律另有规定的除外"；第71条(《公务员法律地位法》的效力)规定："州法官的法律地位适用《公务员法律地位法》，本法和法律另有规定的除外。"可见，德国的法官和检察官属于公务员编制，如德国《法官法》没有特别规定，即应适用公务员法的相关规定。因此，公务员法中关于惩戒制度的规定也会涉及对法官的司法责任制度。

《联邦公务员法》第77条第1款规定：公务员有责地违反其所承担的义务的，属于渎职。在职务之外，根据具体的情况，只有严重影响了职务应有的信任或者严重影响了公务员制度的，违反义务的行为始可被认为是渎职；第2款规定：对于已经退休和曾经领取过生活费的公务员，下列情形视为渎职：(1)从事违反《基本法》意义上的自由民主基本秩序的行为；(2)参与旨在影响联邦德国的存在或安全的行为；(3)违反保密义务和告发义务、违反公务员关系

① 德文：Bundesbeamtengesetz ，简称BBG，2009年2月5日颁布(《联邦法律公报》第1部分，第160页)，经2015年12月3日法律修正案的第2条(《联邦法律公报》第1部分，第2178页)最新修订。

结束后的禁止行为事项、违反禁止接受报酬、礼品和其他利益之规定；(4)违反第46条第1款、第2款、第4款、第7款和第57条，有责地不履行某项职责，不接受进入公务员关系的新任命。前一句中的第1~3项同样适用于享有养老金请求权的前公务员。这些规定同样也适用于联邦法官，是用于判定法官是否存在不当行为的依据。

3.《联邦公务员惩戒法》

《联邦公务员惩戒法》①适用于《联邦公务员法》意义上的公务员和退休公务员，包括公务员和退休公务员在其公务员关系存续期间实施的渎职行为，这里的公务员包括法官。德国《法官法》第63条(惩戒程序)也规定：(1)针对法官的惩戒事件，准用《联邦惩戒法》的规定；(2)联邦职务法庭在惩戒程序中引用关于上诉诉讼费之规定的，可适用《联邦惩戒法》第78条。在诉讼费方面，针对主管上级之惩戒命令提起的诉讼程序与职务法庭的罚款程序相当。在诉讼费方面，申请暂时停止职务和扣除薪俸的程序适用申请中止上述措施的程序规定。

二、对法官审判行为的职务监督

法官的职务监督一般指对法官行使审判权的职务行为进行的监督。从广义上包括法官内部司法行政监督、法官的弹劾、惩戒、考核等制度，狭义的法官职务监督仅指法官司法行政对法官进行的职务监督。② 国家为保障司法权的独立行使，一般都在宪法中赋予法官独立行使职权的权力，并为法官能够行使该职权提供身份上的保障。但这些措施的最终目的是为了司法权能够公正独立地行使，一旦法官因职务上或者职务外的行为有妨害司法独立的嫌疑时，国家

---

① 德文：Bundesdisziplinargesetz，简称BDG，2001年7月9日颁布(《联邦法律公报》第1部分，第1510页)，经2015年3月6日的法律修正案第8条(《联邦法律公报》第1部分，第250页)最新修订。

② 尹泽海：《论法官职务监督与法官独立》，载《河北科技大学学报(社会科学版)》2005年第1期，第50页。

有纠正法官行为的义务，以确保其不滥权、不怠权、合义务地执行审判职务。因此，职务监督的设立意义和功能在于督促法官克尽职守，依法审判，以贯彻依法治国原则。

德国《法官法》第 26 条规定：(1)法官应服从职务监督，但以不妨碍法官独立为限。(2)在确保第 1 款的前提下，职务监督权限包括就违法执行公务行为提出批评的权限，和责令其及时依法完成公务的权限。(3)法官认为职务监督措施妨碍其独立性的，法院应根据其申请，依照本法作出裁决。可见，德国的法官属于国家公职人员，法官和其他公务员一样，受到法院行政部门业务上的监督。原则上，法官行为受到其所在法院院长的监督，职务监督体现为院长定期对法官进行鉴定，对法官违反规程的行为提出告诫并督促其正确及时地履行职务。但第 26 条第 1 款也明确规定，职务监督不能影响法官独立性。因此院长对法官的监督仅限于观察裁判行为(Beobachtungsfunktion)和对违反职务行为作出批评性评价(Berichtigungsfunktion)，院长只能对法官采取谴责和警告等惩戒措施。如要采用更严厉的措施，则只能由通过惩戒程序进行审理。

德国联邦普通法院为确定职务监督的范围，将法官职务行为划分为核心领域及外部秩序领域两部分。认为核心领域范围内的职务行为，包括判决行为本身，直接、间接为准备判决及接续判决等行为，除了属于显著的错误，否则不得对其进行职务监督。外部秩序范围行为，属于距离核心领域遥远的行为，应该受职务监督，这种理论被称为核心领域理论。① 例如，法院院长认为属下法官判决书写得不好，出于好心帮忙修改的，则院长的行为属于不当行为。

三、对违反职责之法官的弹劾

在德国，法官被追责的根本原因在于其不当行为损害了司法公正，从而影响了司法公信力和司法权威。具体又分为严重损害司法公正的行为和一般性损害司法公正的行为。如果法官的行为严重损

① 尹泽海：《论法官职务监督与法官独立》，载《河北科技大学学报(社会科学版)》2005 年第 1 期，第 50 页。

害司法公正、司法公信力和司法权威，属于情节恶劣的失范行为，从根本上违背了法官应承担的义务和应履行的职责。这类行为触犯国家基本法律秩序，包括违反宪法、构成刑事犯罪等行为，除了依照刑法承担刑事责任，还可能根据《基本法》的规定被弹劾和罢免。

弹劾是西方国家议会对犯罪或有严重失职行为的政府官吏或法官进行控告和罢免的一种制度。目前对法官实行弹劾制度有以下三种模式：(1)参众两院分别诉审弹劾。在美国，依惯例，由众议院授权司法理事会调查有关弹劾事项。在众议院根据司法理事会的弹劾报告决定实施弹劾后，须选出追诉委员负责将弹劾状送交参议院。参议院受理后，就成为审理联邦法官弹劾案件的审判庭。由参议长担任审判长，开庭时，全体参议员要宣誓，接着进行听证，由追诉委员会负责报告案情。(2)国会混合诉审弹劾。在日本，由国会中的法官弹劾起诉委员会负责对法官的弹劾起诉。法官弹劾起诉委员会由参众两院各选举10人组成，并由参众两院各选出5人作为预备员。起诉决议须由出席委员的三分之二以上通过。审判机关为法官弹劾法院，由参众两院各选7人组成审判员。作罢免判决时，须由审判员三分之二以上通过。(3)国会与宪法法院共同弹劾。德国由联邦议会下议院负责对联邦法官提出弹劾控告，并将案件转交给联邦宪法法院处理。宪法法院的法官经三分之二多数投票可以对受到弹劾的法官予以一定形式的惩戒。德国大部分州都允许对州级法官进行弹劾，由各州负责建立自己的弹劾发起程序。

德国《基本法》第98条第2款规定，“联邦法官于职务上或职务外违背基本法的基本原则或各邦的宪法秩序时，得以三分之二之多数，判令其转任或退休。如违反出于故意，得令其免职”；第5款规定“各邦得根据本条第二项制定各邦法官规程。现行之各邦宪法不受影响。法官弹劾案件由联邦宪法法院审判”。可见，联邦法院的法官和州法院的法官均可以被弹劾，两者的告发机关不同，对联邦法官提起弹劾的机关是联邦议院，弹劾提案必须经联邦众议院议员四分之一同意，出席议员三分之二决议通过。对各州法官提起弹劾追诉的机关由各州立法机关自行确定，但两者的审理机关均为联邦宪法法院。①

根据《基本法》第98条第2款的规定，弹劾法官的事由是联邦法官在执行职务内或职务外违反了基本法的原则或州的宪法。法官的违宪行为如系故意为之则将被判决罢免，这意味着弹劾并不区分主观是否故意，但故意和过失的处理结果有区别。可见，弹劾原因限于违反联邦基本法，所作判决系课与政治性之法律责任。虽然德国对法官进行弹劾以是否构成"违宪"为标准，但是并没有对何为违宪作出具体的规定，实践当中也没有出现过法官因为违宪被弹劾的案例，具体的执行标准也无从考证。②

德国弹劾法官的程序规定主要在《联邦宪法法院法》第58~62条，同时该法第49条和第55条关于弹劾总统的程序规定，准用于弹劾法官。根据该法，联邦议院法定人数的三分之二多数票通过对法官的弹劾案之后，既可以向联邦宪法法院提起指控，并指派一名代表出庭支持起诉。对联邦法官的弹劾由宪法法院第二庭管辖。法官弹劾审判程序适用对联邦总统的弹劾规定，即先经过预审，然后展开正式的口头辩论，最后作出判决。进行预审主要是为了使宪法法院掌握案情，以便为随后的口头辩论阶段准备。预审以追诉机关或被弹劾的法官提出申请为前提。而且，为了防止参加正式庭审的法官因预审而产生先入为主的印象，预审阶段由宪法法院第一庭派出法官主持。预审结束后再将预审结果移送到第二庭继续审理。

正式审理程序以口头方式进行，被弹劾的法官被告知，如果无

---

① 在此意义上，德国联邦宪法法院也属于惩戒机构。德国宪法法院是与联邦政府、联邦议会、联邦参议员和联邦总统并列的机构，而其他联邦法院名义上隶属于联邦司法部管理。联邦宪法法院分为两个庭。第一庭管辖的案件包括法律的合宪性审查、宪法控告、联邦众议院选举争议案；第二庭管辖宣告剥夺基本权利案、宣告政党违宪案、联邦总统与法官弹劾案、国家机关之间的权限争议案等。德国各州宪法法院和联邦宪法法院互相独立，没有隶属关系。但根据《基本法》的规定，州宪法法院没有对法官弹劾的审判权，该权利专属于联邦宪法法院。

② 苏海清：《法官过错责任追究机制研究》，华东政法大学2015年硕士学位论文，第37页。

故不出庭或者无充分理由而提前退庭的，审判将缺席进行。指控方首先宣读起诉书，说明弹劾该法官的事实、理由和证据，并载明联邦议员的相关决议；被弹劾法官就事实进行陈述。双方陈述完毕后进行证据调查，证据调查之后双方有权再次提出请求或作出辩护。被告有最后陈述的权利，法院择日宣判。判决结果有两种：其一，根据《基本法》第98条第2款，法官故意违反基本法原则或联邦州的宪法秩序，应被判决免其职务。因此，《联邦宪法法院法》第59条第2款规定，如果法官被宣布免职，判决宣告之时即刻丧失职务；其二，如果宪法法院认为被告并非出于故意，则应判决调离原职到其他职务，或强令其退休。判决书将分别送达联邦总统、联邦议员和联邦政府。

如果在弹劾过程中，法官同时因为涉嫌刑事犯罪而被提起刑事诉讼，或因为违反职业纪律而被提起惩戒程序，需要处理弹劾程序和其他程序的衔接：(1)根据《联邦宪法法院法》第58条第2款的规定，对于联邦法官因违背职务而欲提出弹劾者，在法院诉讼程序终局确定前，或因同一违背职务已提起正式惩戒程序者，在开始此项程序前，联邦众议院不为决议。在诉讼程序中确认联邦法官因违背职务而有责任时，自诉讼程序终局确定时起，联邦议院应当在该刑事程序结束后6个月以内提起弹劾案。(2)根据该法第60条的规定，如果弹劾案先在宪法法院审理，法官又因为同一事实被提起惩戒之诉，则惩戒诉讼程序应当暂停，即弹劾先行。如果宪法法院裁定剥夺被告职位，令其调职或退休，则惩戒程序终止，无须另行处罚。如果宪法法院没有作出上述判决，弹劾程序结束后，惩戒程序继续进行。

四、法官违反审判职责的惩戒责任

德国1952年制定、1998年修订的《联邦惩戒条例》(*Bundesdisziplinarordnung*, BDO)，较为详细地规定了对包括司法人员在内的国家公务人员的问责制度。该法已被2001年颁布的《联邦公务员惩戒法》(*Bundesdisziplinargesetz*, BDG)所代替，主要内容包括：(1)惩戒措施，包括警告、罚款、减薪、降级、撤职、降低退休金和取消退休金7种，其中对于退休公务人员的问责仅适用最后两种措施；(2)机关内部的惩戒程序，包括程序的启动、调查、言词辩论、被问责法官最后陈述和判决、临时措施、费用承担和复议程序；(3)法院的惩戒程序，包括惩戒裁判权的行使主体、惩戒庭的组成、行政法院程序、上诉程序、再上诉程序。被问责的司法人员对问责处理不服，可以提起上诉或者申请再审。

德国《法官法》第二章第三节为"联邦职务法庭"，其中规定了针对法官的惩戒机关、惩戒措施和惩戒程序。同时，《法官法》第46条(联邦公务员法的适用)规定，联邦法官的法律关系适用联邦公务员的规定，除非法律或者本法另有规定。第63条(惩戒程序)第1款规定，关于(法官的)惩戒处分程序，准用《联邦公务员惩戒法》。据此，德国法官除受《基本法》规定的弹劾程序外，在惩戒制度上同时适用法官法及德国《联邦公务员惩戒法》的规定。对法官的惩戒与弹劾同为司法处分，但惩戒是法官违反审判职务行为须承担的主要后果，因此对法官司法责任一般称之为"法官惩戒"。

联邦宪法法院法官，因地位崇高，不适用法官法之惩戒规定，而由联邦宪法法院联合庭以法官三分之二之多数决授权总统予以免职(德国《联邦宪法法院法》第105条)。联邦宪法法院法官之免职原因有三：(1)有不名誉行为；(2)被判6个月以上有期徒刑确定；(3)因违背职务情节重大致不能再任职者。宪法法院法官之外的其余法官，均由联邦普通法院内设立之职务法庭审理(《法官法》第61条)。

德国的法官与一般政府工作人员同属于公务员编制，受《联邦公务员法》和《联邦公务员惩戒法》有关规定的约束。但基于法官的特殊身份，《法官法》在《联邦公务员惩戒法》的基础上进行了必要的例外规定。例如，对联邦法官的惩戒处分权由各法院的院长，联邦司法部以及惩戒法院行使，其中院长及联邦司法部仅能给予警告等非正式处分，正式的处分则只能由惩戒法院通过一定的程序实施。①针对法官的惩戒法院也称职务法庭，是设在联邦普通法院的特别审

① 苏海清：《法官过错责任追究机制研究》，华东政法大学2015年硕士学位论文，第36、38页。

判庭，由1名庭长、2名常设陪审法官和2名非常设陪审法官组成，庭长和常设陪审法官由联邦普通法院常务委员会任免，非常设陪审法官由联邦普通法院常务委员会按照涉案法官所在法院之外的法院拟定的名单进行确认。为了防止惩戒法院审判的中立性可能遭到损害以及行政权对审判的干涉，任何法院的院长或副院长都不得担任惩戒法院的法官。

五、法官违反审判职责的民事赔偿责任

当对法官违反审判行为的惩戒处分不能达到督促法官正确履行职责或弥补其造成的损害时，即监督和惩戒不足以震慑法官谨慎履行其司法责任的，受到损害的当事人可以申请国家赔偿或对法官本人提起刑事诉讼，即针对法官本身寻求国家赔偿或者刑事处罚。

《德国民法典》第839条(违反职务义务时的责任)规定：(1)公务员故意或者过失违背其对于第三人应尽职务义务的，应当赔偿第三人因此而产生的损害。公务员仅因过失造成损害的，只有在受害人不能以其他方式得到赔偿时，始得向公务员要求赔偿。(2)公务员对诉讼案件作出判决时违背其职务义务时，仅在违背职务义务涉及犯罪行为时，始对由此产生的损害负赔偿责任。违背职务义务拒绝或者迟延执行职务的，不适用上述规定。(3)受害人故意或者过失怠于通过使用法律手段防止损害发生的，不适用上述规定。第1款第2句的辅助性原则和第2款规定的裁判上的优待。

根据《德国民法典》第839条第1款的规定，如果公务员对于由第三人造成的损害存在职务上的过失而非故意时，受害人仅在不能以其他方式(包括向第三人主张赔偿的方式)获得赔偿时，才能向该公务员请求赔偿。此种对法官审判责任的限制性规定是为了保护司法独立，仅针对法官履职中的不当行为，且该不当行为必须构成终审判决的基础，如证据调查、与其他法官或诉讼一方的律师进行讨论、法官意见背后的推理等。① 反

① David S. Clark, The Selection and Accountability of Judges in West Germany, 61 S. Cal. L. Rev. 1841.

之，该限制原则并不适用于临时保全、法律援助或诉讼费的决定，或者执行。尤其是，在事实清楚的情况下，该原则不包括法律适用上的错误。①

《德国基本法》第34条规定："某人在行使委托给他的公共职权时，如果违反了他所应承担的、针对第三人的职务义务，原则上应由他所服务的国家或机关承担责任。在故意和重大过失的情况下，保留对其的追索。对于损害赔偿请求权和追索，不排除常规法律途径。"据此，法官行使审判权给相对人造成损害的，由国家或其所在的法院承担责任，但是法官出于故意或重大过失的，法官可能存在被追索的风险。这一宪法上规定的国家替代责任原则(principle of vicarious state liability)针对于所有的公职人员，包括法官，其目的是保护法官司法独立，故该原则在判决中一般做扩大解释。针对法官的国家替代责任包括三个方面的司法行为：(1)构成犯罪的行为，即使该行为和司法行为共同构成最终的判决结果，该行为所涉判决通过特别程序加以撤销。(2)其他违法司法职务义务的行为，例如在准备文件或制作法庭记录的时候不细心，或怠于履行法院行政管理工作，也会引起国家责任。(3)懈怠、拒绝或拖延履行司法职务的行为。②

从第839条的发展历史来看，原本公务员本人应对其行为直接承担责任。根据授权理论(Mandatstheorie)，公务员违反职务时，其行为已经超越了委托给他的权限，此种情况下已经不能代表国家，应当根据一般侵权行为承担责任，也就是等同于私人承担责任。③ 1896年的《德国民法典》在第839条规定了公务员的个人责任，但作出了缓和性的规定。《魏玛共和国宪法》第131条规定，原则上由国家对违反职务的行为承担责任；《基本法》第34条继续

① David S. Clark, The Selection and Accountability of Judges in West Germany, 61 S. Cal. L. Rev. 1842.

② David S. Clark, The Selection and Accountability of Judges in West Germany, 61 S. Cal. L. Rev. 1841.

③ [德]马克西米利安·福克斯著：《侵权行为法》，齐晓琨译，法律出版社2006年版，第205页。

沿用这一原则。1981 年 6 月 26 日德国曾经公布了《国家责任法》，但联邦宪法法院认为“联邦机构不具有此种立法权限”，宣布该法律因违宪而无效。①

另根据《德国民法典》第 841 条的规定，于上述情况下，在第三人与公务员(或国家)之间的内部关系上，该第三人将单独承担终局责任。该第三人与公务员(或国家)在损害赔偿责任承担上的顺位关系被德国法学界归于补充责任范畴。② 但事实上，德国法官因为判决错误对当事人造成严重后果而被追究民事赔偿责任的实例极少发生，因为：(1)法官如果有意识作出错误判决，需要承担民事赔偿责任和刑事责任，即枉法裁判。但事实上，枉法裁判很难证明，实践中几乎不存在枉法裁判，也就不存在因此而承担责任的情形。(2)在非故意情形下的错误，涉案当事人有两种法律救济手段，上诉和再上诉，如错误判决被修改，就不发生错误裁判的后果和民事赔偿责任。(3)错误判决(Fehlurteil)在法律上并没有确切定义，更多的是口头用语，指的是司法错误(Justizirrtum)，即法官的裁判出现非故意的客观错误。而这种错误往往又和法官的自由心证相关联，不同法官所具备的判案经验及文化背景等各方面存在不同，案件事实的复杂性也不相同，加之法律文本在一定程度上也存在不同的理解，因此法官很难对同一案件形成统一认识，也不可能对同一案件作出完全相同的判决。在这种情形下，很难断定法官的某种不同见解是错误的。因此，即使法官在履职过程中出现明显不当行为，一般只会承担惩戒责任，而不直接承担民事赔偿责任。

六、法官违反审判职责的刑事责任

大陆法系国家对法官不当行为进行刑事处罚的传统来自《十二铜表法》，该法中对与贪腐行为规定了极刑。罗马帝国时代和中世

---

① BVerfGE 61，149.

② ［德］马克西米利安·福克斯著：《侵权行为法》，齐晓琨译，法律出版社 2006 年版，第 210 页。

纪刑法典中，主要规定两种司法不当行为，即偏袒和贿赂。① 在现今德国刑法中，对法官违反审判职责的行为规定了严厉的刑法责任。如果公务员因腐败行为被判刑 1 年以上自由刑，法院会以判决的形式褫夺其公务员身份，养老、医疗保险等待遇均会被剥夺；被判 1 年以下自由刑的，由单位纪检部门劝其离开公务员队伍，工资和福利待遇等仅保留原待遇的 1/3。另外，公务员一旦被剥夺身份，不仅工资和福利待遇等会受到极大影响，而且其社会信用记录也会留下污点。

德国《刑法典》第三十章规定了"职务犯罪"，其中和司法责任相关的包括第 331 条(受贿)、第 332 条(索贿)、第 339 条(枉法)、第 343 条(逼供)、第 344 条(对无辜者追诉)、第 345 条(对无辜者执行)、第 353b 条(违反保密义务)、第 353d 条(泄露案件秘密)、第 357 条(引诱下属犯罪)和第 358 条(随附后果)。

德国对司法腐败犯罪之规定的主要特点为：(1)相关规定针对的犯罪行为是违反裁判义务的裁判行为，而不是任何裁判行为。(2)对司法人员腐败犯罪的惩处力度大于一般公务员。例如第 331 条第 1 款规定，公务员索要、让他人允诺或收受他人利益的，处 3 年以下自由刑或罚金；而根据该条第 2 款规定，法官和仲裁员为自己或他人索要、让他人允诺或接受他人利益的，处 5 年以下自由刑或罚金。(3)1997 年 8 月 13 日通过的《腐败防治法》加重了对腐败犯罪的惩处力度。例如旧法中将接受他人利益(第 331 条)、允诺给予利益(第 333 条)和具体公务行为相关联，但修改后的法律规定，只要上述行为和履行公务有关即可构成犯罪，这样就可以将诸如"送礼"这样影响司法人员公正性和客观性的行为纳入法律调整范围。又如，在第 331~334 条规定的利益概念上，将向第三人的捐赠也纳入进来，从而避免司法人员转移私人财产。对接受利益和提供利益的刑罚上限从 2 年自由刑增加到 3 年自由刑，从而超过了适用缓刑的年限规定。第 335 条新增加对特别严重的索贿和行贿之

① David S. Clark, The Selection and Accountability of Judges in West Germany, 61 S. Cal. L. Rev. 1842.

处罚，并允许适用财产刑和充公处罚。① (4)为了打击跨国的贪腐行为，联邦德国根据一些国际条约的规定修正国内刑法，扩大刑法的适用范围。例如德国在1998年通过《欧盟反腐败法案》批准了1996年《关于保护欧共体财政利益条约的议定书》，将第332条、第334~336条、第338条扩大适用于欧盟其他成员国的法官和欧盟所设法院的成员，以及欧共体机构的官员。1998年9月10日德国还通过《国际贿赂防治法》批准了经合组织成员国在1997年缔结的《关于打击在国际业务中贿赂外国官员的条约》，将行贿罪的适用主体扩大于外国或国际组织的法官、公务员和士兵。为此目的，第11条第1款增设第2a项，规定本法意义上的“欧洲公务人员”包括欧盟委员会、欧洲中央银行、欧洲审计院以及欧盟下设法院的成员。第335a条(外国职员和国际职员)第1款规定：第332条、第334条以及第335条同样适用于外国或国际法院的法官将来的裁判行为。第2款规定：第331条和第333条同样适用于国际刑事法院法官将来的裁判行为或国际刑事法院的雇员的职务行为。

在刑罚方面，德国《刑法典》中规定的刑罚种类有三种，分别为罚金刑、自由刑和矫正及保安性措施，其中自由刑包括有期徒刑和无期徒刑。受贿罪的刑罚种类有自由刑罚金和扩大之充公。本罪的自由刑刑期最高为1年，最低为1个月。扩大之充公是指将用于违法行为或因违法而获得的特定物充公。在本罪中，扩大之充公适用于行为人以此为职业或作为为继续实施第332条及与之有关的第336条、第337条之罪而成立的犯罪集团成员犯此等罪。第358条是关于附随后果的规定，对于职务犯罪刑罚的处罚除了前述规定的各种剥夺自由刑的处罚外，还赋予了法院剥夺行为人担任公职的资格的权利。具体规定为：“除依第332条、第335条、第339条、第343条、第344条、第345条第1款和第3款，第348条、第352条至353B条第1款，第355条和第357条的规定，科处6个月以上自由刑外，法院还可以剥夺行为人担任公职的资格第45条第

① 赵建伟：《职务犯罪应对措施国际比较研究》，大连海事大学2009年博士学位论文，第15页。

2 款。”第 45 条第 2 款规定：“法院可剥夺被判决人为期 2 年以上 5 年以下的第 1 款规定的资格，但以法律有特别规定为限。”从上述规定来看，德国对索贿罪后继行为的违法性规定了较受贿罪为重的刑罚，且在规定方式上，对受贿罪限定最高法定刑而不限制起点刑，对索贿罪则同时限定最高法定刑与最低法定刑。此外，德国刑法典还单列一条，特别规定了情节特别严重的贿赂的法定刑和对情节严重的理解；基于身份的不同对法官和仲裁人，规定了较公务员和从事特别公务的人员更重的法定刑以及其未遂亦应处罚。

第二章　法官惩戒制度

法官的惩戒制度类似于公务员惩戒制度，但其追责(accountable)和一般公务人员又有不同。因为民主国家必须保障法官独立于中央和地方政府，履行审判职能时不受媒体、企业或者其他团队的压力和影响，这涉及民主国家的核心基础，因此下文中注重比较德国公务员惩戒制度和德国法官惩戒制度的异同，以凸显德国法官惩戒制度的特点。

第一节　惩戒机关

一、职务监督机关和惩戒机关的分离

为防止职务监督对于司法独立可能造成的危害，应将法官职务监督与法官惩戒两者予以分权化，减少干预的因素，并赋予职务监督有效的救济途径，才能周延地保障法官独立审判权；这里的分权，不是指狭义地将权力截然分割，互不统属，而是指权力不完全集中于一人之手，行使监督权的机关不应同时享有惩戒的权力，而应作为控诉方向专门的惩戒机构进行控诉，即使有一定惩戒权，也应当限制在很小的范围内。①

这一点在德国的法官责任制度中体现得尤为明显：(1)《法官法》第25条规定：法官独立，只服从法律。第26条规定：法官应服从职务监督，但以不妨碍法官独立为限；在确保第1款的前提

① 尹泽海：《论法官职务监督与法官独立》，载《河北科技大学学报(社会科学版)》2005年第1期，第51页。

下，职务监督权限包括就违法执行公务行为提出批评的权限，以及责令其及时依法完成公务的权限；法官认为职务监督措施妨碍其独立性的，法院应根据其申请，依照本法作出裁决。据此，法官只在不影响其独立性的范围内接受监督。所谓不影响其独立性的监督，是指法官的某个行为是否应受职责，取决于该行为是属于法官行为的核心领域还是外部领域，职务监督只能针对外部领域的行为，核心领域的行为不受职务监督的约束。① 法官如果认为某种监督侵犯了自己的独立性，可以向惩戒法院申诉。(2)虽然法官和其他政府官员一样属于公务员序列，德国《公务员法》和《联邦公务员惩戒法》原则上适用于法官，但考虑到对司法独立原则的维护和司法职能的特殊性，《法官法》根据法院的特殊情况调整相关法律。例如，公务员惩戒法中规定了 7 种惩戒措施，即警告、罚款、降低薪金、降级、解除公务员关系、降低退休金和剥夺退休金。主管机关可以以惩戒命令的形式对公务员科处警告、罚款、降低薪金或降低退休金。但和普通公务员不同的是，法官的上级和主管部门只能对法官给予警告处分，正式的惩戒措施必须由设于联邦普通法院的职务法庭审理作出。这就较之一般公务员关系更加明显地区分了法官职务监督机关和惩戒机关。(3)根据《法官法》第 64 条的规定，职务法庭对各最高层级联邦法院的法官仅能科处警告、罚款或撤职的处分，而不能科处其他处分。这有利于保障法官的独立地位。

二、作为惩戒机关的主管部门

根据《联邦公务员惩戒法》第 17 条的规定，在机关内部，对联邦公务员的惩戒处分权由任职单位的主管上级、主管部门、最高主管机关行使。其中公务员的最高主管机关为其职务所属系统的最高负责机关。对下属公务员的个人工作享有公务员法上的决定权者，

---

① ［德］博德：《德国的司法职业与司法独立》，载宋冰编：《程序、正义与现代化——外国法学家在华演讲录》，中国政法大学出版社 1998 年版，第 20 页。

为公务员的主管上级。对于退休的公务员，其惩戒权由退休开始时的最高主管机关行使。该机关可以通过普通命令将惩戒权全部或部分委托给下属机关；命令必须在《联邦法律公报》中予以公布。该最高主管机关不复存在的，由联邦内政部决定具体的管辖机关。在有充分事实依据证明存在渎职行为时，主管上级应依工作职责启动惩戒程序。较高级别的主管上级和最高主管机关应在其业务监督范围内确保这一工作职责的实现，可以随时亲自负责惩戒程序。主管机关可以惩戒命令的形式对公务员科处警告、罚款、降低薪金或降低退休金。上级有权对下属公务员处以警告和罚款，降薪决定只能由最高主管机关及其直接下属机关作出。应当科处降级、解除公务员关系或剥夺退休金的，则必须对其提起惩戒之诉，由行政法院通过判决形式科处。

除联邦宪法法院，德国五大法院体系的联邦一级(最高级)由联邦政府各部长主管，即司法部的管辖。因此，就联邦普通法院的法官惩戒而言，司法部就是主管部门(最高主管机关)，普通法院院长对该院其他法官有司法行政上的职务监督权，即任职单位上司(主管上级)。在德国，最低一级的惩戒措施就是警告，其意义接近于申斥或责难。警告是对公务员某种特定行为的责备。在德国，警告是唯一一项可以直接由法院院长而不经过惩戒诉讼作出的惩戒措施。《法官法》第64条明确规定，通过惩戒命令的形式只能科处警告。

三、作为惩戒机关的法院

在德国，法院在针对包括法官的公务员惩戒程序中具有重要地位，某些严厉的惩戒措施(即降级、解除公务员关系)必须通过行政法院作出，机关只有权提起惩戒诉讼(Disziplinarklage)，并向行政法院提出该措施的申请。同时，行政法院也是公务员在惩戒程序中的主要救济机关。

(一)普通公务员的惩戒法院

就普通公务员而言，惩戒案件由行政法院中设立的惩戒庭

(Disziplinarkammer)或惩戒院(Disziplinarsenat)审理。① 惩戒诉讼实行三审终审：第一审由设立在地方行政法院中的惩戒庭审理，上诉审由设立在高等行政法院和联邦行政法院中的惩戒院审理，第三审在联邦行政法院中的惩戒院进行。第三审的审理范围限于法律问题，不再调查惩戒案件中的具体事实。

惩戒庭的组成人员与行政法院的其他法庭不一样。每个惩戒法庭由 3 名本行政法院职业法官以及 2 名公务员陪审员作为名誉法官组成。名誉法官的任期为 5 年，其在审理案件中的职能(尤其是采取决定的投票权)与职业法官完全一样。但公务员陪审员不得参与言辞辩论和法庭裁决以外的其他审理活动。两名公务员陪审员之一应属惩戒程序针对的公务员所在行政机构和工作部门的成员。

公务员陪审员必须是终身任命的联邦公务员，且在被遴选或委任时在有管辖权的行政法院所在地区有任职住所。将管辖权委托给辖区内数个均有裁判权的行政法院之一的，公务员陪审员必须在该行政法院辖区内有任职住所。公务员陪审员的遴选或委任由州法加以规定。

法官或公务员陪审员具备下列情形之一的，依法不得在具体案件中履行法官职权：(1)惩戒之诉所涉行为的受害人；(2)是或者曾经是涉案公务员或受害人的配偶、生活伴侣或法定代理人；(3)是或曾经是涉案公务员或受害人的直系血亲、姻亲，三代以内旁系血亲或二代以内旁系姻亲；(4)曾在针对公务员的机关内部惩戒程序中担任办案人员，或作为证人出庭，或作为鉴定人作出鉴定意见；(5)曾参与因同一事实对公务员提起的刑事诉讼程序或行政罚款程序，(6)是或曾经是公务员的上司，或在担任公务员上司期间处理过公务员的个人事务；(7)曾作为人事代表机关(Personalvertretung)的

① 2003 年 12 月前，德国联邦法院系统中另外设有专门的联邦惩戒法院(Bundesdisziplinargericht)，专门审理联邦公务员的惩戒案件。当时对联邦公务员惩戒诉讼只经过两次审理：针对联邦惩戒法院作出判决的上诉申请直接由联邦行政法院终审审理。为了避免惩戒案件的特殊处理，德国立法者取消了联邦惩戒法院，并将其职责并入了行政法院系统，由公务员居住地所属的行政法院受理一切惩戒案件。

成员参与针对公务员的惩戒程序；(8)公务员陪审员和涉案公务员属于同一工作单位的，不能履行法官职务；(9)如公务员陪审员已经被提起惩戒之诉或因故意犯罪被提起公诉，或被申请发布处罚令，或被禁止履行其职务，在上述程序期间或被禁止期间内不得履行法官职务。

(二)职务法庭

法官和其他公务员均适用《联邦公务员惩戒法》，但受理机构有所不同。适用于法官的惩戒法院为“职务法院”，是设立在联邦普通法院(民刑事案件的最高级别法院)的审判庭。《德国法官法》第3章第61条规定，联邦职务法庭是联邦普通法院专门负责联邦法官(事务)的特别法庭。联邦职务法庭的审理和判决由1名审判长、2名常任陪审法官和2名非常任陪审法官负责。审判长和常任陪审法官由联邦普通法院的法官担任，非常任陪审法官由涉案法官所属法院系统的终身法官担任，但不能和当事人来自同一法院。非常任陪审法官由联邦普通法院常务委员会按照其他联邦法院常务委员会拟定的提名名单上的顺序确定。职务法院的成员并非专职，平时都在各自单位工作，有惩戒案件时才集中办公。每个成员任期5年，定期轮换。《德国法官法》强调任何一所法院的院长和副院长均不能担任职务法院的法官。因为德国法院的院长和副院长系下属在工作上的领导，对下属有行政监督权，如果担任职务法院的法官，会有失中立。

联邦职务法院仅负责受理联邦法官的违纪事件，州法官的惩戒事件由各州的职务法院负责。《联邦法官法》第77条规定：各州组建职务法庭。各州的职务法庭由1名审判长、若干名常任陪审法官和若干名非常任陪审法官组成，其中，常任陪审法官和非常任陪审法官的人数应当相等。职务法庭的所有成员均应为终身法官。非常任陪审法官应当由涉案法官所属法院系统的法官担任。职务法庭成员由所属法院院长会议确定。州立法机关可以规定，该院院长会议应当按照其他法院院长会议出具的推荐名单任命。法院院长和常务副院长不得担任职务法庭成员。但各州可以通过立法允许来自律师界的名誉法官担任职务法庭的常任陪审法官。只有当选为律师协会理事的律师才能被任命为职务法庭成员。职务法庭成员不得同时担任律师协会理事或律师代表大会代表，也不得在律师协会和律师代表大会从事全职或兼职工作。职务法庭的律师成员由职务法庭所属法院院长会议任命，任期5年；任期届满后可以连任。院长会议在任命律师担任常任陪审法官时受律师协会理事会出具的推荐名单约束。如果在职务法庭辖区内存在多个律师协会，来自各律师协会的职务法庭成员人数在比例上应当与各律师协会会员人数的比例相当。院长会议确定(职务法庭中的)律师成员人数。推荐名单中的人数至少应当是任命人数的1.5倍。州法对于职务法庭律师成员的任命程序作出进一步规定。

州职务法庭受理包括退休法官在内的所有法官的惩戒案件。职务法庭的诉讼程序至少应当包括两审，即地方法院和高等地方法院。对州职务法院裁判不服的，在州立法机构对此有明确规定的情况下，可以上诉到联邦职务法院，即第二级上诉(再上诉)。

第二节　惩戒措施

一、惩戒措施的类型

德国《联邦公务员惩戒法》中规定了7种惩戒措施，即警告、罚款、降低薪金、降级、解除公务员关系、降低退休金和剥夺退休金。

(一)警告

警告是对公务员特定行为的书面指责。未明示为警告的非难性表述不是惩戒措施(如斥责、劝告或者训斥)。

(二)罚款

罚款额以公务员月薪金或候补者月薪金为限。没有薪金或者候补者薪金的，罚款额最高为五百欧元。

(三)降低薪金

降低薪金是指部分降低公务员的月薪金，降幅最高为月薪金的五分之一，时限最长为3年。降薪效力及于公务员在该决定生效时担任的所有职务。公务员基于先前公务关系获得养老金请求权的，该权利不受薪金降低的影响。降薪决定从生效后的下个月开始执行。决定生效前公务员退休的，其退休金相应降低。公务员在降低薪金期间退休的，其退休金作相应的降低，时限与降低薪金一致。丧葬费、遗孀抚恤金和孤儿津贴不得降低。在薪金被降低期间，该公务员不得晋升。雇用或者任用比以前更高的职位等同于晋升。

公务员不带薪休假期间不降低薪金。他可以提前为休假期间向供职部门缴付降低薪金的数额；则休假结束后降低薪金的期限相应缩短。例如某公务员被科处 6 个月降薪处分，期限为 2016 年 6 月至 11 月，该公务员在 6 月和 7 月不带薪休假，则降薪处分顺延至 2017 年 1 月。他可以向供职部门缴纳 6 月和 7 月的降薪数额，则降薪期限仍结束于 2016 年 11 月，而不发生顺延。由于降薪期间不得晋升，公务员通过缴付降薪数额可以提前结束降薪期间，从而不影响后续晋升。

(四)降级

降级是指公务员被从原职务中降低一个基本工资等级。降级后，公务员丧失所有基于目前职务所获得的权利，包括与此相关的薪金和官衔。降级决定中未作其他规定的，降级后公务员的名誉职和因其职务或经其上级要求、建议或发起而从事的兼职行为同时结束。新职务的薪金从降级决定生效后的下个月起支付。降级决定生效前公务员退休的，按照决定中确定的薪金等级领取养老金。最快在降级决定生效 5 年后，公务员始可得到晋升。降级的法律后果同样可及于新的公务员关系。雇用或者任用比降级后更高的职位等同于晋升。

(五)解除公务员关系

公务关系因公务员关系的解除而终结。公务员随之丧失薪金请求权和供给请求权、丧失使用依职务取得的官衔和称号的权利以及穿官服的权利。解除公务员关系的决定生效后，当月结束后停止支付薪金。公务员在解除决定生效前退休的，该决定具有剥夺退休金的效力。被解除公务关系之公务员可获得 6 个月的生活费，数额为其在决定生效前薪金的 50%。若公务员对此受之有愧或者情况表明并无必要，可以在决定中全部或部分排除生活费请求权。为避免公务员陷入生计困难，决定中也可以将生活费请求权延长至6个月以上；公务员必须证明相关情况。生活费的支付适用本法第79条的特别规定。解除公务员关系及其法律后果及于决定生效时该公务员担任的全部职务。若被解除公务员关系者以前存在其他联邦公务员关系，且惩戒措施因先前公务关系存续期间所为之渎职行为而作出，则其在解除关系时同时丧失基于先前公务关系所获得的权利。被解除公务员关系的公务员，不得再次被任命为公务员；也不得建立其他工作关系。

（六）降低退休金

降低退休金是指部分降低退休公务员的月退休金，降低幅度最高为月退休金的1/5，降低时限最长为3年。

（七）剥夺退休金

剥夺退休金后，退休公务员丧失供给请求权，包括生存配偶的供给请求权，以及使用因以前职务授予的官衔和称号的权利。剥夺退休金及其法律后果及于退休公务员在退休时担任的所有职务。剥夺退休金后，退休公务员在通过补办保险获得养老金之前，可获得相当于退休金70%的生活费，期限最长为6个月。

二、惩戒措施的酌定和适用限制

法官的上级和主管部门只能对法官给予警告处分，正式的惩戒措施必须由设于联邦普通法院的职务法庭审理并作出。职务法庭对各最高层级联邦法院的法官仅能科处警告、罚款或撤职的处分，而不能科处其他惩戒，但对于普通法官仍可以科处上述7种惩戒措施。

根据《联邦公务员惩戒法》的规定，在具体惩戒案件中，惩戒机关应依职权自由裁量决定科处何种惩戒措施，需要考虑的因素包括：渎职的严重程度确定、公务员的个体情况，以及该不当行为在何种程度上损害了供职部门或公众的信任。对于因严重渎职而丧失供职部门或公众信任的公务员，必须解除公务员关系。退休公务员倘若没有退休应被科处解除公务员关系的，剥夺其退休金。

公务员在刑事诉讼程序或行政罚款程序中被处刑罚、罚款或者纪律处分，或某一行为根据《刑事诉讼程序法》第 153a 条第 1 款第 5 句或者第 2 款第 2 句的规定，在履行负担和命令后不再作为不法行为加以追诉的，因同一事实得处以指示、罚款或降低退休金；唯有为督促公务员履行义务而有必要的，始可处以降低薪金。公务员在刑事诉讼程序或罚款程序中被宣告无责，只有当法院在裁判中认为某事实构成渎职、但尚未满足刑事或行政罚款规定的构成要件时，始可因该事实科处惩戒措施。

惩戒措施适用时效制度：渎职行为终了后超过 2 年的，不得再科处警告。渎职行为终了后超过 3 年的，不得再科罚款、降低薪金或降低退休金。渎职行为终了后超过 7 年的，不得再科处降级。上述期限可因下列事实而中断：惩戒程序的启动或延长、提起惩戒之诉、提起追加惩戒之诉，或根据《联邦公务员法》第 34 条第 3 款第 2 句，以及与第 34 条第 3 款第 2 句相关的第 37 条第 1 款①的规定启动或延长对试用期公务员和临时公务员的调查。

对于公务员的惩戒措施不得重复考虑。根据《联邦公务员惩戒

① 《联邦公务员法》第 34 条：试用期公务员的解聘（一）如果具备下列情形之一的，本法第 6 条第 3 款第 1 句意义上的试用期公务员可以被解聘：1. 终身公务员关系中的行为导致降低薪金；2. 未能经受住本法第 11 条第 1 款第 1 句第 2 项规定的考验；3. 工作能力欠缺，不可能工作到退休；或者 4. 机构撤销，或所在机构的组成或任务发生重大变化，或在机构合并中其工作岗位受到影响，且不可能另作他用。第 1 句第 2 项的情况不包括健康原因，在第 3 项情况下应审查其是否适合其他工作。（二）在下列受雇佣期限下，解聘期限为 1. 受雇期限为三个月的，为两周到月末，且 2. 受雇期限超过三个月的，为六周到季末。试用期公务员关系期间在同一最高主管机关管辖范围内持续工作的时间视为受雇期限。（三）在本法第 1 款第 1 项情况下解聘可不受相关期限规定的约束。相应适用《联邦公务员惩戒法》第 21 条至第 29 条的规定。（四）试用期公务员在达到终身公务员关系的年限要求的当月底解聘。

第 37 条：临时公务员的解聘（一）临时公务员可以随时被解聘。解聘不受有关期限规定的约束。相应适用本法第 34 条第 4 款的规定。（二）临时公务员处于见习服务期（im Vorbereitungsdienst）的，应给予其完成见习服务并参加考试的机会。他们的公务员关系在下列时间点解除：1. 获知通过考试或确定没有通过考试；或者 2. 获知没有通过必须的期中考试（Zwischenprüfung）。

法》第 16 条的规定：在其他惩戒措施和人事措施中，不得考虑 2 年之前的警告、3 年之前的罚款、降低薪金或降低退休金处分、7 年之前的降级处分。相关的期限从惩戒措施决定生效后开始计算。该期限因下列原因而不予结束：已经启动的刑事诉讼程序或惩戒程序未终结、可能给予其他惩戒措施、降低薪金的决定尚未执行、关于中止公务员关系的诉讼程序或针对公务员的损害赔偿诉讼尚未审结。经过该期限后，曾受处分的公务员视为未受过处分。人事档案中关于惩戒措施的记载应依职权清除和销毁。据以作出降级处分的法院裁判的内容提要和格式应保留于人事档案。但其他参与人和全权代表的称号、法官的姓名及费用决定等，应做无法辨识的处理。经公务员申请，可以停止清除工作或给予特别保存。公务员应被告知将清除有关记载，并可以在被告知享有申请权和申请期限之后 1 个月内提出申请。因提出申请或本款第二句规定的法院裁判的内容提要和格式被保留于人事档案的，应在记载内容中注明重复考虑禁止。

第三节　惩戒事由

法官基于何种事由受到惩戒，即法官的行为模式之妥当性的规范指引，同时也界定了惩戒的范围。法官被追责的根本原因在于其不当行为损害了司法公正，从而影响了司法公信力和司法权威，具体又分为严重损害司法公正的行为和一般性损害司法公正的行为。

一、错案追究抑或不当行为追责

错案追究制，是指法官、审判组织和其他相关人员在案件办理过程中，由于各种原因造成案件的立案、判决或执行的实体性或程序性错误，要按情节轻重折扣工作绩效、受到行政惩戒处分甚至承担刑事责任。① 错案追究针对的是司法错误，即在法律的解释、实

① 王伦刚、刘思达：《从实体问责到程序之治——中国法院错案追究制运行的实证考察》，载《法学家》2016 年第 2 期，第 28 页。

施程序或者执行过程中出现的各种错误。① 但是并非所有的司法错误都应该被追究法官的责任。导致司法错误的原因是多种多样的，既包括事实认定和法律适用上的错误，也可能因为外部影响和工作疏忽而发生误判，也不排除因为受贿和枉法裁判等原因而故意作出错误裁判。那么惩戒的对象到底是法官的不当行为，还是造成错案这一结果？

在我国，错案追究制是20世纪90年代初法院系统应对司法公信力降低的制度回应，实质上是最高人民法院在推进法官违法违纪行为责任制度（以下简称“法官行为责任制”）的过程中，主要由省级及以下的地方法院系统发展起来的。② 最初全国人大和最高人民法院的法律文件中仅规定了法官行为责任制，并未规定错案追究制。例如最高人民法院1991年5月颁布实施的《人民法院工作人员纪律处分的若干规定（试行）》第15条、第16条分别规定，“在审判活动中主观臆断造成错判的，给予降级或记大过处分，对其他责任人给予记过以下处分”，“在审判活动中因失职造成错判的，给予记大过以上撤职以下处分”。1995年7月1日施行的《中华人民共和国法官法》第30~33条规定了法官惩戒制度。针对其第30条第8项所规定的“玩忽职守，造成错案或者给当事人造成严重损失”，《法官法》第31条规定，“应当给予处分；构成犯罪的，依法追究刑事责任”。可见，上述文件规定的是追究法官造成错案的审判行为（如主观臆断、失职等），而不是追究错案本身。换言之，错案并不是受追究的对象，它只是违法违纪行为责任构成的一个要件。但是在实践中，省级及以下法院则将错案直接作为追究对象，创设“错案追究制”，例如河南省高级人民法院颁布的《错案责任追究暂行办法》规定，自1993年1月1日起，审判人员及有关人员故意、过失或业务水平低造成错案的，应分别不同情况追究刑事责任

① ［美］布莱恩·福斯特著：《司法错误论——性质、来源和救济》，刘建坤译，中国人民公安大学出版社2007年版，第4页。

② 参看王伦刚、刘思达：《从实体问责到程序之治——中国法院错案追究制运行的实证考察》，载《法学家》2016年第2期，第28~29页。

或给予政纪、党纪处分。

1998年以后，最高人民法院进一步完善了法官行为责任制，即规制目标仍然是法官的行为，而非结果(错案)。例如1998年8月26日通过的《人民法院审判人员违法审判责任追究办法(试行)》第14条规定，“故意违背事实和法律，作出错误裁判的。因过失导致裁判错误，造成严重后果的”，须承担违法审判责任。第22条规定了审判人员不承担责任的几种情形，包括：(1)因对法律、法规理解和认识上的偏差而导致裁判错误的；(2)因对案件事实和证据认识上的偏差而导致裁判错误的；(3)因出现新的证据而改变裁判的；(4)因国家法律的修订或者政策调整而改变裁判的；(5)其他不应当承担责任的情形。之后，最高人民法院还陆续颁布了《人民法院执行工作纪律处分办法(试行)》(2002年9月12日最高人民法院审判委员会第1243次会议通过，2002年9月25日最高人民法院公布，法发〔2002〕15号)、《关于严格执行〈中华人民共和国法官法〉有关惩戒制度的若干规定》(法发〔2015〕13号)等几个法律文件。2001年修订的《法官法》基本坚持了法官行为责任制的原有规定。2009年，最高人民法院颁布的《人民法院工作人员处分条例》(法发〔2009〕61号)，对此前的法律文件进行了整合编纂。因此，《法官法》《人民法院违法审判责任追究办法》《人民法院工作人员处分条例》是现行错案追究的规范性文件。但这些文件既没有直接将错案作为追究对象，也没有定义何谓“错案”。

从具体条文内容来看，《人民法院审判人员违法审判责任追究办法（试行)》第2条规定：“人民法院审判人员在审判、执行工作中，故意违反与审判工作有关的法律、法规，或者因过失违反与审判工作有关的法律、法规造成严重后果的，应当承担违法审判责任”；第3条规定：“违法审判责任，应当依据违法事实、行为人的法定职责、主观过错以及违法行为所产生的后果确定”。据此，法官司法责任的构成必须具备主客观两方面的要件。客观方面，法官要存在违法行为，主观方面要有过错。法官故意违法的，不论后果的有无都应当承担违法审判责任，法官过失违法的，只有造成严重后果的才承担违法审判责任。可见，认定法官责任的标准是行为违法和主观过错。

进而，最高人民法院《关于完善人民法院司法责任制的若干意见》(法发〔2015〕13 号)第 25 条规定：“法官应当对其履行审判职责的行为承担责任，在职责范围内对办案质量终身负责。法官在审判工作中，故意违反法律法规的，或者因重大过失导致裁判错误并造成严重后果的，依法应当承担违法审判责任。法官有违反职业道德准则和惩戒规定，接受案件当事人及相关人员的请客送礼、与律师进行不正当交往等违纪违法行为，依照法律及有关惩戒规定另行处理”。即法官因为故意或重大过失为承担违反审判责任的，应当接受法律和惩戒处分。可见，法官以履行审判职责的行为承担责任，承担违法审判责任主要有两种类型：(1)审判活动中故意违反法律法规的行为，即法官在审判活动中“明知违法而有意为之”。如法官在审判活动中收受贿赂、徇私舞弊、枉法裁判的；违反诉讼法上关于管辖和立案的规定，私自办案或者制造虚假案件的；在审判过程中，涂改、隐匿、伪造、偷换和故意毁损证据材料的；向合议庭、审判委员会汇报案情时隐瞒主要证据、重要情节和故意提供虚假材料的；制作诉讼文书时，故意违背合议庭评议结果，审判委员会决定的；违反法律规定，对不符合减刑、假释条件的罪犯裁定减刑、假释的；其他故意违背法定程序、证据规则和法律明确规定违法审判的。(2)审判活动中因重大过失导致裁判错误并造成严重后果的行为。过失是与故意相对应的一种主观过错，指应当预见自己的行为可能发生危害后果而因疏忽大意没有预见，或者已经预见而轻信能够避免的心理状态。因过失导致的违法审判责任应当同时具备三个条件：首先，必须是“重大过失”，如因重大过失丢失、损毁证据材料，忽略罪与非罪之间的重要证据，无视当事人一方明确提出与法官内心确信相反的质证意见，混淆证据证明力大小的位阶顺序等。其次，必须是“导致裁判错误”。一般来讲，法官在认定事实方面的过错，必将导致适用法律上的错误，二者具有内在的逻辑关系。最后，必须是造成“严重后果”。如法官向合议庭、审判委员会汇报案情时因重大过失遗漏主要证据、重要情节导致裁判错误并造成严重后果的；在制作诉讼文书时，因重大过失导致裁判文书主文错误并造成严重后果的。如果法官因过失行为导致裁判错误，但并未造成严重后果的，如一审法官有过失被二审纠正的，证据或诉讼保全过程中的裁定错误被及时纠正的等，不纳入违法审判责任来追究，而是要通过严格的业绩考评体系来调整。

在西方国家，法官惩戒指的是法定的主体根据法定的程序对法官的违法行为或者不当行为进行责任追究，换句话说，因为法官的不当言行导致法定的主体须对其进行惩戒，让其承担一定的不利后果。从我国错案追究制度的实证分析来看，错案责任多是与绩效考核挂钩的行为责任。① 法官因为渎职行为造成错案的，主要承担惩戒责任。法官司法责任针对的主要是不当行为，而非错案结果。因此，我国的“法官司法责任”与国外的“法官惩戒”两个概念在一定程度上可以互相置换的。与西方所言的“法官惩戒”的内涵也是相同的，只是表述不同而已。

二、惩戒的判定标准：法官的职务义务

在我国，如果法官在审判工作中故意违反法律法规，或者因重大过失导致裁判错误并造成严重后果，依法应当承担违法审判责任。其实质就是违反法律赋予其的审判职责，承担违法审判责任的情形包括：(1)审理案件时有贪污受贿、徇私舞弊、枉法裁判行为的；(2)违反规定私自办案或者制造虚假案件的；(3)涂改、隐匿、伪造、偷换和故意损毁证据材料的，或者因重大过失丢失、损毁证据材料并造成严重后果的；(4)向合议庭、审判委员会汇报案情时隐瞒主要证据、重要情节和故意提供虚假材料的，或者因重大过失遗漏主要证据、重要情节导致裁判错误并造成严重后果的；(5)制作诉讼文书时，故意违背合议庭评议结果、审判委员会决定的，或者因重大过失导致裁判文书主文错误并造成严重后果的；(6)违反法律规定，对不符合减刑、假释条件的罪犯裁定减刑、假释的，或者因重大过失对不符合减刑、假释条件的罪犯裁定减刑、假释并造

① 参看王伦刚、刘思达：《从实体问责到程序之治——中国法院错案追究制运行的实证考察》，载《法学家》2016年第2期。

成严重后果的；(7)其他故意违背法定程序、证据规则和法律明确规定违法审判的，或者因重大过失导致裁判结果错误并造成严重后果的。

在德国，法官被追责的根本原因同样在于其不当行为违反了法律赋予的审判职能，损害了司法公正，从而影响了司法公信力和司法权威，具体又分为严重损害司法公正的行为和一般性损害司法公正的行为。

(一)严重损害司法公正的行为

如果法官的行为严重损害司法公正、司法公信力和司法权威，属于情节恶劣的失范行为，从根本上违背了法官应承担的义务和应履行的职责，这类行为触犯国家基本法律秩序，包括违反宪法、构成刑事犯罪等行为，除了依照刑法承担刑事责任，还可能根据基本法的规定被罢免。

德国《基本法》第 98 条规定，“任何以官方或非官方身份违反基本法或任何州宪法基本原则的联邦法官都应受到弹劾”。德国《法官法》第 9 条(任职条件)规定，只有保证随时为《基本法》所规定的自由民主的基本秩序而努力的人员才可以被任命为法官。这也为法官设立了基本宪法义务。据此，法官的违宪行为如系故意为之则将被判决罢免，这意味着弹劾并不区分主观是否故意，但故意和过失的处理结果有区别。

除了违宪行为，构成刑事犯罪的行为同样属于严重损害司法公正与权威的失范行为。《法官法》第 24 条(通过法院判决终止职务关系)规定，本法适用范围内德国法院以判决形式确认法官具有下列情形之一的，该法官的职务关系自上述法院判决生效时终止，无须另行作出裁判：(1)因故意犯罪行为被判处 1 年以上自由刑；(2)故意实施危害和平、叛乱、危害民主法治国家、叛国、危害国家安全等行为而被判处自由刑；(3)被剥夺担任公职的资格；(4)根据《基本法》第 18 条丧失任何一项基本权利。

(二)一般性损害司法公正的违法、违纪或不当行为

如前所述，法官职务属于政府公务员序列，法官具有公务员身份，适用于联邦公务员的惩戒法也适用于联邦法官，同时考虑到法

官职业较之其他公务员有特殊性，德国《法官法》对惩戒法的规定进行了相应的调整。因此，法官违反《法官法》第 38～43 条规定的职务义务及《联邦公务员法》第 52～76 条之一般公务员应尽之义务规定，均构成失职行为，得进行惩戒。

《法官法》第 38～43 条规定的职务义务主要包括：(1)誓词义务，即法官应当在法院的公开会议上宣读誓词。① (2)维护法官独立性，法官的任何行为，包括其职务内外的行为和政治活动，都不应当危害对其独立性的信赖。(3)存在职务冲突时不得担任仲裁员或仲裁鉴定人。(4)法官不得在职务之外出具法律鉴定意见，也不得有偿提供法律咨询。同时担任法官职务的法学或政治学公职教授出具法律鉴定意见和提供法律咨询的，应经法院最高行政主管部门批准。(5)法官应就合议和表决过程保守秘密，即使在其职务关系终止之后。

《联邦公务员法》规定的公务员义务包括：(1)中立且公正地完成自己的任务，通过行为支持并维护基本法意义上的自由民主基本制度。(2)在政治活动中，公务员应当保持源自于不同于大众的地位和职责。(3)公务员必须全身心地投入工作。(4)公务员于公务内外的行为必须与其职业得到的尊重和信任相符。(5)公务员对自己公务行为的合法性承担完全的个人责任。(6)公务员应对其知道的或在履行公务期间知道的公务事务严守秘密。(7)公务员不得利用职务之便为自己或者他人索要、让其允诺或者接受报酬、礼物或者其他利益，公务员关系已经结束的，亦同。(8)公务员故意或者重大过失地违反其负有的义务，应当向分配该项工作的供职部门赔偿由此造成的损失。损失由两个或者两个以上的公务员共同造成的，承担连带责任。

《联邦公务员法》第 77 条第 1 款规定，公务员有责地违反其所承担的义务的，属于渎职。在职务之外，根据具体的情况，只有严重影响了职务应有的信任或者严重影响了公务员制度的，违反义务

① 德国《法官法》第 21 条第 2 款：法官出现下列情形之一，应当被免职：(1)拒绝宣读法官誓词(本法第 38 条)……

的行为始可被认为是渎职；第2款规定，对于已经退休和曾经领取过生活费的公务员，下列情形视为渎职：(1)从事违反《基本法》意义上的自由民主基本秩序的行为；(2)参与旨在影响联邦德国的存在或安全的行为；(3)违反保密义务和告发义务、违反公务员关系结束后的禁止行为事项、违反禁止接受报酬、礼品和其他利益之规定；(4)违反第46条第1款、第2款、第4款、第7款和第57条，有责地不履行某项职责，不接受进入公务员关系的新任命。前一句中的第1~3项同样适用于享有养老金请求权的前公务员。

三、具体惩戒事由

有学者将惩戒事由分为"司法职务内的不当行为"与"司法职务外的不当行为"，前者包括枉法裁判、刑事犯罪，后者如生活失检，不当言论。① 德国《联邦公务员法》第61条第1款第2句规定：公务员于公务内外的行为必须与其职业得到的尊重和信任相符。可见，只要法官职务内外的行为损害了公众对法官职业的信任，就会面临惩戒责任。

(一)司法职务内的不当行为

就法官履行司法职能的行为而言，职务监督和惩戒措施只能针对法官在核心裁判领域之外的司法行为(judicial activity outside the core decisianl process)，而核心裁判领域本身受到司法独立原则的保护。② 因为职务监督和惩戒措施均不能侵害独立审判原则，为此目的，联邦普通法院职务法庭采纳了"核心领域理论"，即将裁判行为分为核心领域与外部秩序领域两部分，前者包括固有之判决行为本身，以及涵盖所有直接、间接为准备判决及接续判决之行为，此类行为排除职务监督。至于外部秩序领域，则为职务监督之范围，例如没有适用周知的一般法律，适用了已经被废止的法律，或

① 徐静村主编：《21世纪中国刑事程序改革研究》，法律出版社2003年版，第583页。

② David S. Clark, The Selection and Accountability of Judges in West Germany, 61 S. Cal. L. Rev. 1840.

者忽视联邦宪法法院有约束力的判决。法官在一般行政或程序上过于漫不经心的行为也可以采取措施警告或惩处，例如工作态度松散、疏于履行行政性或程序性义务、工作效率低下、拒绝接受分给他的案件。①

（二）司法职务外的不当行为

对法官的职务监督延伸到法官在法庭之外的行为。法官有义务建立和维护公众对司法的信任，尤其是公众对司法独立性的信赖，其言行不能损害法官声誉。例如，法官应独立于政治，不能随意发表政治言论；不能口无遮拦地评价（verbale exzesse）其他法院和法官，包括检察官，或者在司法意见书中泛泛地批评政党腐败。法官的行为规范延伸到职务之外的行为，曾经有法官因为殴打纠缠不休的记者，或帮助某杂志有关纳粹集中营的报道开脱而受到惩戒。②司法职业之外的兼职活动也不能损害法官的声誉。

四、法官的兼职工作和兼职活动

（一）公务员法关于兼职的规定

德国法律在一定范围内允许法官从事业外活动（兼职工作）。根据《联邦公务员法》第 97 条的规定，兼职是指履行兼任职务或者从事兼职工作，兼任职务是指从事那些不属于主要职务工作范围、但根据其他公法上的职务关系或公务关系而完成的任务，兼职活动是指任一种其他的、不属于本职工作的活动。

《公务员法》第 99 条规定了须经批准的兼职活动：除本法第 100 条第 1 款列举的情形外，公务员从事任何有报酬的兼职活动，或者说虽然无报酬但具有强烈商业色彩的兼职活动，如接受兼职、从事商业性活动或进入企业机构，均须经过事先批准。

上级主管在决定是否批准该申请时，主要考虑该兼职活动是否

① 佐兰 · 米洛万诺维奇：《德国法官的选任及其责任》，载怀效锋主编：《法院与法官》，法律出版社 2006 年版，第 340 页。

② 最高人民法院司法改革小组编：《美英德法四国司法制度概况》，韩苏琳编译，人民法院出版社 2002 年版，第 469~470 页。

影响公共利益，即是否影响其本身职能的行使。特别是存在如下情形时，主管部门可基于公共利益而拒绝批准：(1)就其工作方式和范围来看，需要投入过多精力而妨碍履行公务职责；(2)可能与公务员职责相冲突；(3)从事的是公务员所在机关拟完成或可能完成的工作；(4)可能影响公务员公正性和公平性；(5)可能导致公务员在未来任职中受到重大限制；(6)有损国家管理形象。如果一个或多个兼职活动的时间投入超过周工作时间的1/5，即属于第2款第2句第1项所规定的条件。在履行公职能力受限的情况下，周工作时间的1/5按照本法第45条第2款第1句缩短后的工作时间为根据。兼职活动所得报酬超过公务员职务年基本工资40%的，也具备拒绝批准的条件。公务员若能提供事实证明其时间投入没有超过通常的周工作时间，或者在具体情况下不宜拒绝批准的，主管机关可以例外地批准兼职活动。在适用本款第1句到第四句时应当全面考虑申报的各项兼职活动。

《公务员法》第100条规定了无须批准的兼职活动：(1)公务员管理属于自己的财产；(2)写作、科研、艺术或学术工作；(3)公立高校和联邦军队高校内的教师和研究机构公务员，从事与教学科研相关的独立研究工作；(4)在工会、职业联合会或公务员自助会等组织中从事维护公务员职业权益的活动。

(二)《法官法》关于兼职的特别规定

《法官法》结合法官的职务特征，进一步细化了公务员法关于兼职的规定。其中第42条规定：只有在司法领域或法院管理领域，法官才有义务从事兼职，包括兼职职务和兼职工作，例如担任院长和庭长职务。

《法官法》第4条第2款规定了无须批准的兼职活动：法官在履行司法职责之外，还可以承担法院管理任务，法律分配给法院或法官的其他任务，学术型高校、公共授课机构或官方授课机构中的研究和教学任务，考试事务。

《法官法》第40条审慎规定了法官担任仲裁员和调解员的情形：唯有受仲裁协议当事人共同委托或经中立机构提名，法官方可获准兼任仲裁员或仲裁鉴定人。法官在作出决定时本身负责批准事项，或按照所在法院的业务分配负责批准事项的，不得兼任仲裁员或者仲裁鉴定人。法官兼任组织与个人之间争议的调解员，适用第1款规定。

法律鉴定意见涉及对法律适用的见解，在司法领域中极为敏感。对此德国《法官法》第41条规定，法官不得在职务之外出具法律鉴定意见，也不得有偿提供法律咨询。但在德国，大学法科教授同时担任高等级法院法官的情形较为常见，不得出具法律意见似乎又会影响学术研究自由。对此，《法官法》明确规定：同时担任法官职务的法学或政治学公职教授出具法律鉴定意见和提供法律咨询的，应经法院最高行政主管部门(一般为司法部)批准。如果教授从事的法官工作未超出兼职范围并且出具法律鉴定和提供法律意见不会损害其职务利益，可以一般性地或就具体个案批准其出具法律鉴定和提供法律意见。

基于三权分立的原则，法官如果接受民选职务，在此期间就不得担任法官。对此《法官法》第4条第1款规定，法官在履行司法职责时，不得同时履行立法或行政职责。《法官法》第21条第2款第2项规定，在被任命为法官之时为联邦议会或者州议会议员，并且在最高职务主管部门确定的合理期限内不放弃其席位，应当被免职。德国法并不禁止法官参加民主选举，反而有一定的支持。《法官法》第36条规定，接受提名竞选德国联邦议会议员或州立法机构成员的法官，可以在选举日之前2个月内提出不带薪休假申请，以便充分准备选举工作。但如果法官当选为德国联邦议会议员或州立法机构成员且接受该选举，或者被任命为联邦政府或州政府成员且接受该任命的，其基于法官职务的权利和义务自动终止，无须法院根据其他法律规定作出判决。

第四节 机关内部惩戒程序

《联邦公务员惩戒法》适用于所有受《联邦公务员法》调整的公务员，自然也包括德国联邦法院系统的法官，故法官的惩戒程序基本上适用公务员法的有关规定，同时由《法官法》根据法官的职业特征加以调整。

一、针对普通公务员的机关内部惩戒程序

(一)启动

根据《联邦公务员惩戒法》第17条的规定，若有充分事实依据证明存在渎职行为的，主管上级应依工作职责启动惩戒程序。但如果涉案公务员已经在刑事诉讼程序或行政罚款程序中被处刑罚、罚款或者纪律处分，或者可能科处的惩戒措施因过时效而禁用的，主管上级不得启动惩戒程序。不启动程序的原因应当记录在案并告知相关公务员。若公务员担任多个职务且多个职务不区分主从关系，其中一个职务的主管上级在对公务员启动惩戒程序前，应当告知对该公务员其他职务有管辖权的主管上级。不得因同一事实对该公务员启动其他惩戒程序。公务员担任多个职务且多个职务存在主从关系的，只有其主要职务的主管上级可启动惩戒程序。在派遣情况下，原上级可以就派遣期间发生的渎职行为将其职责转移给新的上级，但以其未将该职责交给其他主管上级为限。

为消除对自身渎职行为的怀疑，公务员可以向其主管上级或较高级别的主管上级申请启动针对自己的惩戒程序，以证明自身清白。如果没有充分事实依据确证对渎职行为之怀疑，上级主管应驳回公务员的申请，并将有关决定告知相关公务员。

惩戒程序启动后，如果发现新的渎职行为，可以将其纳入已经开始的惩戒程序一并处理。反之，如果认为某些行为对可能的惩戒措施在类型和幅度上不具有重要意义，也可以将这些行为从程序中剔除。被剔除的行为不得再次被纳入惩戒程序，但限制的前提条件于事后发生的，不在此限。被剔除的行为没有再次纳入惩戒程序的，在惩戒程序终结后，不得以此为由提起新的惩戒程序。

(二)惩戒程序与刑事诉讼程序或其他诉讼程序的衔接

德国惩戒制度中奉行“刑事先理原则”，即如果某一事件同时涉及刑事诉讼程序，则在法院做出判决前不做出惩戒处分。①《联

① 李德志主编：《人事行政学》，高等教育出版社2001年版，第226页。

邦公务员惩戒法》明确规定，公诉人已根据同一事实对公务员提起刑事诉讼程序的，已经启动的惩戒程序必须中止。但如果对案件事实不存在有根据的怀疑，或者该事实在刑事诉讼程序中因公务员个人的原因未能进行审理，则不发生中止。如果在中止后发现前述情形的，中止的惩戒程序即刻恢复。如果其他法定诉讼程序(如行政诉讼程序)中将对某个问题作出裁决，而该问题的判断对惩戒程序中的决定具有重要意义，惩戒程序同样可以中止。

除了程序上的优先，刑事诉讼程序中的事实认定对于惩戒程序也有拘束力。《惩戒法》第23条规定，刑事诉讼程序或行政罚款程序中的生效判决的事实认定，或依据《联邦薪俸法》第9条对有责地未履行公务而丧失薪金作出裁决的行政诉讼程序的生效判决的事实认定，对基于同一事实而启动的惩戒程序具有约束力。在其他法定诉讼程序中所作的事实认定不具有约束力，但在惩戒程序中可以无须重新审查即作为决定依据。

(三)调查阶段

惩戒程序启动后，以不妨碍查清案件事实为限，主管机关应立即告知相关公务员，说明其可能会对哪些渎职行为负责，并告知其有权发表口头或书面意见，还要告知公务员有权不做辩解、有权随时聘用全权代表或法律顾问。公务员提交书面意见的，以1个月为限，口头意见的提交期限为2周。涉案公务员在期限内要求发表口头意见的，主管上级应在收到请求3周后内听取该公务员的意见。该公务员因为某种迫不得已的原因而未能遵守本款第1句所规定期限，或未能参加言辞辩论，但已立即告知有关部门的，可以延长法定期限，或重新传其参加言辞辩论。期限规定和传票应当送达该公务员。听取公务员意见和搜集证据应记录在案。

为澄清案件事实，应进行必要的调查。调查范围包括不利于当事人的情节、有利于当事人的情节以及对惩戒措施的裁量具有重要意义的情况。较高级别的主管上级和最高主管机关可以自行进行调查。如果案件事实已经为刑事诉讼程序或行政罚款程序中的生效判决所确认，则无须重新调查。

调查中应当收集必要的证据，如查阅书面的公务咨询回复，询问证人和专家或收集他们的书面意见，调阅文件和档案，以及进行勘验。其他法定诉讼程序中的证词记录和法官查验记录，无须进行新的证据收集便可直接使用。调查过程中需要询问证人和专家鉴定人的，证人负有作证的义务，鉴定人负有出具鉴定意见的义务。在惩戒程序中准用《刑事诉讼法》中关于证人作证义务、出具鉴定意见义务、拒绝鉴定以及关于将公务人员的亲属作为证人或鉴定人进行询问的规定。如果证人或鉴定人不具备《刑事诉讼法》第 52 ~ 55 条和第 76 条所列之原因而拒绝作证或出具鉴定意见的，负责惩戒程序的主管上级可以申请法庭进行讯问。申请中应当说明讯问内容，并提供参与人的姓名和地址。法庭得对拒绝作证或拒绝为鉴定的正当性作出裁决。

为配合调查，涉案公务员需根据要求将所有和公务有关的文书、图纸、图示和记录及其技术说明提交惩戒程序使用。公务员拒不提交的，主管上级可以申请法庭以裁定的形式命令其交付，并以强制性罚款方式强制实施。主管上级还可以申请法庭以裁定形式命令没收和搜查。但唯有公务员的渎职嫌疑具有现实紧迫性、且没收和搜查措施与案件意义及预期惩戒措施相适应的，始可为此等命令。

调查过程中还有可能会涉及公务员的人事档案，从而可能影响公务员的隐私权和有关部门的机密材料。对此，联邦公务员惩戒法规定，只有在惩戒程序需要且不侵害公务员、其他相关人员或被请求部门之重大利益的情况下，才可以违背公务员或其他相关人员的意愿，将人事档案和其他个人相关资料，以及源于这些档案和资料的信息交给负责惩戒程序的部门，或在惩戒程序中处理或使用上述与个人相关的数据。

在进行听证和调查之后，如公务员的主管上级认为自己的权限不够，应将案件移送给级别较高的主管上级或最高主管机关决定。如果较高级别的主管上级或最高主管机关认为需要进行进一步调查，或认为该上级有决定权限，可以将惩戒程序交还给该主管上级。

在调查过程中，涉案公务员的权利应得到保护。公务员可以主动申请收集特定证据，如果该证据对事实问题或责任问题具有重要意义，或对惩戒措施的类型和幅度具有重要意义，主管上级应许可证据申请。公务员有权询问证人和专家以及参与勘验，并提出有关问题，还可以查阅书面鉴定意见。唯有当公务员参与会损害调查目的或第三人安全的，才可以排除公务员的参与。调查结束后应当给公务员做最后陈述的机会。

（四）惩戒决定

经过调查和听证后，主管上级可能作出终止惩戒程序的决定，也可能以惩戒命令的形式对公务员科处惩戒措施，或者启动惩戒诉讼程序。在法律规定的条件下，更高一级的主管部门可以对下属部门的惩戒决定作出变更。

1. 终止命令

调查结束后发现下列情形之一的，主管上级应宣布终止惩戒程序：（1）渎职行为未得到证实；（2）渎职行为虽然得到证实，但没有合适的惩戒措施，（3）该公务员因同一事实已经在其他程序中接受处罚或相关惩戒措施已经过时效；（4）惩戒程序或惩戒措施因其他原因不被允许；（5）涉案公务员死亡或公务员关系因解雇、丧失公务员权利或撤职而终止。

2. 惩戒命令

如果经过调查发现渎职行为成立，主管机关可以以惩戒命令的形式宣布科处警告、罚款、降低薪金或降低退休金的惩戒措施。在具体权限上，任何上级均有权对隶属于自己的公务员处以警告和罚款。但降薪的决定只能由最高主管机关及其直接下属机关作出，其中最高主管机关有权降低薪金至最高限，直接隶属于最高主管机关的上级有权降低薪金的1/5，期限为2年。最高主管机关可以以一般命令的形式将该权限全部或部分委托给其下级机关；该命令应当在法律公报中予以公布。

3. 提起惩戒之诉

经调查后认为应当对涉案公务员科处降级、解除公务员关系或剥夺退休金的，主管上级不得自行做出惩戒命令，而必须对其提起惩戒之诉。针对公务员的惩戒之诉由其所隶属的最高主管机关负责提起。最高主管机关可以一般规定的形式，将本款第一句规定的权限全部或部分委托给其下级机关；命令应当在法律公报中予以公布。

4. 上级部门重新行使惩戒权的限制

主管上级作出终止命令和惩戒命令后，应立即呈送更高一级的主管上级。该上级认为根据本条第2款和第3款的规定其不享有权限的，应当立即将终止命令和惩戒命令报送最高主管机关。如果最高主管机关认为应当作进一步调查或该主管上级有充分权限的，可以将惩戒程序交还给该上级。

即使涉案公务员的主管上级作出了终止惩戒程序的决定，更高一级主管上级或最高主管机关仍可在其职权范围内，因同一事实作出惩戒命令或提起惩戒之诉。此种重复行使惩戒权的行为只能在终止命令送达后3个月以内作出，但因同一事实作出的生效判决所基于的事实认定与终止命令的事实认定不一致的除外。

更高一级主管上级或最高主管机关也可以随时撤销下级主管机关作出的惩戒命令，最高主管机关也可以随时撤销自己作出的惩戒命令。它们可以在其职权范围内重新作出惩戒命令或提起惩戒之诉。如新的命令加重了惩戒措施的类型和严厉程度或重新提起惩戒之诉的，只能在原惩戒命令送达后3个月以内作出，但因同一事实作出的生效判决所基于的事实认定与惩戒命令所基于的事实认定不一致的除外。

惩戒命令生效后，若因同一事实提起的刑事诉讼程序或行政罚款程序作出生效判决，对涉案公务员作出了相应处罚，则该公务员根据《联邦公务员惩戒法》第14条不应再被处以惩戒措施。在此情况下，经公务员申请，颁布该惩戒决定的主管上级应撤销惩戒命令并终止惩戒程序。该申请期限为3个月，自相关公务员知悉上述裁判结果的时候起算。

被科处惩戒处分的公务员应当承担惩戒程序所产生的垫款。若公务员的渎职行为只是颁布惩戒命令的部分原因，或调查虽然发生特别费用但其结果有利于公务员的，公务员只承担相应比例的垫款。惩戒程序被终止的，由供职部门承担相应垫款。尽管存在渎职行为，惩戒程序仍因故被终止的，可以由公务员承担或分担垫款。供职部门承担垫款的，须同时补偿公务员因适当维权行为产生的必要开销。公务员聘请了全权代表或法律顾问的，所产生之规费和垫款也应得到补偿。公务员因自身过错而产生之开销，由其自行承担；其代理人的责任亦由公务员本人承担。

（五）暂时解除职务和扣留薪金

在惩戒程序中，如果公务员可能被科处解除公务员关系或剥夺退休金，或试用期公务员及临时公务员可能被科处解除公务员关系，负责提起惩戒之诉的机关可以在提起惩戒程序的同时或之后，暂时解除该公务员职务。此外，若公务员继续在职会严重妨碍供职单位或调查行动，且暂时解除职务与案件严重程度及可能的惩戒措施相适应的，也可以暂时解除职务。

在惩戒程序中，若公务员可能被科处解除公务员关系或剥夺退休金，负责提起惩戒之诉的机关可以在暂时解除职务的同时或之后，命令扣留相关公务员月薪金或候补公务员薪金的50%。在惩戒程序中可能被科处剥夺退休金的，负责提起惩戒之诉的机关可以在暂时解除职务的同时或之后，命令扣留退休公务员退休金的30%。

暂时解职在送达之时、扣留薪金在送达到期日之后生效和执行。执行效果及于公务员的全部职务。暂时解职期间，与职务相关之费用补偿请求权停止行使。公务员因自己的过错被暂时解职的，则在其有过错的离职期间，继续适用《联邦薪俸法》第9条关于薪金损失之规定。因暂时解职而受影响的，薪金损失止于公务员可以不受阻碍地重新履职时。终止时间由负责提起惩戒之诉的机关确定并告知相关公务员。

若公务员经惩戒程序被科处解除公务员关系或剥夺退休金，或在因同一事实提起的刑事诉讼程序中被科处刑罚，从而丧失公务员权利或退休公务员权利，或惩戒程序虽被终止，但负责提起惩戒之诉的机关认为应当解除公务员关系或剥夺退休金，被暂时扣留的公务员薪金将被充公。

惩戒程序以终结而结束的，应补发扣留的薪金。如果被科处惩戒处分，或负责提起惩戒之诉的机关认为渎职行为成立，则公务员在暂时解除职务期间经批准的兼职所得应当作价算入补发的薪金。涉事公务员应当告知其兼职收入的数额。

二、针对法官的机关内部惩戒程序

针对法官的惩戒程序由各级法院院长启动。根据《联邦公务员惩戒法》的规定，法官涉嫌违纪的事实被披露或者被院长作为职务监督所掌握的，该院长必须着手开展调查，确认可疑事实是否成立，即所谓的预先审查。院长应当给公务员陈述个人看法的机会，并在组织第一次听审之前告知其被控何种违纪行为。院长应提醒其有权决定是否发表意见以及聘请辩护人，每次听审均应当记录在案。在不妨碍调查目的的前提下，允许被控者查阅卷宗和附录文本。

程序正式启动后，司法部应当任命一位调查员调查被控事实。调查员应具备法官资格或者本身为法官，调查过程中身份独立，不接受任何指示。在预审中已经听审的事实如果已经查明的事实可以不再调查，并告知当事法官。调查开始后须传唤当事人，并予以询问。调查员可以直接传唤证人和专家作证，但实施查封和搜查一般须经当地基层法院发布命令。除了搜查和查封，其他证据调查活动应传唤当事法官到场。当事法官在不妨碍调查目的的情况下允许查阅案卷材料。调查员决定终结调查的，应当基于当事法官最后陈述的机会。调查员将案卷连同总结报告一起呈报司法部。司法部根据调查情况，如果认为惩戒理由不充分或程序不合法以及其他不应惩戒的情形，可以决定终止惩戒程序，或者直接在自己的权限内采取惩戒程序，即给予当事法官警告处分后终止程序。对于即将被提起或者已经提起惩戒程序的法官，司法部可以决定将其暂时停职。

经调查未发现违纪事实，或者违纪事实轻微，不影响公众对司法信任的，法院院长可以决定终止程序，并通知法官本人。如果院长认为需要略加惩戒，可以作出惩戒命令。根据《联邦公务员惩戒法》，通过惩戒处分可以科处警告、罚款、降低薪金或降低退休金，其他惩戒措施必须通过法院实施。但德国《法官法》缩小了这一范围，法院院长对下属法官只能作出警告措施，而没有罚款和降薪的权利。如果法院院长认为应当科处警告以上的处分，应当将案件移交给司法部，由司法部决定是否提起诉讼。

主管上级做出惩戒命令的，被控法官可以根据《联邦公务员法》的规定提出复议申请，即在两周内向作出命令的主管上级提出复议申请，该上级无权变更已经作出的惩戒命令，只能将复议申请报告给更高一级的上级。被控法官对更高上级作出的裁决不服的，可以一直申诉到最高主管机关。对最高主管机关裁定不服的，还可以提起诉讼。就联邦法官而言，司法部负责对法官复议申请作出裁决，可以撤销惩戒命令；法官不服的，可以申请法院裁决。

在德国，司法问责所产生的费用分担准用《联邦公务员惩戒法》的相关规定。如果涉案法官被认定存在不当行为，需要承担部分或全部的程序费用，这种规定既能够限制司法人员滥用相关救济权利，同时也能够弥补问责机构的办案经费。

第五节 法院的惩戒程序

一、针对公务员的惩戒诉讼程序

《联邦公务员惩戒法》中规定了7种惩戒措施，即警告、罚款、降低薪金、降级、解除公务员关系、降低退休金和剥夺退休金。主管机关可以惩戒命令的形式对公务员科处警告、罚款、降低薪金或降低退休金，应当科处降级、解除公务员关系或剥夺退休金的，则必须对其提起惩戒之诉，由行政法院通过判决形式科处。此种行政诉讼被名为“惩戒诉讼”，法院在此的角色是惩戒机关。

（一）惩戒之诉的启动

惩戒之诉由具有相应权限的主管部门以德意志联邦共和国的名义提起，受理法院为涉案公务员居住地管辖的行政法院下设的惩戒庭。主管部门提出的惩戒之诉只能以书面方式提起。起诉书中必须按顺序说明公务员个人简历和工作履历、迄今为止的惩戒程序进程、和渎职相关的事实、对裁决具有重要意义的其他事实和证据。

起诉状及其他书状应附具为其他参与人所准备的复印件。

提起的惩戒之诉中不能包括新行为，新行为只能通过提起追加惩戒之诉的方式纳入惩戒程序。具体而言，供职部门认为应当告发新行为的，应告知法庭足以引起渎职怀疑的具体根据。法庭可中止惩戒程序，并确定一个能够提起追加之诉的期限。在该期限届满前，供职部门非基于自身原因而预计不能遵守该期限规定的，可申请延长期限。确定和延长期限以裁定作出，该裁定不可撤销。如果预计新的行为不会影响即将科处的惩戒措施，或将新行为纳入会严重拖延惩戒程序，法庭可以不中止惩戒程序，即继续审理已经开始的惩戒诉讼且不考虑新行为。但在言辞辩论传票或相关裁定送达前，供职部门仍可根据第 59 条就新的行为提起追加惩戒之诉。对新行为亦可重新提起惩戒之诉。

提起惩戒之诉或追加惩戒之诉的，应在送达时告知公务员相关期限，以及不遵守期限规定的后果，具体包括：(1)公务员有权在惩戒之诉或追加惩戒之诉送达后 2 个月内，主张机关内部的惩戒程序或起诉书有重大瑕疵；(2)公务员应在惩戒之诉或追加惩戒之诉送达后 2 个月内提出证据申请。

在惩戒之诉中，公务员有权在惩戒程序或追加惩戒程序送达后 2 个月内，主张机关内部的惩戒程序或起诉书有重大瑕疵。如果公务员在获得充分告知的情况下未在该期限内主张的重大瑕疵，且法院考虑该瑕疵会严重拖延惩戒程序，法院可以不考虑公务员提出的重大瑕疵，除非公务员对未遵守期限之行为提出有说服力的理由。对于公务员及时主张的重大瑕疵或法院认为无须遵守期限规定的重大瑕疵，法院应给供职部门设定消除瑕疵的期限，在规定期限内没有消除瑕疵的，法院通过裁定终止惩戒程序，该裁定视同生效判决。

法庭可以剔除那些对预期惩戒措施之类型和幅度没有影响或影响不大的行为，从而对惩戒程序加以限制。被排除的行为不得再次纳入惩戒程序，除非限制惩戒程序的条件消失。在惩戒程序结束后，那些被排除且没有被再次纳入惩戒程序的行为，不得作为提起新惩戒程序的理由。

（二）惩戒之诉的审理

涉案公务员应参加惩戒之诉，供职机关应派出具有相应授权的代表参加诉讼。根据《联邦公务员法》第127条的规定，在基于公务员关系的诉讼中，公务员的供职部门由该部门所属的或结束公务员关系时所属的最高主管机关代表参加诉讼。最高主管机关不复存在，且未确定其他主管机关的，由联邦内政部代替参与诉讼。最高主管机关可以用一般规定的形式将代表权委托给其他机关。该命令应当在《联邦法律公报》中予以公布。

与民事诉讼不同，惩戒诉讼中的法院实行主动取证原则。在不服惩戒命令的诉讼中，法庭应当审查相关决定的合法性和合理性（Rechtmäßigkeit und Zweckmäßigkeit）。《联邦公务员惩戒法》第58条特别规定，法庭应自行收集必要的证据。这意味着，法院无须也不可以依赖机关起诉书或机关提供的惩戒档案中的调查报告、听证记录等材料。就算公务员拒绝自我申辩，法院也有义务主动调查一切与案件相关的证据，包括对公务员有利的情形。① 法院取证义务相当于机关内部程序中的中立原则。公务员就算完全不配合诉讼，也不会由于这种消极的态度而受到不良后果。只有在公务员确实存在服务过错，并且有足够的证据证明该服务过错的情况下，行政法院才可能判处相应的惩戒措施。

在惩戒之诉中，主管机关应在起诉书中提出证据申请，公务员应在惩戒之诉或追加惩戒之诉送达后两个月内提出证据申请。在申请迟延的情况下，如果法院根据其自由裁量认为，考虑该申请会导致惩戒程序拖延，且已经告知相关公务员不遵守期限之后果，可以拒绝迟延的申请；除非申请方对未遵守期限之行为提出有说服力的理由。

《联邦公务员惩戒法》第57条特别规定了其他法定程序中所查明事实对惩戒诉讼程序的约束力：经刑事诉讼程序或行政罚款程序作出的生效判决所认定的事实，或行政法院根据《联邦薪俸法》第9

---

① Matthias Goebel：《德国法院在公务员惩戒救济制度中的角色》，载《法律适用》2014年第5期，第118页。

条对有责地不履行职务的薪金损失作出的裁定所认定的事实，在依据同一事实进行的惩戒程序中对法院有约束力。但法院认为该事实认定显属不当的，应裁定重新审查相关事实。其他法定程序中的事实认定不具有约束力，但仍可以根据该事实认定作出决定，而无须重新审查。

（三）决定和裁判

惩戒之诉可以通过裁定结案。根据《联邦公务员惩戒法》第59条的规定，在惩戒之诉中，即使已经进入到言辞辩论，只要诉讼参与人均表示同意，法庭可以裁定形式决定下列事项：（1）科处警告、罚款、降低薪金或降低退休金的惩戒措施；（2）驳回惩戒之诉。法庭作出的生效裁定等同于生效判决。就诉讼参与人的同意而言，法庭、庭长或指定的编制报告法官可以设定期限，该期限届满后没有提出复议的，视为同意。

惩戒之诉程序不适用《行政法院法》第106条规定的法庭和解。该条规定：只要参与人对和解的标的有处分权，为完全或部分终结诉讼，参与人可在法院作出笔录，或在指定或委派的法官面前作出笔录以达成和解。法庭和解也可以通过以法院、主审法官或编制报告法官建议作出的裁定形式，以书面方式在法院达成。法庭和解的功能在一定程度上被《联邦公务员惩戒法》第59条所吸收。

如果惩戒程序没有以其他方式（如通过裁定或撤诉）终止，法庭将根据取证结果和言辞辩论情况，以判决的形式对惩戒之诉作出决定，判决对象限于作为惩戒之诉或追加惩戒之诉基础的公务员渎职行为，有三种可能：（1）行政法院认定不存在或未证明相应服务过错的，驳回诉讼；（2）行政法院认定存在服务过错，但严重性不至于采取解除公务员关系或降级措施的，判处其他惩戒措施；（3）行政法院认定存在服务过错，并且严重性足以采取解除公务员关系或降级措施的，判处相应惩戒措施。判决书应送达给机关以及公务员。如果判决书内容属于上述第2、3项之类，公务员存在相应的救济措施。

供职部门在法庭判决之前撤回惩戒之诉，不得以同一行为事实为基础启动新的惩戒程序。法庭对不服惩戒命令之诉作出生效裁判后，只有当某些重大事实和证据因故没有进入法院惩戒程序的，才能针对作为裁判基础的行为重新行使惩戒权。加重惩戒措施的类型和幅度，或提起惩戒之诉的，只能在判决送达后 3 个月内进行，除非因同一事实作出的生效判决所基于的事实认定与惩戒决定所基于的事实认定不一致。

（四）由公务员发动的特别程序

惩戒法中规定了由公务员发动的特别程序，特别程序的目的是保护公务员权益，具体包括申请法庭确定期限、申请暂缓临时解除职务和保留薪金。

1. 申请法庭确定期限

行政机关在发动内部惩戒程序后如果久拖不决，会严重影响涉案公务员的日常工作和生活，使其工作状态长期处于不稳定状态。为此，《联邦公务员惩戒法》特别规定，如果行政机关在发动惩戒程序后 6 个月没有因终止、公布惩戒命令或提起惩戒之诉而结束的，相关公务员可以申请法庭确定惩戒程序的结束期限。

惩戒法庭在该程序中需要审查，行政部门是否存在不正当的惩戒程序拖延行为。如存在充分理由，则驳回公务员的申请。如果行政部门没有充分理由而在 6 个月内不结束惩戒程序，法院可以设定结束惩戒程序的期限。行政部门的惩戒程序未能在法庭设定的期限内结束的，法庭以裁定方式终止惩戒程序，该种裁定具有与生效判决相同的效力。

2. 申请暂缓临时解除职务和保留薪金

在惩戒程序中，如果公务员可能被科处解除公务员关系或剥夺退休金，或试用期公务员及临时公务员可能被科处解除公务员关系，负责提起惩戒之诉的机关可以在提起惩戒程序的同时或之后，暂时解除该公务员职务，或者扣留相关公务员月薪金或候补公务员薪金。

《联邦公务员惩戒法》就上述临时措施规定了公务员的程序救济。相关公务员可以向法庭申请暂缓临时解除职务、扣留公务员薪金或候补公务员薪金，该规定同样适用于退休公务员申请暂缓扣留退休金。若法庭经审理后认为主管机关暂时解职或扣留薪金的合法性存在重大疑问，可通过裁定方式暂缓执行临时解除职务和扣留薪金的决定。法庭作出上述裁定后，任何参与人可以仅因为情况变化或者诉讼中未考虑的情形而提出变更或撤销申请。①

二、针对法官惩戒程序的特别规定

（一）联邦法官

1. 管辖权和法律适用

负责法官惩戒诉讼的是下设在联邦普通法院的职务法庭。联邦职务法庭的审理和判决由1名审判长、2名常任陪审法官和2名非常任陪审法官负责。审判长和常任陪审法官由联邦普通法院的法官担任，非常任陪审法官由涉案法官所属法院系统的终身法官担任。所有法院的院长和常务副院长不得担任职务法庭成员。

根据《法官法》第62条第1款的规定，职务法庭的终审裁判管辖权包括：（1）惩戒事件，包括退休法官之惩戒事件。（2）为维护司法利益的调任事件。（3）终身法官和定期法官的下列事务：①任命的无效；②任命的撤回；③免职；④因丧失工作能为而退休；⑤因部分丧失工作能力而限制法官的任用。（4）下列措施的撤销：①因法院组织的变更而采取的措施；②本法第37条第3款规定的法官借调；③涉及试用法官和代理法官的免职、撤回任命或确认任命无效或因丧失工作能力勒令退休的决定；④指派兼职；⑤因本法第26条第3款规定的原因而采取的职务监督措施；⑥本法第48a-48c条规定的减轻工作任务或留职停薪的决定。此外，联邦职务法庭还负责对各州职务法庭判决的再上诉。

《法官法》第63条规定，针对法官的惩戒事件，准用《联邦公务员惩戒法》的规定。但与一般公务员不同的是，法官的职务主管机关不能直接科处暂停职务或扣除薪俸的临时措施，而必须向职务法庭提出申请，由职务法庭裁定暂时停止职务和扣留薪俸以及裁定

① 《行政法院法》第80条：中止执行效果 （七）本案法院可随时变更或撤销根据第5款提出的申请作出的决定。在变更或撤销时，任何参与人可提出因情况变化或其无过错而在原本诉讼中未主张的情况，提出申请。

撤销上述措施。裁定应当送达最高职务主管部门和相关法官。

2. 启动和前置程序

根据《法官法》第66条的规定，第62条第1款第3、4项①规定事项的司法程序，准用《行政法院法》的相关规定。联邦行政法院中的联邦利益代表不参与该程序。只有第62条第1款第4项规定事项的司法程序才设置前置程序。第62条第1款第3项规定事项的司法程序通过最高职务主管部门的申请而启动，第4项规定事项的司法程序以法官提出申请而启动。据此，规定在第62条第1款第1项的惩戒事件不适用复议前置程序，这是和普通公务员惩戒诉讼程序不同的地方。同时，惩戒事件之诉可以基于法官申请或最高职务主管部门的申请而启动。

就联邦普通法院的法官而言，启动程序的部门就是联邦司法部。法官也可以主动向司法部申请启动该程序，以澄清自己的违纪嫌疑。司法部可以拒绝这种申请，但应书面说明理由。

3. 审理

在惩戒措施上，法官所属部门只能对法官科处警告，其他惩戒措施由职务法庭经审理后作出。但职务法庭对各最高层级联邦法院的法官仅能科处警告、罚款或撤职。

如果法官根据《法官法》第26条第3款申请撤销职务监督措

① 《法官法》第62条职务法庭的管辖：

(一)联邦职务法庭对下列事务有终审裁决权：

1. 惩戒事件，包括退休法官之惩戒事件；

2. 为维护司法利益的调任事件；

3. 终身法官和定期法官的下列事务：(1)任命的无效；(2)任命的撤回；(3)免职；(4)因丧失工作能为而退休；(5)因部分丧失工作能力而限制法官的任用；

4. 下列措施的撤销：(1)因法院组织的变更而采取的措施；(2)本法第37条第3款规定的法官借调；(3)涉及试用法官和代理法官的免职、撤回任命或确认任命无效或因丧失工作能力勒令退休的决定；(4)指派兼职；(5)因本法第26条第3款规定的原因而采取的职务监督措施；(6)本法第48a-48c条规定的减轻工作任务或留职停薪的决定。

(二)联邦职务法庭负责对各州职务法庭判决的再上诉(第79条)。

施，但判决结果取决于法官关系的存在与否，而法官关系的存在与否又是另一程序的标的，则在该程序完成以前，职务法庭应当中止审理。中止审理裁定应当说明理由。如果其他法院的程序尚未启动，职务法庭可以在中止审理裁定中确定一个启动程序的合理期限。如果程序在该期限届满时仍未启动，职务法庭无须其他实质审查即可驳回申请。如果非职务法庭的判决取决于职务监督措施是否由于本法第 26 条第 3 款规定的原因违法，则在职务法庭的程序完成以前，非职务法庭应当中止审理。中止审理裁定应当说明理由。

德国《法官法》第 35 条(临时禁止执行职务)规定，在本法第 18 条第 3 款、第 19 条第 3 款、第 21 条第 3 款、第 30~34 条①规定的(处理)程序中，法院可以根据申请暂时禁止(相关法官)执行职务。

(二)州法官

德国各个联邦州均设立有职务法庭。州职务法庭由 1 名审判长、若干名常任陪审法官和若干名非常任陪审法官组成，常任陪审法官和非常任陪审法官的人数应当相等。职务法庭的所有成员均应为终身法官。非常任陪审法官应由涉案法官所属法院系统的法官担任。职务法庭成员由所属法院院长会议确定。州立法机关可以规定，该院院长会议应当按照其他法院院长会议出具的推荐名单任命。法院院长和常务副院长不得担任职务法庭成员。

根据《法官法》第 78 条的规定，职务法庭的管辖权包括：(1)包括退休法官在内的所有法官的惩戒案件。(2)为维护司法利益的调任。(3)终身法官和定期法官的下列事务：①任命的无效；②任

① 德国《法官法》第 18 条(无效任命)：……(三)只有在法院作出有法律效力的认定后，才能主张终身法官或定期法官的任命无效。第 19 条任命的撤回：……(三)只有基于法院的生效判决才能撤回终身法官或定期法官的任命，除非该法官书面同意(撤回任命)。第 21 条第 3 款：只有基于法院的生效判决才能免除终身法官或者定期法官的职务，除非该法官书面同意(被免职)。只有在法院作出具有法律效力的认定后，根据第 1 款对终身法官或定期法官的免职才生效。第 30 条(调任和撤职)第 1 款：(1)未经终身法官和定期法官书面同意，只有经过法官弹劾程序或法院惩戒程序的，能将其调任其他职务或撤职。

命的撤回；③免职；④因丧失工作能力而退休；⑤因部分丧失工作能力而限制派用。(4)下列措施的撤销：①因法院组织的变更而采取的措施；②本法第37条第3款规定的法官借调；③涉及试用法官和代理法官的免职、撤回任命或者确认任命无效或者因丧失工作能力勒令退休的决定；④指派兼职；⑤因本法第26条第3款规定的原因而采取的职务监督措施；⑥减轻工作任务或者勒令休假的决定。

州职务法庭的诉讼程序至少应当包括两审。对于上述第78条第1项规定的案件，州立法机构可以规定由联邦职务法庭负责再上诉，也就是说，必须有州立法机构的许可，该类案件才能到联邦职务法庭提起法律审上诉。而对于第78条第2、3、4项规定案件，由于涉及对法官的免职、撤销、调任等事项，诉讼参加人可以根据《法官法》第80条向联邦职务法庭提出再上诉。第80条则明确规定："应当准许再上诉。"

即使州立法机构规定，第78条第1项所涉惩戒案件可以向联邦职务法庭提起再上诉，当事人提起再上诉仍需要经州职务法庭准许，关于州职务法庭的准许需要注意的是：(1)一般来说，唯有当所涉法律事项具有基础意义，或者相关判决与联邦职务法庭的判决意见相左的，州职务法庭方会准许再上诉。(2)如果州职务法庭裁定不准许提出再上诉，当事人可以在送达后两周之内提起抗告，请求撤销不准再上诉的决定。抗告应当向做出申诉人要求撤销的决定的法院提出。抗告书中应当说明案件所涉法律事项的基础意义，或指明与要求撤销的判决不同的联邦职务法院的裁判。提起抗告具有阻却判决生效的效力。抗告未获支持的，联邦职务法庭通过裁定作出判决。联邦职务法庭法官一致同意不予受理或驳回抗告的，裁定中无须说明理由。联邦职务法庭驳回抗告之时，原判决生效。抗告获得支持的，再上诉期限自抗告裁定送达之日起算。(3)如相关裁判存在重大程序瑕疵，如职务法庭的组成不符合法律规定、依法不得履行法官职务或由于可能偏袒一方已被申请回避的法官参与了判决，或者判决未说明理由，当事人可以直接提出再上诉，无须州职务法庭的准许。

在可以再上诉的情况下，再上诉应在判决或准许再上诉的裁定送达后两周内，向作出被要求撤销的判决的法院以书面形式或口头声明的方式提起，以口头声明方式提起的，应在书记处做成书面记录，必须在提起再上诉后两周内说明再上诉理由。理由中应当说明，判决的哪些内容应当被撤销，哪些内容应当改判，以及申请撤销或改判的理由。被要求撤销的判决所认定的事实对联邦职务法庭有约束力，即联邦职务法庭只做法律审，不再重新调查事实，但当事人针对该事实认定提出了合法有据之再上诉理由的除外。法院通过判决驳回再上诉或撤销原判决。

第六节　惩戒的救济措施

按照德国现行的制度，公务员(包括法官)针对惩戒决定存在以下几种救济途径：复议(Widerspruch)、撤销之诉(Anfechtungsklage)、上诉(Berufung)和再上诉(Revision)、再审(Wiederaufnahme)。

一、复议程序

根据《联邦公务员惩戒法》的规定，公务员在提起撤销之诉前，须先行提起复议程序。① 此规定旨在减少行政法院的工作量，未经复议程序的，行政法院在审查撤销之诉时会认为诉讼不具有适法性。决定复议申请的最终机关为本系统最高负责人，即本系统所属联邦部的联邦部长。最高主管机关可以用一般命令的形式将本款第1句的职权全部或部分委托给下属机关，该一般规定必须在联邦法律公报上公布。如果作出原惩戒决定的负责人已经是联邦部长，则不进行复议，此种情况下，审查制度没有任何意义：同一名负责人

① 德文“Widerspruchsverfahren”，徐久生译为“异议程序”，也有人译为复核程序，如Matthias Goebel：《德国法院在公务员惩戒救济制度中的角色》，载《法律适用》2014年第5期，第117页。薛刚凌主编的《外国及港澳台行政诉讼制度》(北京大学出版社2006年，第1页)中将其译为复议程序。本书认为译为复议程序较为符合原意。

一般不会因为重新"反省"自己的决定而改变原决定；此种情况下，公务员可直接提起撤销之诉。①

复议申请须自行政行为通知相对人之后1个月内，向作出行政行为的行政机关以书面方式或在行政机关记录的方式提出。在该期限内向有权作出复议决定的行政机关提出申请的，视为在期限内作出申请。

复议决定中不得对所涉惩戒决定做不利于公务员的变更。复议决定应立即呈送最高主管机关。最高主管机关可以随时撤销有关惩戒命令的复议决定。最高主管机关可以重新作出决定或提起惩戒之诉。在类型和幅度上加重惩戒措施或提起惩戒之诉的，只能在复议决定送达后3个月内作出，但因同一事实作出的生效判决所基于的事实认定和惩戒决定所依据的事实认定不一致的除外。

败诉一方承担复议程序所产生垫款；复议部分成立的，按比例分担垫款。尽管存在渎职行为但惩戒命令依然被撤销的，可以要求公务员承担全部或部分垫款。公务员撤回复议的，自行承担所产生之垫款。以其他方式了解争议的，依公平裁量决定费用承担。

二、撤销之诉

涉案公务员提出撤销之诉(确认无效之诉)的，须于复议决定送达后1个月内向其居住地管辖的行政法院提起。根据第68条不需要作出复议决定的(即最高行政主管部门作出的惩戒决定)，应在行政行为公布后1个月内提起诉讼。

撤销之诉需要具有"适法性"(Zulässigkeit)和"正当性"(Begründetheit)。行政法院首先审理撤销之诉的适法性，如未能通过适法性审查，则不继续考虑惩戒决定的合法性与合理性。适法性的条件包括：(1)原告资格。根据《行政诉讼法》第42条的规定，

① 德国《行政法院法》第68条(前置程序)第1款：提起确认无效之诉之前，须在一前置程序审查行政行为的合法性及合目的性。法律有明文规定的，或属下列情况，不需要该审查：行政行为是由一个联邦最高行政机关作出，或一个州最高行政机关作出的，除非法律规定对此必须审查。

撤销之诉中原告应为负面行政行为的相对人(Adressat eines belastenden Verwaltungsaktes)。值得注意的是，根据《行政诉讼法》第44a条的规定，临时性的程序安排不属于行政行为范围，故针对公务员取证申请的驳回等决定不能单独提起撤销之诉。(2)复议失败。原告公务员需要按时提起复议申请并，并收到拒绝决定或不完全排除服务过错的决定后，方可提起撤销之诉。如果公务员逾期未提起复议，后续的救济途径一律不具有适法性。另外，机关如果在提起复议申请3个月以内仍未作出决定，公务员有权利直接提起撤销之诉。(3)和复议申请一样，提起诉讼的期限为1个月，但如果终结决定未包含对复议权的正式提醒("Rechtsbehelfsbelehrung")，此期限自动延长至1年。

在审理撤销之诉的"正当性"时，惩戒庭首先审查机关的惩戒决定是否合法，合法的终结决定必须基于以下事实：(1)公务员违背了服务义务；(2)公务员存在相应的法律责任，即服务过错是故意行为或过失造成的；(3)不存在正当理由（Rechtfertigungsgrund）或减免罪责理由（Entschuldigungsgrund）。即使上述条件全部被满足，机关对是否应该采取惩戒措施以及应采何种惩戒措施享有自由裁量空间(Ermessen)，因此法院只有在行政行为明显违法等特殊情形下方有权利撤销该行政行为。①

三、上诉和再上诉

(一)上诉

不服行政法院关于惩戒之诉判决的，诉讼参与人有权向高等行政法院提起上诉。上诉应当在判决书送达后1个月内以书面形式向作出判决的行政法院提出并陈述理由。在陈述理由期限届满前，可以向院长提出延期申请。陈述理由中须包括确定的申请，并详细说明撤销理由(上诉理由)。欠缺上述必备条件的，上诉不被许可。对州职务法院一审判决不服的，同样可以提起上诉。但联邦职务法

① Matthias Goebel：《德国法院在公务员惩戒救济制度中的角色》，载《法律适用》2014年第5期，第119页。

院的判决为终局裁判，不能上诉。

启动复议和一审诉讼程序的唯一前提是按时提起的、符合相应条件的申请。但到了上诉阶段，立法者对进一步救济途径提出了更高的要求。上诉申请的适法性需要行政法院或高级行政法院作出“受案许可”(Zulassung)。《行政法院法》第124条(普通上诉的准许)第2款规定，仅符合下列者，才被准许普通上诉：(1)对判决的合法性有严重疑问的；(2)案件事实上或法律上存在重大难点；(3)诉讼具有基本权利上的根本意义的；(4)该判决偏离高等行政法院、联邦行政法院、联邦最高法院大审判庭或联邦宪法法院的判例，且以该偏离作为其裁判基础的；(5)存在可能导致错判的核心程序瑕疵。第124a条规定了普通上诉的准许及理由说明：(1)对普通上诉的准许，须在判决送达之后1个月内提出申请。申请应向行政法院提起。申请中必须指明其针对的判决。申请还必须指出准许普通上诉的理由。申请的提出阻却判决既判力的产生。(2)高等行政法院以裁定对申请作出决定。高等行政法院同意给予普通上诉准许的，或一致同意不准许的，可无须说明理由。随申请的被拒绝，判决即时产生既判力。高等行政法院准许上诉的，审理申请程序即作为普通上诉程序的开始；不需要再提起普通上诉。(3)在作出准许普通上诉的裁定送达之后1个月内须对普通上诉说明理由。理由的说明应呈送高等行政法院。说明理由的期限届满之前，可向主审法官请求将之延长。理由说明中必须包含一个请求，以及对争执理由(普通上诉理由)详加说明。缺欠其中一项的，普通上诉即不被接受。

上诉由一审行政法院之上的高级行政法院的惩戒院审理，在程序上准用关于行政法院惩戒程序的规定。惩戒院和惩戒庭一样，由3名职业法官以及2名公务员义务法官组成。惩戒院与惩戒庭的审查标准完全一样。上诉申请同样需要存在适法性以及理由方能胜诉，而惩戒院同样有权利以自己的合理性判断代替机关以及下级法院的判断。但公务员提起的上诉申请，高级行政法院不得采取更严厉的处分。

上诉阶段，法院的审理存在以下特点：(1)律师代表义务。为提高高级法院的工作效率以及节省审案时间，当事人有义务聘请律师并授权他或她在高级行政法院诉讼中代表自己的利益。① (2)法院放弃事实调查权。根据《联邦公务员惩戒法》第65条第4款的规定，高级行政法院有权但无义务重新进行调查取证。因为在第二审阶段，涉案事实已经经过两次的全面调查(第一次在机关内部程序，第二次在行政法院审案过程中)，高级行政法院有权依赖于两次调查取证的部分或全部结果。如果当事人针对两次调查中的部分程序环节提出了异议，高级行政法院可以予以选择性审查，但无须重复其他程序环节。此规定旨在减少高级(行政)法院的工作量以及提高审案速度。(3)在一审惩戒程序中，如果公务员没有及时提出机关内部的惩戒程序或起诉书有重大瑕疵，导致该瑕疵未能被法院考虑，则在上诉程序中同样不予考虑。没有在法定期限内向行政法院提出证据申请的，如法院根据其自由裁量确信考虑该申请会导致惩戒程序处理的拖延，且在一审期间已经告知相关公务员不遵守期限规定的后果，可以驳回申请；除非申请迟延存在令人信服的合理理由。被行政法院依法驳回的证据申请，在上诉程序中同样被排除。

如果惩戒程序没有以其他方式终结，高等行政法院根据言辞辩论的情况，以判决形式对上诉作出决定。

(二)再上诉

当事人不服二审判决可提起再上诉。关于再上诉的许可、提起再上诉的形式和期限、对不许可提起抗告的形式和期限，以及再上诉理由，均适用《行政法院法》的相关规定。据此，法律审上诉应在送达判决书之后，或在送达准许法律审上诉裁定1个月内，向作出争执判决的法院提起。法律审上诉在该期限内向联邦行政法院提起的，也视为遵守了该期限。上诉时必须指出其针对的判决。针对不准许法律审上诉的抗告获得支持，或联邦行政法院准许上诉的，则抗告程序视为法律审上诉的开始；抗告人不需另行提起法律审上

① Matthias Goebel：《德国法院在公务员惩戒救济制度中的角色》，载《法律适用》2014年第5期，第119页。

诉。对此应在裁定中说明。法律审上诉中应说明理由，说明理由的期限为送达准许上诉的裁定之后1个月。理由之说明应呈交联邦行政法院。在期限届满之前，根据申请，主审法官可延长该期限。

再上诉的适法性前提是高级行政法院作出的受案许可，即参与人必须得到高等行政法院准许，才能针对高等行政法院的判决向联邦行政法院提起法律审上诉。获得高等行政法院准许一般须符合下列条件：(1)诉讼具有基本原则上的意义；(2)该判决偏离高等行政法院、联邦行政法院、联邦最高法院大审判庭或联邦宪法法院的一个判决，以该偏离作为其基础的；(3)指出存在可影响上诉审法院判断一个程序瑕疵，对此可构成新的判决；(4)联邦行政法院受该准许的约束。

若高级行政法院拒绝作出再上诉受案许可，当事人可在1个月内向联邦行政法院针对不许可裁定提起抗告。抗告应向作出被提起法律审上诉判决的法院，在送达完整判决书之日起1个月提起。抗告中须指出其针对的具体判决。对抗告须在送达完整判决书之后2个月内说明其理由。理由之说明应呈交作出被提起法律审上诉判决的法院。理由说明中必须陈述诉讼具有的基本原则性意义，或者判决所偏离的裁决，或指出程序上的瑕疵。提起抗告时，阻却判决的既判力的产生。抗告未获支持的，由联邦行政法院以裁定方式作出决定。对裁定应简要说明理由；说明理由对澄清准许法律审上诉所要求的条件不适宜的，可以不说明理由。在联邦行政法院拒绝抗告后，判决即取得既判力。

再上诉由联邦行政法院审理，且联邦行政法院只审查案件中的法律问题，在此意义上，再上诉也称为法律审上诉，即只审查争议判决是否损及联邦法律、与联邦行政程序法条文相一致的州行政程序法的规定。法律审上诉仅以程序瑕疵为基础。在下列情况下，须认定判决违反联邦法律：(1)被指责的法院未依法组成；(2)参与裁判的法官之一已被依法解除法官职务，或基于防止偏袒而已被拒绝其参加审理的；(3)拒绝参与人的法定听证要求的；(4)参与人未依法在诉讼中得到代理，除非他明确或默示对诉讼进行表示同意的；(5)判决所依据的言词审理中，违反了诉讼程序公开的原则；

(6)判决书未附理由的。

再上诉程序准用高等行政法院关于惩戒程序的规定。联邦行政法院经审查认为上诉适法有理的，予以批准并组织开庭审理案件中法律问题。如果该法院认为不存在再上诉许可的理由，予以驳回，下级法院的判决立即生效。法律审上诉理由成立的，联邦行政法院可采取下列措施：(1)对案件作出裁判；(2)撤销争议判决，发回重新审理。争议判决的理由虽违反现行法律，但基于其他理由判决亦为正确的，法律审上诉也应被驳回。越级上诉的案件发回重新审理及决定的，也可依其裁量，将案件发回原来有普通上诉管辖权的高等行政法院审理。对于高等行政法院进行的该程序，适用在正常情况下诉讼在高等行政法院提起普通上诉时产生诉讼系属时使用的同样原则。对法律审上诉作出的裁决，无须说明理由，只要联邦行政法院认为有关程序瑕疵的申诉不成立。

再上诉结束后，判决书中指定的惩戒措施发生最终效力(Bestandskraft)。未获上诉(告)许可的第一、二审判决或逾期未提起进一步救济申请的复议决定同样具有最终效力，获得最终效力的惩戒决定方可执行。

四、法院惩戒程序的再审

(一)再审的启动

根据《联邦公务员惩戒法》第 71 条的规定，具备下列情形之一的，因生效判决而终结的惩戒程序得以再审：(1)判决中科处的惩戒措施在类型或幅度上超出法律规定。(2)发现了重要的新事实或新证据。所谓的“重大”事实和证据，指的是单独或与先前认定的事实一起使用后会导致做出不同裁判的事实和证据，该不同裁判可能导致再审。所谓之“新”事实和证据，指的是法庭在作出裁判时不知晓的事实和证据。惩戒程序的判决生效后，因同一事实提起的刑事诉讼程序或行政罚款程序作出的生效判决所基于的事实认定不同于惩戒程序判决之事实认定的，该事实认定视同本条第 1 款第 2 项意义上的“新事实”。(3)判决在内容上根据错误文书、伪造文书、基于故意或过失而提供的错误证言或鉴定意见而作出。(4)惩戒程序中的判决系根据另一判决中的事实认定而作出，而该另一判决被撤销。(5)参与判决的法官或公务员陪审员在案件审理过程中严重违反职责且有过错。(6)参与判决的法官或公务员陪审员被依法禁止履行法官职务，除非禁止履行职务的原因未能成立。(7)公务员事后承认了渎职行为，而该行为在惩程序中未能得到证实。(8)惩戒之诉终止后，因同一事实提起的刑事诉讼程序或行政罚款程序作出了生效裁判，从而依照第 14 条不应再作出惩戒措施。

反之，如果具备下列情形之一，因生效判决而终结的惩戒程序不得再审：(1)刑事诉讼程序或行政罚款程序中基于同一事实作出判决，且该判决未被撤销。(2)刑事诉讼程序中的判决导致公务员丧失或本应丧失职位或退休金。(3)判决生效后已经过 3 年，且重新开始惩戒程序不利于公务员的。

启动惩戒程序再审的申请必须在 3 个月内、以书面形式向作出裁判的法院提出。该期限从申请权利人知晓惩戒程序再审的理由之日起计算。申请中应标明所涉判决并说明撤销或变更判决的范围；申请应当附加证据说明。程序的其他方面准用关于法院惩戒程序的规定，本法另有规定的除外。

(二)审理

如果不具备法定许可条件或明显缺乏根据的，即使已经开始言辞辩论，法庭亦可以裁定形式驳回申请。经主管机关同意，法院可以在言辞辩论开始之前，以裁定形式撤销相关判决，并驳回惩戒之诉或撤销惩戒命令。本裁定不得被撤销，且具有与生效判决同等的效力。再审程序没有以其他方式终结的，法庭将根据言辞辩论的情况以判决形式作出裁判。

再审程序中撤销相关判决从而有利于相关公务员的，该公务员从被撤销的判决生效时获得原本应当获得的法律地位，如同原判决和再审程序中的判决内容一致。被撤销判决中涉及解除公务员关系或剥夺退休金的，按照《联邦公务员法》第 42 条的规定处理：(1)如果具有丧失公务员权利效力的决定在撤销程序中被不具有此效力的决定取代，公务员关系视为没有解除。只要未达到规定的年龄且能继续工作，相关公务员有权转入与其原来职务相同的或相似的职业，并获得和过去职务相当的基本薪金。在转入新的职务之前，相关公务员获得原来应有薪金。(2)依据在撤销程序中认定的事实或依据以前的决定所作之生效判决，启动了旨在解除公务员关系的惩戒程序的，公务员丧失其依据本条第1款规定的权利，但以被科处解除公务员关系者危险。在决定生效前不得主张相关权利。(3)除事后补发薪金外，公务员及其依法负有扶养义务之人还可根据1971年3月8日版的《刑事追诉措施赔偿法》(《联邦法律公报》第1部分，第157页)，向公务员的供职部门主张对其他损失的补偿。申请应当在重启程序结束后3个月内向提起惩戒之诉的主管机关提出。

第七节　对被撤职或被剥夺退休金者的生活保障

根据《联邦公务员惩戒法》第10条的规定，公务关系因公务员关系的解除而终结，公务员随之丧失薪金请求权和养老金请求权。解除公务员关系的决定生效后，当月结束后停止支付薪金。公务员在解除决定生效前退休的，该决定具有剥夺退休金的效力。第12条第1款规定，退休公务员被科处剥夺退休金后，丧失养老金请求权，包括生存配偶的生活费请求权。

为了避免公务员和法官因此陷入生活困境，第10~12条补充规定，被解除公务关系之公务员可获得6个月的生活费，数额为其在决定生效前薪金的50%；为避免公务员陷入生计困难，决定中也可以将生活费请求权延长至6个月以上剥夺退休金后。退休公务员在通过补办保险获得养老金之前，可获得相当于退休金70%的生活费，期限最长为6个月。

上述生活费，自从公务员的薪金或退休金丧失时开始支付，裁判文书中另有规定的除外。在同一期间已通过补办保险而获得退休金的，依《联邦公务员惩戒法》第12条第2款支付的生活费应予退还。为了确保返还权利得以实现，退休公务员应当作出相应的债权转让声明。法院可在裁判中规定，将生活费全部或部分支付给公务员或退休公务员负有赡养义务之人；最高主管机关可在裁决生效后对此作出进一步规定。当事人重新被任命为公务员或进入公职关系的，其生活费请求权消灭。

因违反接受酬劳或礼物的禁止而被解除公务员关系或被剥夺退休金的公务员或退休公务员，如果其提供的事实有助于阻止犯罪发生，尤其是《刑法典》规定的腐败犯罪，或者该事实有助于澄清其自己不法行为的，最后负责的最高主管机关应当承诺其按月发放生活费，并补办保险。承诺生活费的数额按照通过补办保险而有望得到的养老金之百分比确定，或者按照行业平均养老保险确定，但生活费不得高于或等于补办保险后取得的退休金请求权的数额。

第三章　法官违反审判职责的刑事责任

第一节　违反审判职责的刑事责任概述

较为严重的违反审判职务的行为，违背了决策的透明性和中立性，从而侵害到反腐败法律所保护的法益，构成腐败犯罪的，依法要承担刑事责任。在德国，一般认为腐败犯罪包括以下几类形式：第一类是行政腐败或官僚腐败，主要涉及国内公职人员以及外国公职人员的腐败犯罪问题；第二类是司法腐败，主要是法官、检察官、仲裁人员等司法人员的腐败犯罪；第三类是政治腐败，主要包括为政党及选举提供资金支持，贿赂议会议员等；第四类是商业贿赂或私营领域的腐败犯罪。①

根据其与法官行使审判职能的相关程度以及实践中负有审判职责的法官触犯具体罪名的可能大小，上文重点分析了接受利益、索贿、枉法、职务中的身体伤害、逼供、追诉无辜者、无辜者之执行、职务中的虚假记载、侵害职务机密和违反特别保密义务、非法通报法庭审理情况、引诱下属犯罪十一个罪名。具体条文内容主要包括：第 331 条规定之“接受利益”（§ 331 Vorteilsannahme）、第 332 条规定之“索贿”（§ 332 Bestechlichkeit）、第 333 条规定之“给予利益”（§ 333 Vorteilsgewährung）、第 334 条规定之“行贿”（§ 334 Bestechung）、第 335 条规定之“索贿和行贿的特别严重情形”（§ 335 Besonders schwere Fälle der Bestechlichkeit und Bestechung）、

① ［德］汉斯·约格·阿尔布莱希特著：《德国反腐败机制与刑事法律规定》，赵晨光译，载《人民检察》2015 年第 9 期，第 30 页。

第335a条规定之“外国和国际公务人员(§ 335a Ausländische und internationale Bedienstete)”、第336条规定之“不为职务行为”(§ 336 Unterlassen der Diensthandlung)、第337条规定之“酬报仲裁员”(§ 337 Schiedsrichtervergütung)、第338条规定之“扩大之追缴”(§ 338 Erweiterter Verfall)、第339条规定之“枉法”(§ 339 Rechtsbeugung)、第340条规定之“职务中的身体伤害”(§ 340 Körperverletzung im Amt)、第343条规定之“逼供”(§ 343 Aussageerpressung)、第344条规定之“无辜者之追诉”(§ 344 Verfolgung Unschuldiger)、第345条规定之“无辜者之执行”(§ 345 Vollstreckung gegen Unschuldige)、第348条规定之“职务中的虚假记载”(§ 348 Falschbeurkundung im Amt)、第352条规定之“超收费用”(§ 352 Gebührenüberhebung)、第353条规定之“超收税款；克扣支出”(§ 353 Abgabenüberhebung; Leistungskürzung)、第353a条规定之“对外事务中的背信”(§ 353a Vertrauensbruch im auswärtigen Dienst)、第353b条规定之“侵害职务机密和违反特别保密义务”(§ 353b Verletzung des Dienstgeheimnisses und einer besonderen Geheimhaltungspflicht)，第353d条规定之“非法通报法庭审理情况”(§ 353d Verbotene Mitteilungen über Gerichtsverhandlungen)、第355条规定之“侵害税务机密”(§ 355 Verletzung des Steuergeheimnisses)、第356条规定之“背叛当事人”(§ 356 Parteiverrat)、第357条规定之“引诱下属犯罪”(§ 357 Verleitung eines Untergebenen zu einer Straftat)以及第358条规定之“附属后果”(§ 358 Nebenfolgen)。其中和司法责任相关的包括第331条(受贿)、第332条(索贿)、第339条(枉法)、第343条(逼供)、第344条(对无辜者追诉)、第345条(对无辜者执行)、第353b条(违反保密义务)、第353d条(泄露案件秘密)、第357条(引诱下属犯罪)和第358条(随附后果)。

对于上述罪名中的大多数，至少在罪名称谓上，我国读者并不陌生，比如受贿、索贿、枉法、逼供等，这既是德国与中国刑法(典)所共同规定的重点的职务犯罪，也是实践中较为频发和常见的高危罪名。对上文中的罪名解读部分稍加注意即可发现，对于具体罪名之构成要件与行为结构的法教义学构建，我国与德国刑法之通说观点也相差不大。

对于少数的罪名，如非法通报法庭审理情况的理解，应当谨慎对待。该罪名与最初望文生义的理解实际上存有较大差异。乍看上去，此罪名更像是“侵害职务机密和违反特别保密义务”的特别犯罪，也就是说，其所禁止的应当是“法官”非法地将非公开审理的案件情况或者起诉书等官方文件告知无关他人，从而因侵犯保密义务而构成犯罪。但事实上，此罪名所禁止的是公共媒体对于非公开审判案件的公开报道和宣传，防范的是对于尚未开庭审理或审理未有定论的案件，因“媒体审判”或“大众审判”之故而影响裁判者之判断或侵犯被告人之声誉。可以说，虽然“媒体审判”、“大众审判”在我国已然成风并危害益深，但刑法上专门规定对之惩处的罪名，对我们而言还是相对陌生的。

此外，引诱下属犯罪实质上是将上司实施的针对下属职务犯罪的共同犯罪行为单独规定为犯罪，德国学界对之褒贬不一。在我国刑法中虽然并不存在针对职务犯罪的类似规定，但在计算机犯罪领域已经出现了相似的立法方式。罪名虽然不同，但背后的理论应是相通的。

而对于包括法官在内的司法人员严苛以待，在数个罪名中均有明显的体现。最为显著的例证是，对于法官触犯“接受利益罪”和“索贿罪”，《德国刑法典》第 331 条第 2 款和第 332 条第 2 款专门规定了明显更重的法定刑格，这实际上是一种立法论上的“加重处罚”。之所以如此，原因在于，法官实施接受利益之行为，不但侵犯公职行为的廉洁公正，而且有损司法权威。在此值得一提的是，在对《德国刑法典》职务犯罪一章的重点罪名予以分析的过程中，尤其是在保护法益或规范目的的部分，经常会涉及作为法益内容的“民众对于公权机关的信任感”。简单地说，对于法官所实施之职务犯罪之所以要罪加一等地从重甚至加重处罚，盖因为法官群体相对于其他公职人员的特殊性，即司法权威相较于公权威严的脆弱易折与重点保护，可以说，司法权威扫地，则司法活动不存。

第二节 接受利益(《德国刑法典》第331条)

一、法条内容

(一)公务员、欧洲公务人员或从事特别公务的人员，为履行其职务行为而为自己或他人索要、让他人允诺或收受他人利益的，处3年以下自由刑或罚金。

(二)法官、欧盟下设法院成员、仲裁员，基于现在或将来的裁判行为，为自己或他人索要、让他人允诺或接受他人利益的，处5年以下自由刑或罚金。犯本罪未遂的，亦应处罚。

(三)行为人让他人允诺或接受的利益，非其本人所要求，而主管当局在其职权范围内，事先许可或行为人事后立即报告而被追认的，不依第1款处罚。

二、法条概述

《德国刑法典》并没有将受贿罪作为单一罪名进行规定，而是根据受贿后是否有违反职务的行为将其分解为两个罪名：受贿罪(第331条)和索贿罪(第332条)，规定了事前受贿和事后受贿两种情况。由于第332条的规定比第331条的严格，处罚也更重，所以学理上称第331条为单纯受贿罪，第332条为加重受贿罪。① 受贿可具体分为两种情况：一是公务员或从事特别公务的人员，为履行其职务行为而为自己或他人需要，让他人允诺或收受他人利益的行为，二是法官或仲裁人对现在或将来的职务行为，为自己或他人需要，让他人允诺或接受他人利益的行为。索贿具体分为三种情况：一是指公务员或从事特别公务的人员对现在的职务上的行为索取，让他人允诺或收受他人利益，因而违反或可能违反其职务义务的行为；二是法官或仲裁人对现在或将来职务上的行为，索要、让

① 李峰：《中德受贿罪之立法比较》，载《经济与社会发展》第2005年第4期，第98页。

他人允诺或收受他人利益，因而违反或可能违反裁判义务的行为；三是行为人对将来职务上的行为索取、让他人允诺或收受他人利益，而向他人示意，并且行为人显示出违反其职务义务或以是否获得将来利益来影响裁判的行为。

就本罪的犯罪客体而言，德国刑法理论上主要有以下几种观点：一是国家意志，二是公务的纯洁与真实，三是公务行为的无报酬性，四是社会大众对公务员以及公务行为的信赖。① 德国关于受贿罪的立法形式，一直存在两种立场：一是起源于罗马法的不可收买性说，即认为受贿罪的保护法益是职务行为的不可收买性，无论公务员所实施的职务行为是否正当合法，只要他要求、约定或者收受与职务行为有关的不当报酬，就构成受贿罪。二是起源于日耳曼的纯洁性说，即认为受贿罪的保护法益是职务行为的纯洁性或公正性、职务行为的不可侵犯性。②《德国刑法典》兼采上述两种立场，于第 331 条规定中采用不可收买性说的立场而于第 332 条中采用纯洁性说的立场。在第 331 条中只要行为人对其职务行为索要、让他人允诺或收受他人利益，无须其不公正地执行职务就可以成立该罪。不可收买性实际上包括两个方面的内容：一是职务行为的不可收买性本身，二是公民对职务行为不可收买性的信赖。③ 由此可知，不可收买性说的立场其实包含了上述的第三、第四种观点。《德国刑法典》第 332 条则在前条的基础上，还要求行为违反或可能违反其职务义务。而对职务义务的违反及其危险就会损害公务的纯洁性和公正性。这显然又相当于前述第二种观点。因此，上列两种立场、四种观点除了第一种“国家意志”说因欠缺科学性而未被立法采纳外，其他部分都已被刑法吸收。④ 应该指出的是，虽然德国刑法兼采二说的立场，但这两个立场并非并列关系。第 331 条所

---

① 张明楷著：《法益初论》，中国政法大学出版社 2000 年版，第 613 页。

② 李峰：《中德受贿罪之立法比较》，载《经济与社会发展》第 2005 年第 4 期，第 100 页。

③ 张明楷著：《法益初论》，中国政法大学出版社 2000 年版，第 628 页。

④ 李峰：《中德受贿罪之立法比较》，载《经济与社会发展》第 2005 年第 4 期，第 100 页。

指的就是为他人做了职务上应该为的事项的情形，第 332 条规定的“侵害或者可能侵害其职务义务”，指的就是为他人做了根据职务要求不应该为的事项的情形。从两者关系来看，第 331 条是定性的条件，第 332 条以第 331 条为基础，是对第 331 条的加重，即定量因素，所以立法是以不可收买性说为基础，同时考虑了职务行为纯洁性说的立场。①

根据德国理论通说，作为纯正身份犯(echtes Sonderdelikt)，第 331 条的保护法益为“客观公正地依法行使国家职权”②或者说“国家职权行使的纯正性或廉洁性”③。就国家职权的公正行使而言，所要禁止的，并非仅仅是国家公务人员与其他人员进行“权钱交易”，即通过非法行使或者滥用手中的权力，为他人不法地谋取利益；而是要使国家公务行为的实施“绝缘于”任何其他个人因素的影响或干涉。亦即，作为行为人而言，其具有一般身份和特殊身份，就一般身份来看，他只是社会生活中有血有肉的普通个体，可以通过自己行为的实施获得私利；但就特殊身份而言，因为其所从事的特殊的职业，因为其所具有的国家公务人员的特殊身份，本来对于其他社会个体可能完全能够为人接受的行为，如果由国家公务人员实施，则可能违法甚或构成犯罪。因此，在德国刑法中，“接受利益罪”被认为是属于“抽象危险犯(abstraktes Gefährdungsdelikt)”，④具言之，国家公务人员的行为成立“接受利益罪”，并不必然需要国家公务人员确实地“以权谋私”、“权钱交易”、“徇私枉法”；不需要国家公务人员确实地因为收受利益而滥用职权；也不需要国家公务人员收受利益与滥用职权之间具有因果关系；相反，倘若国家公务人员收受了利益，不管其是否因此滥用职权还是依然依法行事，只要是国家公务人员的行为使得他人对国家职权行使之客观公

① 谢锡美：《“为他人谋取利益”在受贿罪中的定位思考》，载《中国刑事法杂志》2001 年第 4 期，第 43 页。

② BT-Drucks. 7/550，269；Dölling ZStW 112 (2000)，334 (335).

③ Kargal ZStW 114 (2002)，763ff.

④ Fischer § 331 Rn 2.

正或者纯正廉洁产生了诟病抑或怀疑，其行为即已构成本罪。

就本罪法益而言，在国家职权行使之客观公正或曰纯正廉洁之外，亦有不少观点涉及“国家职权行使的‘不可收买性(Nichtkauflichkeit)’”。其中，有观点认为国家职权行使的客观公正与不可收买属于并列关系，① 也有观点认为二者属于替代关系。②在此应对所谓“国家职权行使的不可收买性”这一概念予以简要分析。如果认为，这一概念所指涉的是一种具体的后果，亦即，只有国家公务人员在职权行使过程中被实际地收买，“不可收买性”这一法益才会遭致侵害，那么，“接受利益罪”这一罪名的性质也就有了变化，其显然不再属于抽象危险犯的范畴，而是变成了一种典型的“实害犯(Verletzungsdelikt)”。与之不同，倘若认为，“不可收买性”这一概念所意指的，实际上是一种抽象的状态，也即，只要是国家公务人员收受了他人给予的利益，并因此使得他人对其职务活动的公允廉洁产生了怀疑，不管其事实上是否被收买，或者是职权活动的行使与利益收受之间是否具有因果联系，均将成立本罪，那么，接受利益罪仍然属于典型的抽象危险犯。但是，作为一种抽象状态的“不可收买性”，实则与“公权行使之公允廉洁”并无实质区别；而且，“不可收买性”所强调的，总归是公权行使与利益收受之间的“交易本质”，总会令人不自觉地将接受利益罪限制性地划归实害犯的范畴，因此，将接受利益罪的法益定性为“公权行使之公允廉洁”更为准确，与此相应，德国刑法上的接受利益罪属于典型的抽象危险犯。

三、法条解读

就本罪的构成要件而言，依据第331条第1款的规定，国家工作人员为履行其职务行为而为自己或他人索要、让他人允诺或收受他人利益；依据第331条第2款的规定，法官或仲裁员为实施裁判

① BGHSt 15, 88 (96f); NK-Kuhlen § 331 Rn 12f.

② BGHSt 30 46 (48); 39, 45 (46); 47 295 (303); LK-Sowada Vor § 331 Rn 34 ff.

行为而为自己或他人索要、让他人允诺或收受他人利益。

（一）犯罪主体

本条第1款规定的犯罪主体限于负有行使公务职权的国家工作人员；第2款规定的犯罪主体限于法官和仲裁员。

就“国家公务人员”的范围，《德国刑法典》第11条第1款第2项规定，公职人员指：a. 官员或法官；b. 具有其他公法意义上的职务关系的工作人员；c. 其他被聘用在官方或其他机构或受其委托从事公务的人员；根据第2a项的规定，欧洲公务人员指：a. 欧盟委员会、欧洲中央银行、欧洲审计院以及欧盟下设法院的成员；b. 欧盟或根据欧盟法律设立之机构的公务人员和职员；c. 接受欧盟或根据欧盟法律设立之机构的委托而从事工作的人员。需要说明的是，公证人员、作为国家司法考试考官的律师、国有企业或地方企业的职工等均属于国家工作人员的范围。此外，对于私人企业的职工，如果受国家公职机关的指挥或委派从事相关公务，也应被视为国家公务人员。①在此需要特别注意的是，行为人在行为当时必须具有国家公务人员的身份，也就是说，在行为人收受利益之时或之前，其必须已经具有国家公务人员的身份并有权实施相关的职权行为；相反，如果行为人在行为当时已经不再具有国家公务人员的身份，亦即，如果行为人为其先前实施的职权行为收受利益，不再构成接受利益罪。②

此外，负有从事公务职责的其他人员也属于本罪的主体范围。依据第11条第1款第4项规定，“从事特别公务的人员”是指“a. 在官方或其他机构，或b. 在为官方或其他机构执行公务的社团或其他团体、企事业单位”从事公务的非公职人员。将上述非公职人员视同为国家公务人员，需要根据不同案件的具体情况进行分析，最为重要的是，非公职人员因从事公务而等同于国家公务人员，需要具有法律上的明确授权。③

① BGHSt 43，370（377ff）.

② BGH NJW 2004，3574.

③ LK-Hilgendorf § 11 Rn 65.

依据第 11 条第 1 款第 3 项规定，法官是指“依德国法律担任的职业法官或名誉法官”。据此依法承担审判职责的陪审员也属于法官的范畴，并因而可能因其收受利益行为而构成本罪。仲裁人员是指依仲裁协议而实施裁判职能的相关人员。

(二)利益

依据德国通说观点，所谓“利益”，指的是“任何的物质或精神收益，其并不属于可予执行的法律请求的对象，并且接受者的法律、经济或人身处境会因此而客观地得以改善”。①据此，国家公务人员所接受之“利益”的实质，主要是指使得接受者的境况在客观上得以改善的有益的馈赠，上述定义当中的几个限定条件实际上处于互相说明的关系当中，通俗地说，所谓接受利益，无非是指国家公务人员获得了不应得的“好处”，而“好处”的内容是较为宽泛的。在实践中最为常见的，当然是赠与国家公务人员金钱或者其他如首饰、珠宝、汽车、房屋等与金钱直接挂钩的有价物品。在此之外，通过梳理德国司法实践中的典型判例，“接受利益”的内容或曰形式主要包括：签订具有报酬的咨询顾问合同；② 受邀到酒店用餐以及到国外旅游；③ 有报酬的兼职；④ 性交以及容任其他的性行为；⑤ 免除债务；⑥ 消除现实的威胁；⑦ 满足虚荣追求，⑧ 等等。

对于德国司法判例如此宽泛地解释和不断地扩充“利益”的内容和范围，理论上和实践中均有较大争议。而且，在司法判例不断扩大化解释“利益”内涵的背景下，1997 年颁行的《惩治贪腐法》规定，除了本人收取利益之外，因国家公职人员的行使职权行为，由

① BGHSt 31, 264 (279); Fischer § 331 Rn 31; LK-Sowada § 331 Rn 31; SK-Stein/Rudolphi § 331 Rn 19; Satzger ZStW 115 (2003), 475f.

② BGHSt 31, 264 (279f).

③ BGH wistra 2000, 22.

④ BGHSt 18 263 (267).

⑤ BGH StV 1994, 527.

⑥ BGHSt 16, 40.

⑦ BGH NStZ 1985, 497 (499).

⑧ BGHSt 14, 123 (128).

第三人接受利益的，亦成立接受利益罪。虽然作为一种折衷，在司法判例中，一般只有在第三人接受利益，国家公职人员本人也能因此间接地获得好处的情况下，才认为国家公职人员成立接受利益罪，① 但在利益的内涵被不断扩张的情况下，上述限制也会变得越来越薄弱。故而总体来看，判定利益的标准变得愈来愈弱化和虚化。例如，将所谓的“虚荣心的满足”也归类为“接受利益”，利益的判断标准一方面显然缺乏客观的尺度，另一方面甚至变得不可捉摸。有鉴于此，利益判断标准的“实体化”和“客观化”成为了理论和实务界的普遍要求。②

（三）行使职权

第331条在犯罪客观方面的行为也有两种：一是“为履行职务”或“对现在或将来的职务”。此处的职务是指公务员基于其地位应当作为公务处理的一切事务，职务要求某公务属于该公务员的抽象的一般的职务权限范围，而不要求公务员现实上具体地担当着该事务；这种事务包括现在担当的事务也包括将来担当的事务，至于内部分工如何则在所不问。③ 二是具体的行为方式，即索要、让他人允诺、收受。索要是指请求提供贿赂，行为人只要具有向对方要求提供贿赂的意思表示即构成犯罪。让他人允诺是指受贿者和赠贿者之间就贿赂的收受互相同意，至于是哪一方先提出来的可以不问。收受是指接受贿赂。对于有形的财物来说，是取得占有权，对于无形的利益来说，是能够被实际地享受。需要注意的是，第331条规定了“针对履行其职务的行为”，并未要求利益要件，权钱交易本质就反映在职务要件中。进一步，《德国刑法典》第332条受贿罪的规定仍未见利益要件，但职务要件的内容发展为“以已经实施或将要实施的，因而违反或将要违反其职务义务的职务行为作为

① BGHSt 33，336（339f）；35，128（135f）.

② S/S-Heine § 331 Rn 19；NK-Kuhlen § 331 Rn 45f；SK-Stein/Rudolphi § 331 Rn 21.

③ 李峰：《中德受贿罪之立法比较》，载《经济与社会发展》第2005年第4期，第100页。

回报”，即由针对职务行为本身发展为以职务行为的实施和义务的违反为回报。显然该条中权钱交易的特征已明显得到表现，而且随着职务要件内容的变化，其社会危害性或对法益的侵害性也加大，因此该条的法定刑也较接受利益罪更重。在我国刑法在贿赂犯罪中以利益要件替代了职务要件，虽说交易必然伴随利益，但设定贿赂犯罪的关键并不关注利益要件是否实现，我国司法解释也认为，利益要件仅仅是承诺和明知就足矣，真正的关键是职务或职权与财物形成了对价关系。①

根据第 331 条第 3 款的规定，行为人让他人允诺或接受的利益，非其本人所要求，而是主管当局在其职权范围内，事先许可或行为人事后立即报告被追认的，则不构成本罪。此外，在第 332 条的索贿罪中除具备以上两个行为外，还要求有“违反或可能违反”职务义务或裁判义务的行为。同时第 3 款特别规定对将来(而不包括现在)职务的行为向他人示意索要，让他人允诺或收受利益的，其行为违反其职务义务(而不仅仅是具有违反的危险)或以是否获得利益来影响裁判的，对该示意行为同样要以索贿罪处罚。

行使职权这一概念实际上包含了所有的职务行为，发生在过去还是将来在所不问。②因此，他人给予以及国家公职人员收受利益，并不一定必须针对某一项特定的职权行为。只要是他人给予国家公职人员一定的利益，使其境况客观上有所改善，从而使其可能在行使职权行为的过程中有所偏私，国家公职人员的行为即可能成立接受利益罪。当然，国家公职人员所实施的公权行为需系其依职责而实施的行为，亦即，国家公职人员之公权行使行为需属于其职责范围，或者其系基于特别而明确的授权而有权实施特定的公权行为。③当然，“职责所在”和“职权授予”必然具有一定的抽象性和概括性，有鉴于此，要求国家公职人员实施特定行为系基于职权，所

---

① 徐启明、李卫国：《论贿赂犯罪中的利益要件》，载《甘肃政法学院学报》2010 年第 4 期，第 69 页。

② BT-Drucks. 13/8079，15；NK-Kuhlen § 331 Rn 80.

③ BGHSt 31，264（280）；LK-Sowada § 331 Rn 52.

强调的主要是国家公职人员所负有的特定职责与其公务行为之间的相关性和联系性。因此，国家公职人员为实施其职责行为所作的筹备或准备工作当然也属于依职权实施的公务行为的范畴。而且，对于某一公权行为是否依职权实施的判定，也并不取决于具体的职责或职能的划分。① 比如，某一国有企业的市场部门负责人在员工招聘过程中收受了他人利益，虽然此国家公职人员并不直接领导和负责职工招聘，但其市场部领导的职能与员工招聘和利益给予和接受之间，显然具有关联性。也就是说，在此所强调的，根本上在于国家公职人员的职权与特定的公权行为之间的"机能性关联(funktionaler Zusammenhang)"。②

尽管实施特定的职权行为系其职责所在，但国家公职人员只是谎称将来会实施某公权行为，并不影响本罪的成立。③同样地，尽管国家公职人员有职权实施特定的公权行为，但对相对人谎称其已经实施了职权行为，虽然实际上其并未实施此行为，亦不影响本罪的成立。④之所以如此处理，原因在于，有如上述，接受利益罪在性质上属于抽象危险犯，而非实害犯。既然如此，通过此类罪行的惩处所欲达到的，无非是对于国家公职人员利用其所具有的公职身份和职权地位接受利益行为的防治。对此，国家公职人员收受利益的行为当然是必需的、现实的、具体的；而对于其行使职权的行为，是否实际实施、是否切实可行，实际上并不影响本罪的成立，因为本罪所欲保护的，本质上是公权行使之公正廉洁，国家公职人员即便是谎称将要实施或已经实施特定的公权行为，本罪法益也显然已经受到了抽象危险性的侵害。

需要特别予以排除的，是国家公职人员因其实施私人行为(Privathandlungen)而获得报酬或接受利益，并不构成接受利益

---

① BGHSt 16, 37 (38); NK-Kuhlen § 331 Rn 67ff.

② Kinderhäuser, StGB BT I, § 76 Rn 18.

③ L-Kühl § 331 Rn 11; SK-Stein/Rudolphi § 331 Rn 30; LK-Sowada § 331 Rn 61.

④ BGHSt 29, 300 (302ff).

罪。[1]比如，公办教师利用课余时间给学生补课并收取一定的费用，即便是利用了学校的教学场所或设备，也不构成本罪；[2]又如，国家公职人员并未利用其公职人员身份，而仅以私人身份从事一定的营业活动，也不构成此罪。[3]可见，对于接受利益罪的成立而言，国家公职人员从事了一定的获益活动并不足够，关键是要判定利益获取与国家公职人员之身份与职权是否具有机能性联系。

(四)裁判行为

依据第 331 条第 2 款之规定，法官或仲裁人员因裁判行为之行使而获得利益，应依更重的法定刑格定罪处刑。所谓"裁判行为(richterliche Handlung)"，是指法官或仲裁人员所作的与不偏不倚的公正裁判职能相关的公权行为。[4]也就是说，法官收受利益而实施裁判行为，并因此获得更重处罚，所指的主要是与法官的裁判职能直接相关的典型的裁判行为，因为司法权威对于司法职能的重要性远大于行政权威对于行政管理行为的重要性。因此，倘若法官或仲裁人员虽依职权实施了其他的公权行为，但其与法官或仲裁人员所负有的核心的居中裁判职能并无实质性关联，比如司法系统中所大量且普遍存在的司法行政管理行为，则只能依第 331 条第 1 款对其定罪处刑，因为司法行政管理行为虽然亦由法官或仲裁人员所实施，但其与法官或仲裁人员所负有的裁判职能并无实质联系。

(五)行为内涵

1. 行为实质

就接受利益罪的行为内容而言，依据第 331 条之规定，国家公职人员为行使职权(für die Dienstausübung)或作为裁判行为的对价(als Gegenleistung für eine richterliche Handlung)而为自己或他人索要(fordern)、承诺给与(sich versprechen lassen)或者接受

---

① Kinderhäuser, StGB BT I, § 76 Rn 22.

② BGHSt 18, 59 (60); L-Kühl § 331 Rn 9; SK-Stein/Rudolphi § 331 Rn 12f.

③ BGHSt 11, 125ff.

④ SK-Stein/Rudolphi § 331 Rn 14.

(annehmen)利益。根据这一规定，尤其是国家公职人员“为行使职权”或者“作为裁判行为之对价”的法条表述，德国刑法通说认为，接受利益罪的行为本质就在于“不法约定(Unrechtsvereinbarung)”，也就是说，国家公职人员“利益收受”与“职权行使”行为处在一定的对应或对价关系当中。这种特定的对应或对价关系，构成了所有的行受贿犯罪的核心内容。①更进一步而言，以利益收受和职权行使行为之对应关系为实质的不法约定，指向的实际上是两种行为之间“违法违规的交换关系(regelwidrige Tauschbeziehung)”，②即所接受之利益应被作为职权行为之等价而被索取、承诺或接受。在此，有必要就“不法约定”及“交换关系”进一步展开讨论。

事实上，国家公职人员所实施的利益收取与职权行使行为，并非处于双向的对价关系当中，两种行为之间的对应关系是单方向的、非对称的。③ 易言之，对于本罪的成立而言，国家公职人员收取利益必须是与职权行使行为相关联的，是面向职权行为的，也是取决于职权行为行使与否的；而反过来，国家公职人员所实施的职权行为，却并不必然与利益收取行为相互关联。可以想见的例证是，某国家公职人员确实是收受了相对人一定的利益，并于之后实施了一定的职权行为，使得相对人在客观上获得了自己想要的收益。可是，在收受利益的当时，此国家公职人员并未想到实施一定的职权行为作为其对价；而在行使职权的当时，其更是未曾想到要以此行为作为其已经收受的利益的“酬劳”。也就是说，虽然从表面看来，国家公职人员既收受了利益，也实施了职权行为，但是，在对于接受利益罪最为重要的关键问题上，其收受利益并未与任何的职权行为相关联，在此情况下，所谓的不法约定以及交换关系并不存在，从而也就不成立此罪。与此不同，倘若某国家公职人员收受他人利益，并非是针对某一项特定的职权行为，而只是概括地面

① BGHSt 39, 45 (46); 47, 295 (306); NK-Kuhlen § 331 Rn 82f; SK-Stein/Rudolphi § 331 Rn 27.

② NK-Kuhlen, § 331 Rn 83.

③ Kinderhäuser, StGB BT I, § 76 Rn 27.

向将来的职权行使，即便其在实施某项职权行为的当时，并不能够确切地对应所欲“答谢”的利益，也并不影响本罪的成立，因为利益收取与职权行使之间的对应关系是单方面的，所强调的仅仅是利益收取对于职权行使的依赖性。

当然，利益收取对于职权行使的对应性和相关性，对于第 331 条第 1 款和第 2 款所分别规定的情形而言，意义并不相同。具言之，对于第 1 款所规定的一般的职权行为而言，国家公职人员收受利益并不必然、也不需要针对某一项特定的职权行为，有如上述，国家公职人员在收受利益的当时，只要是概括地确信此项行为与自身所负的职责、所处的地位、以及可能实施的职权行为具有相关性和对应性，即为已足；与之不同，对于第 2 款所规定的法官或仲裁人员所实施的裁判行为来说，其收受利益必须与特定的裁判行为相关，所指向的公权行为必须是具体而明确的，原因在于，鉴于裁判行为相较于其他职权行为的特殊性，第 331 条第 2 款对于此类行为规定了更为严苛的法定刑，既然如此，就应当明晰裁判行为的界限，而不能笼统地将法官或仲裁人员所实施的所有的职权行为均归于裁判行为的范畴，并依第 2 款之规定从重惩处。实际上，法官或仲裁人员所实施的职权行为既包括司法裁判行为，也包括司法行政行为；而就司法裁判行为而言，较常出现的状况是具体裁判行为的双方或多方当事人向作为裁判者的法官或仲裁人员输送利益，因此，将法官或仲裁人员接受利益的对应行为限制为具体的裁判行为更为适当。①

2. 不法本质

如上所述，接受利益罪的行为实质在于收受利益与职权行使之间的“不法约定”或曰“违规交换”，由此可知，国家公职人员收受利益而行使职权行为需具有“不法性”。②亦即，通过实施此种罪行，给这一条款的保护法益招致了不被允许的风险。反过来看，倘若国家公职人员的行为并未给公权行使之公正廉洁招致不被允许的

---

① BGHSt 39，45 (46f).

② Dölling ZStW 112 (2000)，334 (335)；NK-Kuhlen，§ 331 Rn 96ff.

风险，也就不能认为其行为具有相当不法，从而其行为也就不成立接受利益罪。

对于犯罪成立的排除，行为所可能具有的“社会相当性(Sozialadäquanz)”具有重要作用。据此，对于国家公职人员出于礼节(Höflichkeit)或交往习惯(Verkehrssitte)而接受他人馈赠的行为，就不能认为构成接受利益罪。①因为在此情况下，并不能认为因为国家公职人员接受他人的礼品或馈赠，比如社区管理人员在传统佳节接受社区居民的礼品，就会使得国家公权行使的公正廉洁招致事实上的侵害或引致不被允许的风险。既然国家公职人员接受馈赠为依习惯或传统行事，这种行为也就是人之常情，因而能够为社会所普遍接受和认可。此外，更为重要的是，为职权行使行为而收取费用，实际上在现实生活中大量存在，不过是索取、获得或收取利益的主体，大多是作为团体的国家机关、部门、组织或者企业等。对此，亦应以社会相当性为由排除上述行为的不法性，亦即，通过法律法规的明确授权，国家公权机关有权为其职权行为的行使收取一定的费用、获得一定的利益，这并不会导致对国家公权行使之公正廉洁的侵害，因而也不构成接受利益罪。②但需要注意的是，国家公权机关实施上述行为，需要严格地依照法律规定的形式、方式和程式进行，否则，违法违规地为其公权行为的行使收取费用或获得利益，当然可能侵害公权行使之廉洁性，也就可能成立接受利益罪。

3. 行为类型

根据本条的明确规定，国家公职人员可能“向他人索要”、“让他人承诺给与”或者“接受”利益，由此规定了接受利益罪的三种行为类型。

所谓“索要”，指的是国家公职人员明确地或默示地向他人单方面地索取利益。③此行为构成犯罪既遂，需要相对人获悉国家公

① BGHSt 19, 152 (154); 23, 226 (228); SK-Stein/Rudolphi § 331 Rn 23.

② NK-Kuhlen, § 331 Rn 96ff.

③ BGHSt 8, 214 (215); 10, 237 (241); 15, 239 (242); SK-Stein/Rudolphi § 331 Rn 25.

务人员的索利要求，但是，对于国家公务人员索取利益与其职权行使之间的关联关系，相对人并无必要明确知悉。①

所谓“让他人承诺给与”，是指国家公职人员明确或默示地接受他人所提出的在日后给予一定利益的允诺。②至于这一允诺是否负有条件，比如只有在国家公职人员实施某一职权行为的前提下，相对人才可能给予其一定的利益，并不重要。承诺的提出和接受所指向的，是国家公职人员与相对人之间“不法约定”的“缔结”，由此必然要求，双方当事人之间就此形成必要的合意。③因此，倘若国家公职人员误以为他人对其作出了日后给予一定利益的承诺，并因此实施了特定的职权行为，也仅构成不罚的(straflos)接受利益罪之未遂形态(Versuch)。④

所谓“接受”，是指国家公职人员实际地接受作为职权行使之对价的利益。⑤利益的给予和接受显然是一种双方行为，因此需要国家公职人员和相对人之间对此形成必要的合意。当然，如果国家公职人员或相对人在利益输送的当时，并未就利益给予、职权行使及其对应关系形成合意，但在事后，特别是在职权行为实施的过程中，双方就此形成了必要的默契，国家公职人员也明确了其先前接受利益行为与事后职权行使之间的相关性，则其行为亦成立本罪。⑥鉴于利益的给予和接受都必须是由国家公职人员与相对人本人实施，倘若相对人将利益或财物直接地交于国家公职人员配偶、子女、亲属、朋友以及其他相关的第三人，而国家公职人员对此并未知悉，则此类情形并不属于利益的实际接受，而只是构成利益的承诺给予，⑦因为不能排除的是，国家公职人员事后会实际地获得相对人已实际给予第三人的利益。此外，实践中有可能出现的情况

① BGHSt 10, 237 (241f); NK-Kuhlen § 331 Rn 20f.

② BGH NJW 1989, 914 (915f.); SK-Stein/Rudolphi § 331 Rn 20f.

③ Kinderhäuser, StGB BT I, § 76 Rn 39.

④ NK-Kuhlen, § 331 Rn 27.

⑤ BGHSt 39, 45 (46); S/S-Heine § 331 Rn 24.

⑥ BGHSt 15, 88 (102f); LK-Sowada § 331 Rn 28.

⑦ NK-Kuhlen, § 331 Rn 29.

是，国家公职人员虽然实际地收受了他人馈赠的利益，但并非是想将其据为己有，而是计划进行举报，在此情况下，国家公职人员虽然在表面上具有收受他人利益的行为，但实质上并不具有实际收受利益的意愿。一般认为，此类行为并不实际地符合接受利益罪的构成要件，因而不构成本罪。①另有不同观点认为，在客观上来看，在构成要件符合性的层面考察，不管国家公职人员系出于何种目的或打算而实际地收受他人所给予利益，但其实际收受利益的行为，显然已经充足了成立接受利益罪所要求的构成要件，因此，在此种情况下，接受利益罪之构成要件符合性实际上是具备的。此类行为的违法性，只能通过作为违法性排除事由的“紧急避险(Notstand)”予以排除。②

第三节　索贿(《德国刑法典》第332条)

一、法条内容

(一)公务员、欧盟公务人员或从事特别公务的人员，基于现在或将来职务上的行为索取、让他人允诺或收受他人利益，因而违反或可能违反其职务义务的，处6个月以上5年以下自由刑或罚金；情节较轻的，处3年以下自由刑或罚金。犯本罪未遂的，亦应处罚。

(二)法官、欧盟法院成员、仲裁员，基于现在或将来的裁判行为索要、让人允诺或收受他人利益，因而违反或可能违反裁判义务的，处1年以上10年以下自由刑；情节较轻的，处6个月以上5年以下自由刑。

(三)行为人基于将来职务上的行为索要、让他人允诺或收受他人利益，而向他人示意，具备下列情形之一的，适用第1款和第2款的规定：a. 行为违反其职务义务；或 b. 以是否获得利益来影

① BGHSt 15, 88 (97); SK-Stein/Rudolphi § 331 Rn 26.

② NK-Kuhlen, § 331 Rn 32.

响裁判的。

二、法条概述

就其与第 331 条所规定之接受利益罪的关系而言，第 332 条所规定之索贿罪属于“升格的犯罪构成(Qualifikationstatbestand)”。① 成立接受利益罪，国家公职人员或法官须为职权行使或作为裁判行为之对价，为自己或第三人故意向他人索要、让他人承诺给予或者接受利益。这对于索贿罪的成立而言同样是必需的。除此之外，成立索贿罪，还需一般的国家公职人员违反工作职责(Verletzung der Dienstpflichten)(第 1 款)或者法官违反裁判职责(Verletzung der richterlichen Pflichten)(第 2 款)。据此，工作或裁判职责的违反，属于升格的构成要件，在此类要件具备的前提下，国家公职人员或法官的行为可能构成第 332 条规定的索贿罪；如若此类要件不存在，则其行为只可能成立第 331 条规定的接受利益罪。从定罪体系上来看，当然亦应先判断升格要件的具备与否，即先判定索贿罪之成立与否；只有在收受利益行为因不具备职责违反要件而不成立索贿罪的情况下，才会进一步判定是否构成接受利益罪。②

三、法条解读

因索贿罪与接受利益罪处于升格与基本的犯罪构成的关系当中，重合的构成要件在此不赘，仅就索贿罪的升格要件予以探析。

(一)行为实质

与接受利益罪相同，索贿罪行的实质在于国家公职人员接受利益与行使职权行为之间的不法关联，这一点对于索贿罪而言同样适用。但是，鉴于索贿罪的成立需以升格要件即职责违反为条件，利益收受与职权行使之间的不法约定需要指向特定的职责违反行为，职权行为也就需要被进一步地具体化。

---

① Kinderhäuser, StGB BT I, § 76 Rn 50.

② Kinderhäuser, StGB BT I, § 76 Rn 50.

当然，不法约定、职责违反以及职权行为的具体化并非意味着，国家公职人员所实施的职权行为必须被完全准确地予以约定或确定。对于职权行为的具体确定而言，行为实施的时间、地点、方式等都可以是尚未确定的，需要予以确定的仅仅是，国家公职人员因接受利益而将实施何种职权行为；因职权行为的实施，国家公职人员所负有的何种职务责任将被违反；在职权行为的实施过程中，国家公务人员将如何行事，换言之，国家公职人员在职权行使过程中将如何酬报其所收受的利益。①相反，倘若相对人给予国家公职人员以利益，只是为了与其“搞好关系”，无论如何不可能属于足够具体的职责违反或不法约定。

继而需要探讨的问题是，如若国家公职人员只是谎称已经实施了或将来会实施特定的职权行为，并因而违反特定职责，但事实上并未实际实施此职权行为，在刑法上应如何评价，此类情形是否也可能成立索贿罪名。对此存在不同的看法：有观点认为，只有在国家公职人员收受利益并谎称其在将来可能实施特定的职权行为，才可能成立索贿罪；而根据相反的观点，国家公职人员是谎称已经实施了还是将要实施特定的职权行为，其最终是否真正地实施了特定的职权行为，对于本罪的成立来说并不重要。②对于这一争议，如上所述，接受利益罪在性质上属于抽象危险犯，虽然相较于此罪，索贿罪属于特殊的升格罪名，但在性质上，亦应认为其属于抽象危险犯，而非实害犯。比较两个罪名，索贿罪的特殊之处仅在于，国家公职人员因接受利益而实施特定的职权行为，并因此违反了特定的职责义务。由此，只要国家公职人员因接受利益而可能实施的职权行为以及因此违反的职责义务足够具体，就应当认为其可能构成索贿罪，而非仅仅是接受利益罪，至于国家公职人员最终是否实际地实施特定的职权行为，对于犯罪成立而言并不重要。与之相似，倘若国家公职人员虽然接受了他人给予的利益，并谎称将违反职责

---

① BGHSt 32，290（291）；39，45（46f）；BGH NStZ 2001，425（426）；NK-Kuhlen，§ 331 Rn 75；LK-Sowada § 331 Rn 7.

② Kinderhäuser，StGB BT I，§ 76 Rn 54.

而实施特定的职权行为，但事实上最终严格地依法办事，亦不影响其构成索贿罪。①

(二)违反职责

相较于接受利益罪，作为索贿罪之行为实质的不法约定实际上意味着特定的职责义务的违反。从根本上看，与国家公职人员所实施的接受利益行为相对应的，实际上是其所实施的职责违反行为，亦即，国家公职人员应因接受利益而违反职责。②因此，如果国家公职人员所实施的职权行为并不违反特定的职责义务，当然不可能构成索贿罪；同样地，倘若国家公职人员明知其职权行为的实施是合乎规定的，但却对相对人谎称其违反了职责义务并接受利益，显然也不构成本罪。③

在此需要注意的是，所谓的“违反职责”，所指的当然不是国家公职人员因接受利益而行使职权。④国家公职人员实施此种罪行并因而构成接受利益罪，虽然意味着其违反了职责、触犯了刑法，但若将构成接受利益罪的行为一般化地认定为职责违反，则会使得作为升格犯罪构成的索贿罪失去其独立的存在意义，因为构成接受利益罪的行为必然违反职责，也就当然同时成立索贿罪。与之相反，所谓的“违反职责”，指的是就国家公职人员所实施的职权行为本身而言，其因此违反了特定的职责义务，亦即，职权行为的实施本身就是与特定的职责义务径相忤逆的。一般而言，这意味着特定职权行为的实施违犯了法律、法规、政令等的明确规定。⑤相反，倘若国家公职人员实施特定的职权行为，仅仅只是违犯了单位内部的工作条例，则不能认为其违反了职责义务。⑥

当然，对于大多数的职权行为而言，作为行为主体的国家公职

---

① BGHSt 48，44（46）.

② NK-Kuhlen，§ 332 Rn 3.

③ SK-Stein/Rudolphi § 332 Rn 15.

④ Kinderhäuser，StGB BT I，§ 76 Rn 56.

⑤ BGHSt 15，88（92）；48，44（46）；LK-Sowada § 332 Rn 9；Fischer § 332 Rn 8.

⑥ Kinderhäuser，StGB BT I，§ 76 Rn 56.

人员均具有一定范围内的决定权或者说裁量自由，在此种情况下，对于职责违反与否的判定，并不存在一个绝对确定或者唯一的标准。但是，国家公职人员的决策行为本身就受到若干规则和因素的限制，如果其公然且恣意地对规则约束视而不见，其所实施的行为当然意味着职责的违反；而且，对于决策过程和结果，实际上存在一个相对客观和公允的标准和结果，倘若国家公职人员决策的过程和结果显然与事实相违背(sachwidrig)，①则亦应认为其所实施的职权行为违反了职责。此外，如果国家公职人员因收受他人利益而在决策过程中丧失了中立立场而明显地偏向了一方，则亦应认为，其违反了所负职责。②

当然，违反职责而实施职权行为的国家公职人员并不一定能够独立地决定公权行为的过程与结果，但只要国家公职人员系在其职责范围内实施特定的职权行为，就有可能成立本罪，因为国家公职人员违反职责所实施的职权行为是否能够最终有效地左右职权行为的结果，对于索贿罪的成立而言无关紧要。

对于法官等裁判人员构成索贿罪来说，其所实施的裁判行为必须违反了特定的审判职责，亦即，其所实施的裁判行为违背了与裁判职能相关的法律法规的明确规定。对于审判职责的违反需要进一步分析，对于法官所实施的大多数裁判行为，其均享有相当程度的自由裁量权，比如对于刑罚裁量，只要是法官系在法定刑幅度内基于对量刑情节的考量来决定最终的宣告刑，则难谓法官有违反自由裁量职责之嫌。对此，亦应适用前述的判定标准，即只有法官的裁量和决定与事实相悖，才能认定其违反职责。当然，在法官行使裁判职能的过程中，亦会存在刚性判断的情况，对此法官个人并不具有任何的自由裁量余地，因而对于法官是恪守还是违背职责的判断也就相对地更加简单明了，最终能够得出法官的裁决是对是错的结论。③

① BGHSt 47, 260 (263); 48, 44 (46).

② BGH NStZ 2003, 158 (159).

③ S/S-Heine § 332 Rn 13; NK-Kuhlen, § 332 Rn 26.

第四节　枉法(《德国刑法典》第 339 条)

一、法条内容

法官、公务员或仲裁员在领导或裁判案件时，为有利于一方当事人或不利于一方当事人而枉法的，处 1 年以上 5 年以下自由刑。

二、法条概述

该条款的保护法益为司法(Rechtspflege)的正常运行。①司法的主要功能在于居中裁判、解决社会纠纷，对于司法的正常运行而言，法官、仲裁人员等司法裁判人员发挥着至关重要的作用，只有裁判人员在其裁决过程中保持其中立性(Unabhängigkeit)、客观性(Neutralität)和权威性(Autorität)，才能保证司法运作的公正、客观和权威。对于维护司法权威、保证司法公正而言，可以采取诸多相应的举措和措施，但也存在“治标治本”之别，对司法裁判人员所实施的贪赃枉法、知法犯法等行为予以惩处，显然属于治本之策，能够切实地维护司法队伍的廉洁和司法活动的公正。相应地，对司法公正的侵害构成了第 339 条所规定的枉法罪的特别的不法内容。

对于轻罪、重罪的划分，《德国刑法典》第 12 条第 1 款规定：“重罪(Verbrechen)系法定刑高于一年有期徒刑的违法行为。”据此，第 339 条规定的枉法罪显然属于重罪的范畴。因此，如果法官等裁判人员实施了枉法行为并触犯刑律而构成枉法罪名，则将被褫夺其法官及公职人员之职。鉴于这一严重的惩罚后果，在德国司法实践中，倾向于对本罪作较为严格的解释(restriktiv)和较为有限的适用。②

① Rengier, Strafrecht BT II, § 61 Rn 1.

② BGHSt 34, 146 (148); 38, 381 (383); Lackner/Kühl, § 339 Rn 5.

三、法条解读

(一)犯罪主体

第 339 条所规定之枉法罪属于典型的真正身份犯(echtes Amtsdelikt)。根据法条的明确规定，本罪的行为主体具体包括法官(Richter)(第 11 条第 1 款第 3 项)、仲裁人员(Schiedsrichter)以及其他的公职人员(Amtsträger)(第 11 条第 1 款第 2 项)。其中，法官与仲裁人员的内涵是比较明确的，但对于其他公职人员的范围的划定，则存在争议。

对于作为本罪主体的“其他的非法官的(nichtrichterlich)公职人员”的判定，一般认为，关键的判断标准在于其实施了“法律争议解决的指挥或裁决(Leitung oder Entscheidung einer Rechtssache)”。①这一标准通过司法判例得以细化，其他的非法官的公职人员属于本罪的适格主体，“鉴于其职责范围和职权地位，其所实施的公权行为与法官裁判具有可比性”。②其应当“像法官一样”指挥法律争议的解决并最终作出裁决。③而像法官一样处理案件的特性主要在于，“其所决策的程序受到严格的法律约束和调整；而且在决策过程中其享有一定程度的中立属性”。④

实际上，在此需要区分的，主要是(类)司法裁判行为与纯粹的行政管理行为(Verwaltungstätigkeit)。同为公权行为，两类行为当然均应严格依从宪法和法律规定而予以实施，但其各自毕竟具有不同的目的和属性。判断的难点依然在于对于“类司法裁判行为(richterähnliche Tätigkeit; quasi-richterliche Tätigkeit)”的范围划定，对此，前列司法判例并未给出确切的标准或答案。对此，据以判断的关键要点可归结如下：(1)公职人员所处的不偏不倚的裁判地位(unparteiische Stellung)；(2)公职人员所具有的指挥和裁决权限

① Rengier, Strafrecht BT II, § 61 Rn 4.

② BGHSt 34, 146 (146).

③ BGHSt 38, 381 (382).

④ BGHSt 40, 168 (177); 41, 247 (249).

(Leitungs-und Entscheidungsbefugnis)的重要程度和作用范围(Gewicht und Reichweite);(3)决策程序的目的设定(Zielsetzung des Verfahrens),即职权行为的实施旨在贯彻法律之规定和要求,而非实现其他的国家或行政目的。①

(二)客观方面

本罪的客观行为为枉法,即“对法律的歪曲(Beugung des Rechts)”,这主要是指对现行有效的法律法规的违犯。实践中,枉法行为可能是对犯罪实施的捏造,可能是对法律的不当适用,也可能是对裁量权力的滥用,等等。就行为方式而言,违反义务的不作为也可能成立本罪。②

通过考察司法判例,颇为常见且具代表性的枉法行为具体包括:检察机关不当终止青少年犯罪追溯程序;③违反刑诉法的相关规定对案件不予起诉;违反刑诉法的相关规定对犯罪不予追诉;④不当地提起公诉;处以过重或过轻的刑罚;不法侵犯被告人所享有的辩护权、获得公正审判的权利、最后陈述权等诉讼权利;⑤驳回正当的民事诉讼;拖延案件的审理进程;⑥违反法官的法律释明义务,⑦等等。从中不难看出,枉法行为的主体并不限于法官和法院系统,侦查和检察机关及其人员也可能实施枉法罪行;枉法行为的发生场域并不仅限于案件的法庭审理阶段,在案件的侦查、审查起诉以及执行阶段,也可能出现枉法行为;法官等裁判人员所实施的枉法行为并非仅限于庭审过程中的定罪量刑,对于案件审理的程序问题也可能出现枉法现象;法官等裁判人员所实施的枉法行为不仅限于案件的实体方面,在案件审理的程序方面也可能出现枉法行为。

① Vgl. SK-Stein/Rudolphi § 339 Rn 6ff; Behrendt, JuS 1989, 946 f; Rengier, Strafrecht BT II, § 61 Rn 5.

② Lackner/Kühl, § 339 Rn 5a.

③ BGHSt 32, 357.

④ BGH1 StR 394/07.

⑤ NStZ-RR 2010, 310.

⑥ BGHSt 47, 105.

⑦ BGHSt 59, 144 (150).

虽然如此，对于枉法或曰歪曲法律的具体判定标准或存在前提，仍然存在争议。根据判断标准之"客观说(objektive Theorie)"，所谓"枉法"，是指裁判本身是没有道理的(unvertretbar)，即脱离了客观上可予支持的框架。①此派观点在德国刑法学界处于通说地位。根据与之相反的"主观说(subjektive Theorie)"，对于枉法与否的判断至关重要的是，法官或其他公职人员是否有意地恶意地违背其司法确信(entgegen seiner juristischen Überzeugung)作出裁决，至于客观上而言裁决结果是否值得支持，并不重要。②这一观点实际上已经寡有支持者。而根据"职责违反说(Pflichtverletzungslehre)"，成立枉法，需要判定裁判者是否违背了其所负有的职责。③ 根据此派观点，在法律适用存在多种可能结果的情况下，即使法官或其他公职人员所作之裁判的过程与结果从客观上看来仍然处于合法合规的可予接受的框架之内，但倘若其在裁判过程中不当地受到了无关因素的影响并因而有违反职责之嫌，则应认为其有枉法之过。这与"客观说"形成明显区别。

然而，上述三派观点并未在德国司法判例中得以完全采纳。在目前的司法判例，特别是德国联邦法院所作判决中，所遵循的观点和思路可被称为"客观的严重性理论(objektive Schweretheorie)"。④有如上述，第339条规定之枉法罪名属于重罪范畴，若触犯此条，可导致法官和其他公职人员公职身份的丧失。有鉴于这一严重后果，德国联邦法院认为，仅仅只是裁判结果在客观上不应予以支持(Unvertretbarkeit)是尚且不够的。只有当"枉法行径属于对司法的强力侵害(der Rechtsbruch als elementarer Verstoß gegen die Rechtspflege)"之时，才能以枉法罪名惩处之。据此，唯有当法官或其他公职人员在裁判之时，"有意地严重地偏离了法律(bewusst in schwer wiegender

---

① LK-Hilgendorf, 12. Aufl., § 339 Rn 47 ff; Lackner/Kühl, § 339 Rn 5; Maurach/Maiwald, Strafrecht BT 2, § 77 Rn 8 ff.

② Vgl. Rengier, Strafrecht BT II, § 61 Rn 13.

③ SK-Stein/Rudolphi, § 339 Rn 17d.

④ Rengier, Strafrecht BT II, § 61 Rn 15.

Weise von Recht und Gesetz entfernt)”，才能认为其实施了枉法罪行。可以看出，对于枉法罪行存在与否的判定，德国联邦法院综合了客观和主观的因素，客观上要求对司法造成严重危害，在主观上要求裁判人员有意枉法。在此基础上，还施加了程度的限制，即只有达到相当严重程度的枉法行为才可能成立枉法犯罪。而对于法官等裁判人员是否有意枉法的判定，德国联邦法院实际上沿袭了“职责违反说”的基本思路，即法官等裁判人员在裁判过程中“出于不当的考虑(aus sachfremden Erwägungen)”而有意地有利于或不利于某一方当事人。①

德国联邦法院所采用的这一判断标准显得内容模糊且过于严苛，据此标准，司法实践中真正成立的枉法罪行并不多见。所以这一观点遭到了越来越多的批判。对此，德国联邦法院刑二庭于 2014 年 1 月 22 日所作之判决代表了司法判例的新的导向，也拨开了根据先前观点枉法罪之构成要件难以确证的“迷雾”。②根据这一判决，对于第 339 条规定之枉法罪成立与否之判定，并无道理可言的法律适用(eine unvertretbare Rechtsanwendung)以及不可予以支持的裁判结果当然首先是必需的；并且法律适用之偏差或错误亦应具有一定程度的严重性(eine gewisse Schwere)。判定枉法严重与否，关键是要考察法官等裁判人员所违反的法律规定的重要程度，也即，裁判人员违反此类法规的枉法行为，是否会导致对正常的司法裁判的严重危害。此外，对于本罪的成立而言，行为人具有间接故意即为已足，因为在其对于枉法行为具有间接故意的前提下，法官等裁判人员能够确切地知悉其枉法行为触犯了对于司法裁判而言具有重要意义的法律规范，这也是所谓裁判人员有意地偏离法律要求的核心内容所在。③

① Vgl. BGHSt 41, 247 (251); 42, 343 (345); 44, 258 (260); 47, 105 (113); 48, 105 (108 f); NStZ 2013, 655 (656).

② Fischer, § 339 Rn 42.

③ BGHSt 59, 145 (146 ff); Fischer, § 339 Rn 42; Fischer, HRRS 2014, 334 f.

枉法罪行的后果一般是争议的某一方或者某一方程序的参与者被加以优待或者施以歧视。实践中较为常见的优待或歧视主要包括：刑事案件的不当终止、不当的无罪或有罪判决，以及有所歧误的民事判决等。此外，程序上举证责任的不当分配、不当的证据采信或者法律救济途径的侵损亦属枉法的不利后果。①

（三）主观方面

就枉法罪的主观方面而言，间接故意即为已足。②结合本罪的客观行为，构成本罪的裁判人员的间接故意内容为，认识到没有道理的法律适用的可能性，并容任之。③此外，根据德国联邦法院所一贯采取的限制性标准，即枉法之成立用以法律歪曲之严重性为前提，裁判人员认识到其所违反的法律规定的重要性，亦属其所应具有的主观故意内容。④当然，如果法院所遵循的是"职责违反说"，那么，其不当的裁判行为违反了特定的审判职责也应属于行为人必要的认识内容。此外，对于法官等裁判人员的认识内容而言，如果法官只是对于自己的裁判过程及其结果不太自信或者仍有怀疑，并不属于对于枉法行为具有间接故意；裁判人员至少应当认识并且容任显然不能予以支持的裁判结果。

第五节　职务中的身体伤害
（《德国刑法典》第340条）

一、法条内容

（一）公务员在执行公务或与公务有关的事务时，自己或令他人实施身体伤害行为的，处3个月以上5年以下自由刑。情节较轻的，处5年以下自由刑或罚金刑。

---

① LK-Hilgendorf, 12. Aufl., § 339 Rn 68 f.

② BGHSt 40, 272 (276); Lackner/Kühl, § 339 Rn 9.

③ Rengier, Strafrecht BT II, § 61 Rn 19.

④ BGHSt 59, 144 (147 f).

(二)犯本罪未遂的，亦应处罚。

(三)第 224 条至第 229 条的规定同样适用于本条第 1 款第 1 句的犯罪行为。

二、法条概述

第 340 条规定的职务中的身体伤害罪被认为是第 223 条以下所规定的故意伤害罪的升格的(qualifiziert)犯罪构成。两者相较，职务中的身体伤害罪的特殊性在于，故意伤害行为是由公职人员在执行公务过程中(während der Ausübung seines Dienstes)或与公务相关(in Beziehung auf seinen Dienst)而实施的。因此，本罪属于非真正的职务犯罪(unechtes Amtsdelikt)。①相较于一般的身体伤害行为，职务中的身体伤害不仅会侵害个人的身体权益，而且会因违反职责(Amtspflichtverstoß)而损害公共法益，所以立法者为之规定了更重的法定刑。②因此，本罪侵犯的双重法益：一是公民个人的身体权益，二是国家机构的正常运作。

基于职务中的身体伤害罪与一般的故意伤害罪的基本和升格罪名的关系，第 340 条第 3 款规定，第 224～229 条的规定同样适用于职务中的身体伤害罪。第 224～229 条的条文名称分别为：危险的身体伤害(第 224 条)、虐待受保护者(第 225 条)、严重的身体伤害(第 226 条)、损害女性生殖器官(第 226a 条)、具有死亡后果的身体伤害(第 227 条)、同意(第 228 条)、过失的身体伤害(第 229 条)。第 224～229 条当中一个或多个条文与第 340 条第 1 款、第 3 款同时适用，会生产新的罪名，比如职务中危险的身体伤害罪(第 340 条第 1 款、第 3 款，第 224 条)；又如，职务中过失的身体伤害罪(第 340 条第 1 款、第 3 款，第 229 条)；等等。

三、法条解读

第 340 条所规定的职务中的身体伤害罪的犯罪主体是国家公职

---

① Lackner/Kühl § 340 Rn 1；Sch/Schröder-Cramer/Sternberg-Lieben § 340 Rn 1.

② BGHSt 3 349 (351).

人员，就其具体内涵，前文已有详述，在此不赘。

(一)客观方面

根据条文规定，职务中的身体伤害罪的客观方面表现为，公职人员在执行公务过程中或与公务执行相关，实施或让他人实施身体伤害行为，具体来看，有如下要件需要进一步予以探析：

1. 在执行公务过程中

国家公职人员在执行公务过程中实施了身体伤害行为，主要是指公职人员所实施的身体伤害行为是其执行公务行为的一部分，也就是说，身体伤害和执行公务行为之间具有时空上和实质上的内在联系。①因此，如果公职人员所实施的公务执行和身体伤害行为之间仅具有时间上的联系，比如公职人员只是在工作时间内，而并非是在执行公务过程中侵犯了他人身体，则不能认为其构成职务上的故意伤害罪。相反地，只要公职人员所实施的身体伤害行为与其公务执行之间具有内在联系，不管公职人员是否明确地以其公职身份、是否按照法定的程序、是否穿戴制服或佩带徽章而实施上述行为，均不妨碍其构成职务上的故意伤害罪。②此外，在之前的判例当中曾经提及，对于在执行公务过程中实施身体伤害行为而言，行为人必须以能够辨别的(erkennbar)方式以公职人员的身份实施伤害行为。③可是，这一观点有待商榷，在执行公务过程中，公职人员的身份是否通过客观表征表现于外部，对于执行公务与身体伤害之间联系的判定并不重要。比如，狱警乔装打扮成囚犯对同监室的其他囚犯实施身体伤害，虽然从外表上看，难以辨别其公职人员身份，但其所实施的身份伤害显然与其公职和公务有关。因此，成立职务中的身体伤害罪，至为关键的仅仅是公职人员执行公务与身体伤害之间“实质的内在的联系(der sachlich-innere Zusammenhang)”。④

---

① SK-Horn/Wolters, § 340 Rn 4; BeckOK-Eschelbach, § 340 Rn 15; Sch/Schröder-Cramer/Sternberg-Lieben, § 340 Rn 3.

② Sch/Schröder-Cramer/Sternberg-Lieben, § 340 Rn 3.

③ RGSt 17 165 (166).

④ LK-Hirsch, 11. Aufl., § 340 Rn 5.

2. 与执行公务相关

公职人员与执行公务相关而实施了身体伤害行为，主要是指，身体伤害行为虽然并非是由公职人员在执行公务的过程中所实施的，也即，身体伤害与执行公务之间并无时空上的或实质上的内在联系，但两个行为之间仍然具有一定的相关性，即公职人员之所以实施了身体伤害行为，其原因仍然在于其所担任的公职和所执行的公务，也就是说，公职人员是出于执行公务的考虑，才实施了身体伤害行为，或者说，公职人员实施身体伤害是由公务执行所导致的。①对于两类行为之间相关性的判定，行为人以其公职身份实施了身体伤害行为，或者说，行为人在实施身体伤害行为的过程中表现出了明显的公务属性，是最为重要的。②据此，警察在下班之后因与他人产生冲突而实施了身体伤害行为，显然并不属于与公务相关的身体伤害。对此，需要判定的仍然是公职人员的执行公务与身体伤害之间的内在联系。例如，警察甲将醉酒司机乙以危险驾驶罪告上法庭，却因证据不足而被法院宣告无罪；为匡扶正义，甲遂私下把乙暴揍了一顿。③警察甲对司机乙所实施的身体伤害显然与其公务相关。

3. 实施或让他人实施

公职人员“实施”身体伤害，既可以是自己实施，也可以是以共同犯罪的形式实施；对于“让他人实施(Begehenlassen)”的理解，仍有待于进一步探讨。

首先，如果公职人员以间接正犯(mittelbare Täterschaft)的方式，利用他人为工具实施故意伤害行为，这当然属于让他人实施的范畴。④根据通说观点，如果公职人员以教唆(Anstiftung)或帮助(Beihilfe)的方式参与(Teilnahme)其他公职或非公职人员所实施的

① Sch/Schröder-Cramer/Sternberg-Lieben, § 340 Rn 3.

② Fischer, § 340 Rn 2a.

③ LK-Hirsch, 11. Aufl., § 340 Rn 6; Fischer, § 340 Rn 2a.

④ RGSt 66 59 (61); SK-Horn/Wolters, § 340 Rn 3a; MK-Voßen, § 340 Rn 14.

身体伤害行为，亦属于让他人实施的范畴。①对于帮助犯，根据《德国刑法典》第27条第2款的规定，“帮助犯的刑罚根据主犯所应处的法定刑确定。帮助犯的刑罚应根据第49条第1款予以从轻处罚”。也就是说，在共同犯罪当中，帮助犯的成立属于法定的从轻情节。而对于第340条规定的职务中的身体伤害罪而言，公职人员参与了他人的身体伤害行为从而构成职务上的身体伤害罪，即便其处于帮助犯的地位，也不能依照第27条第2款的规定对之予以从轻处罚，而应直接适用第340条规定的法定刑，因为公职人员所实施的行为，属于让他人实施身体伤害的范畴，因而直接符合职务中的身体伤害罪的构成要件。

但是，这一解释路径遭受到越来越多的批判。对于真正的职务犯罪，比如枉法罪、刑讯逼供罪，如果公职人员教唆或者帮助其他的公职人员实施了上述罪行，其应当构成上述犯罪的教唆犯或帮助犯，而根据总则的相关规定，其所应处的刑罚将因此得以从轻；而对于非真正的职务犯罪，比如职务中的身体伤害罪，如果公职人员在其他公职人员实施与公务相关的身体伤害的过程中，只是对其施以了帮助或提供了条件，根据之上的解释路径，这也属于第340条明确规定的“让他人实施”的范畴，从而不成立职务中的身体伤害罪的帮助犯，这不会因此得以从轻处罚。真正与非真正的职务犯罪之间的这种对立的差异，或者说，对非真正的职务犯罪的更为严苛的惩处，显然值得反思。②对此，Hirsch教授提出了职务支配(Amts-Tatherrschaft)型“间接正犯论(mittelbare Täterschaft)”。③据此，公职人员“让他人实施”身体伤害行为，必须是以他人所实施的行为为工具。在其所支配的行为主体为非公职人员的情况下，这是一种典型的“间接正犯”，公职人员因而应当完全依照第340条所设置的法定刑定罪处刑。而在公职人员只是以教唆或帮助形式参

① RGSt 59 86; 66 59; SK-Horn/Wolters, § 340 Rn 3b; Lackner/Kühl, § 340 Rn 2; Sch/Schröder-Cramer/Sternberg-Lieben, § 340 Rn 4.

② LK-Hirsch, § 340 Rn 10; Otto BT § 19 Rn 5.

③ LK-Hirsch, § 340 Rn 10.

与其他公职人员所实施的职务中的身体伤害行为的情况下，这种基于职务支配的间接正犯关系并不存在，因而公职人员仍有可能成立职务中的身体伤害罪的教唆犯或帮助犯。

其次，根据通说观点，公职人员的"不作为(Unterlassen)"亦属于"让他人实施(Begehenlassen)"的范畴。①但由此会出现与上文所探讨的职务中的身体伤害罪之犯罪参与同样的问题。对于不作为之处罚，根据《德国刑法典》第 13 条第 2 款之规定，"(不作为之)刑罚可依第 49 条第 1 款得以从轻"。然而，如果将公职人员以不作为方式所实施的职务上的身体伤害行为全部归类为"让他人实施"的范畴，那么，对于职务中是身体伤害罪而言，也就不存在以不作为方式实施的可能；相应地，不管公职人员是以作为还是不作为方式实施的职务上的身体伤害，均应直接依第 340 条所规定的法定刑予以处罚，而不存在同时适用第 13 条第 2 款之规定从轻处罚的可能。有鉴于此，Hirsch 提出了不同意见，认为公职人员以不作为方式实施职务上的身体伤害行为，即并未有效阻止身体伤害行为的发生，只能解读为"任由其发生(Geschehenlassen)"，而不能理解为"让他人实施(Begehenlassen)"，二者存在显著差异。②根据通说观点，虽然不作为属于让他人实施的范畴，但多数学者认为，对于公职人员以不作为方式实施的职务上的身体伤害行为，第 13 条第 2 款规定的从轻处罚原则应予坚持，因此应在第 340 条规定的法定刑框架内对其从轻处罚。③

当然，公职人员因其不作为而成立职务中的身体伤害罪，需以其因职务而担负的干预义务为前提。比如，作为其他公职人员的上司，对其下属所实施的身体伤害行为，应予阻止却听之任之。④对于作为义务存在与否的判断，较有疑问的是公职人员对于其他非公

---

① RGSt 66 59 (61); OGH NJW 1950 196; Sch/Schröder-Cramer/Sternberg-Lieben, § 340 Rn 4.

② LK-Hirsch, § 340 Rn 11.

③ SK-Horn/Wolters, § 340 Rn 3c; Fischer, § 340 Rn 2b.

④ OGH JR 1950 565.

职人员所实施的身体伤害行为是否负有作为的阻止义务，以及其若未履行此项义务，是否构成职务中的身体伤害行为的问题。判例中得到认可的主要包括狱警未曾阻止囚犯伤害他人、①船主容任船员实施伤害。②此外，需要注意的是警察对于正遭身体侵害的民众未施援手的情况，比如警察甲接到报警电话出警，发现被他人殴打的受害者是其情敌乙，所以并未制止乙所遭受的身体伤害。对此应当看到，个人在遭受伤害并已经报警的情况下，对于警察及时出警并制止侵害的公务行为有合法的请求权利，相应地，接报出警的警察对于正在遭受侵害的受害民众，也就有了特定的“保护义务（Schutzpflicht）”以及刑法意义上的“保证地位（Garantenstellung）”。如若警察以消极不作为的方式容任他人继续地实施身体伤害行为，则成立职务上的身体伤害罪。③

（二）主观方面

本罪的主观方面需为故意。行为人必须认识到身体伤害与公务执行之间的内在联系。进一步看，间接故意的存在对于本罪的成立而言已为足够。④ 对于在执行公务过程中过失伤害他人的行为，应综合适用第 340 条第 1 款、第 3 款，第 229 条的规定进行处理。

第六节　逼供（《德国刑法典》第 343 条）

一、法条内容

（一）被任命参与下列程序的公务员，对他人进行虐待、使用暴力、暴力威胁或精神折磨，以逼迫其在程序中为一定陈述或解释，或不为一定陈述或解释的，处 1 年以上 10 年以下自由刑：

---

① RGSt 53 292.

② RGSt 71 176.

③ LK-Lilie, § 340 Rn 12.

④ BeckOK-Eschelbach, § 340 Rn 18; Fischer, § 340 Rn 3; Gössel/Dölling Strafrecht BT I, S. 702.

1. 刑事诉讼程序，行政性收容的科处程序；
2. 罚款程序或者
3. 惩戒程序或者名誉法官或职业法官诉讼程序。

(二)情节较轻的，处6个月以上5年以下自由刑。

二、法条概述

对于逼供罪的保护法益存在不同的看法。有观点认为本罪的保护法益仅仅是正常的司法活动(Rechtspflege)。①与之相反，有观点认为本罪的保护法益仅限于被审讯者“意志形成与确信的自由(Freiheit der Willensbildung und -betätigung)”。②而根据通说观点，本罪保护的是双重法益，首先是正常的司法活动，其实是公民的陈述自由。③当然，在本罪所保护的公共与个人的双重法益之间进行排序并不恰当，应当认为，本罪所保护的是公共司法与个人自由，但两种法益是同等重要的，而非具有先后轻重之分。④惩处此类犯罪的目的，就在于防止公民个人免遭非法的审讯方法(Vernehmungsmethoden)。⑤

逼供罪的犯罪主体仅限于法条规定的情形，因而根据通说观点，本罪从性质上属于真正的职务犯罪(echtes Amtsdelikt)。⑥根据相反的观点，逼供罪应属胁迫罪(Nötigung)的特殊形态，因而属于非真正身份犯。⑦而根据折中观点，逼供罪属于真正还是非真正职

---

① Otto, Strafrecht BT, § 98 Rn 7.

② Welzel, Strafrecht, S. 548; Malek, StraFo 2005 441 (442).

③ Brodag, Strafrecht BT, S. 408; Fischer, § 343 Rn 1; Gössel/Dölling, Strafrecht BT 1, § 73 Rn 1; Kindhäuser, Strafrecht BT I, § 79 Rn 1.

④ Maurach/Schroeder/Maiwald, Strafrecht BT 2, § 77 Rn 1; Sch/Schröder-Cramer/Sternberg-Lieben, § 343 Rn 1; MK-Voßen, § 343 Rn 2.

⑤ LK-Zieschang, § 343 Rn 1.

⑥ Brodag, Strafrecht BT, S. 408; Fischer, § 343 Rn 1, 12; SK-Horn/Wolters, § 343 Rn 2, 15; Kindhäuser, Strafrecht BT I, § 79 Rn 1; NK-Kuhlen, § 343 Rn 18.

⑦ Lackner/Kühl, § 343 Rn 1; MK-Voßen, § 343 Rn 3; Sch/Schröder-Cramer/Sternberg-Lieben, § 343 Rn 1, 19; Maurach/Schroeder/Maiwald, Strafrecht BT 2, § 77 Rn 23; Otto, Strafrecht BT, § 98 Rn 7.

务犯罪并不能一概而论，倘若逼供行为的实施同时完全地充足了其他的构成要件，则其显然属于非真正职务犯；但是，相较于胁迫罪而言，逼供罪的成立并不需要在客观上实际地造成损害，而《德国刑法典》第 240 条规定的胁迫罪则不然，所以，在逼供行为并未造成客观损害而成立胁迫罪的情况下，逼供罪并不属于胁迫罪的特殊样态。①

三、法条解读

就第 343 条逼供罪的罪状表述来看，有学者诟病其“难以被一般地理解”。②但总体来看，第 343 条逼供罪之规定应当是符合《德国联邦基本法》第 103 条第 2 款的“明确性”要求的。总体来看，本罪的罪状框架在于，参与特定程序的公职人员身体上虐待、使用暴力、以暴力威胁或精神上折磨他人。

(一)犯罪主体

本罪的主体为参与特定程序的公职人员。对于公职人员的内涵，前文已有详述，在此不赘。公职人员必须是被委任(berufen)参与(Mitwirkung)特定程序。对此，根据立法理由阐述(Gesetzesbegründung)③以及理论学说中越来越宽泛的解读，④只要公职人员鉴于其职能地位和职责范围能够一般化地参与到程序当中，即可认为，其参与了特定程序。这种宽泛的理解并不可取。相反，应认为，作为本罪主体的公职人员应被委派参与特定的具体的程序。⑤因为在第 343 条当中，立法者不仅明确地列举了公职人员所可能参与的程序类型，而且加以了“某个(einem)”的限定。鉴于此，将条文中详细列举的具体程序抽象和一般化为“某些程序”，

---

① Schmidhäuser Strafrecht BT, 4/22; LK-Zieschang, § 343 Rn 2.

② Maurach/Schroeder/Maiwald, Strafrecht BT 2, § 77 Rn 24.

③ BT Drucks. 7/550, S. 278.

④ Fischer, § 343 Rn 2; Lackner/Kühl, § 343 Rn 2; MK-Voßen, § 343 Rn 11; Kindhäuser, Strafrecht BT I, § 79 Rn 9; Küpper, Strafrecht BT 1 Teil II, § 4 Rn 40.

⑤ LK-Zieschang, § 343 Rn 9.

或者是对条文中的具体程序作最为宽泛的解读和适用，会导致本罪成立范围的严重扩大化，也会致使立法规定陷入形同虚设的尴尬，因而并不可取。要言之，作为本罪主体的公职人员必须是负责处理特定的案件，对特定案件的处理具有主管权力(Zuständigkeit)。

需要注意的是，作为本罪主体的公职人员必须是被委任参与特定的程序，因此，辩护人(Verteidiger)、专家证人(Sachverständiger)或证人(Zeuge)等并非本罪的适格主体。通常而言，较为常见的犯罪主体为法官(Richter)、检察官(Staatsanwälte)、警察(Polizeibeamte)①以及罚款程序(Bußgeldverfahren)、惩戒程序(Disziplinarverfahren)以调查程序(ehrengerichtliches und berufsgerichtliches Verfahren)的主管官员(Beamte)。

(二)程序类型

1. 刑事程序

第 343 条第 1 款第 1 项规定的刑事程序(Strafverfahren)主要包括，根据刑事诉讼法进行的所有程序，其中当然包括科处保安处分(Maßregel der Besserung und Sicherung)、没收(Einziehung)、追缴(Verfall)以及作废(Unbrauchbarmachung)措施的相关刑事程序；青少年刑事诉讼程序(Jugendstrafverfahren)；税务刑事诉讼程序(Steuerstrafverfahren)；军事刑事诉讼程序(das Verfahren nach dem Wehrstrafgesetz)。②

颇具争议的是如何界定和归类警察所实施的侦查行为的问题。作为主要的刑事侦查机关，总体来看，警察机关所实施的侦查行为可被分为两类：一类是旨在案件侦破的行为(Ermittlung)；一类是旨在防止危险的行为(Prävention)。着眼于警察机关在侦查阶段所实施的公权行为的双重功能(Doppelfunktionalität)，对于警察人员所实施的何种侦查行为属于逼供罪的规制范围这一问题，存在不同观点。③

---

① RGSt 25 366; 71 374.

② LPK-Kindhäuser, § 343 Rn 5.

③ Kinzig ZStW 115 (2003), 791 (793ff); Saliger ZStW 116 (2004), 35 (62); NK-Kuhlen, § 343 Rn 6; Lackner/Kühl, § 343 Rn 2, 4.

德国联邦法院在其判例中指出，警察机关在侦查阶段所实施的、“仅为排除反抗状态的措施(Maßnahmen zur Beseitigung eines polizeiwidrigen Zustands)”，并不属于逼供罪的规制范围。①另有观点指出，判断警察人员所实施的行为是否属于本罪的规制对象，重点在于考察“行为之重点(Schwerpunkt der Tätigkeit)和措施之目的(Zweck der Maßnahme)”。②也有观点认为，警察机关及其人员在刑事侦查过程中所实施的行为的性质、目的、方式和分类实则并不重要，只要其在此过程中实施了虐待身体、使用暴力、暴力威胁或精神折磨等客观行为，即具备了成立逼供罪的客观要件。③

2. 行政性收容的科处程序

第343条第1款第1项规定的行政性收容的科处程序(Verfahren zur Anordnung einer behördlichen Verwahrung)主要包括：根据青少年保护法科处的帮助与保护措施(Hilfs-und Schutzmaßnahmen)；根据联邦收容法以及各个联邦州的秩序与警察法科处的预防性警察收容措施(präventiv-polizeiliche Unterbringung)；对传染性病患的收容措施(Unterbringung von ansteckend Kranken)。④

3. 罚款程序

第343条第1款第2项规定的罚款程序(Bußgeldverfahren)是指《秩序违反法(Gesetz über Ordnungswidrigkeiten)》第二章(第35条至第52条)所规定的罚款科处程序。⑤

4. 惩戒程序

第343条第1款第3项所规定的惩戒程序(Disziplinarverfahren)主要是指联邦公务员惩戒法、军队惩戒条例(Wehrdisziplinarordnung)以及联邦和各州法官法(Richtergesetz)所规定的处罚措施。⑥

---

① BGHSt 6 144; Fischer, § 343 Rn 2.

② NK-Kuhlen, § 343 Rn 6.

③ LK-Zieschang, § 343 Rn 13.

④ LK-Zieschang, § 343 Rn 14.

⑤ LK-Zieschang, § 343 Rn 15.

⑥ LK-Zieschang, § 343 Rn 16.

5. 荣誉法官或职业法官调查程序

第 343 条第 1 款第 3 项所规定的调查程序(ehrengerichtliches oder berufsgerichtliches Verfahren)主要包括：由荣誉法官所主导的调查程序，如《德国联邦律师条例(Bundesrechtsanwaltsordnung)》第 116 条以下所规定的调查程序、《德国联邦公证条例(Bundesnotarordnung)》第 95 条以下所规定的调查程序；以及由职业法官所开展的调查程序，如《税务顾问法(Steuerberatungsgesetz)》第 89 条以下所规定的调查程序。①

(三)客观方面

根据第 343 条的明确规定，只有当参与程序的公职人员采取“虐待身体、使用暴力、暴力威胁或精神折磨”的非法方法逼迫他人供述或不供述，才可能成立逼供罪。需要注意的是，上述方法并未囊括全部的非法审讯方法。② 根据《德国刑事诉讼法(Strafprozeßordnung)》第 136a 条对“禁止的审讯方法(Verbotene Vernehmungsmethoden)”及“证据采信禁止(Beweisverwertungsverbote)”的规定，非法的审讯方法具体包括：虐待(Mißhandlung)、疲劳审讯(Ermüdung)、身体侵害(körperlicher Eingriff)、注射药物(Verabreichung von Mitteln)、折磨(Quälerei)、欺骗(Täuschung)、催眠(Hypnose)；只有刑事程序法所允许的逼迫(Zwang)才可作为审讯方法使用；以法律所不允许的措施相威胁(Drohung)或者许诺(Versprechen)法律并未规定的优待应予禁止；损害被告人的记忆功能(Erinnerungsvermögen)或者视觉能力(Einsichtsfähigkeit)的措施应予禁止。

1. 身体虐待

身体虐待(körperliche Misshandlung)这一行为方式应与《德国刑法典》第 223 条规定的身体伤害罪作类似的理解，即只要审讯人员所使用的审讯方法侵犯了被审讯者身体的完整性(körperliche Unversehrtheit)或者身体健康(körperliches Wohlbefinden)，即可认

① LK-Zieschang, § 343 Rn 17.

② BT Drucks. 7/550, S. 278; Lackner/Kühl § 343 Rn 3; Maurach/Schroeder/Maiwald, Strafrecht BT 2, § 77 Rn 26.

为其运用了虐待他人身体的非法审讯方法。而且对于逼供罪来说，即便审讯人员与被审讯者之间并无身体接触，也可能实施虐待其身体的审讯行为。比如，长时间地在强灯光下进行审讯；在昏暗的狭小的空间内进行审讯；① 运用渴、饿等方法进行审讯；疲劳审讯；在夜间突然惊醒的状态下进行审讯等，这些均属于虐待他人身体的非法审讯方法。②

2. 使用暴力

对于使用暴力(Gewaltanwendung)这一非法审讯方式的理解，可参照第 240 条胁迫罪(Nötigung)所规定之罪状，即“非法用暴力或以明显的恶行相威胁，强制他人为一定行为、容忍或不为一定行为”。需要注意的是，在违背他人意愿的情况下使用麻醉药品(betäubende Mittel)，也属于使用暴力的一种类型。③ 与之类似，使用催眠术或者其他类似的致幻方法使被审讯者丧失“意志决断能力(Willensentschließungsfähigkeit)”或使之明显减弱，也应被认为是使用暴力。④

3. 以暴力威胁

仅仅以明显的不利后果相威胁，并不足以认定暴力威胁(Androhung von Gewalt)的存在。在实践中，即便审讯人员以程序法上所许可的强制措施(Zwangsmaßnahme)如拘留(Festnahme)和逮捕(Verhaftung)等相威胁，也可能是以暴力威胁的方式在非法审讯，因为在很多案件中，上述刑事强制措施能否被科处，恰恰取决于被讯问者是否按照审讯者要求作出供述或陈述。⑤ 与此相区别，讯问人员单纯的警告(Warnung)，如被讯问者不如实供述，可能面临量刑上的不利后果，并不属于非法审讯。

① BT Drucks. 7/550, S. 278.

② LK-Zieschang, § 343 Rn 20.

③ BT Drucks. 7/550, S. 278.

④ LK-Zieschang, § 343 Rn 21.

⑤ BGH LM, § 343 Nr. 1.

4. 精神折磨

所谓精神折磨(seelisches Quälen)，主要是指对他人施以长时间持续且反复精神痛苦或病痛。虽然审讯过程必然会带给被审讯者一定的精神压力甚至痛苦，但这只是审讯的附加效果，而非其目的所在；与之不同，以施加精神折磨的方式进行非法审讯的目的，恰恰就是给被审讯者造成精神上的折磨和痛苦，这显然已经远远地超出了正常审讯的范围。以精神折磨的方法进行非法审讯，目的就是为了让被审讯者“经受精神上的折磨，从而使其精神和心理上的抵抗能力完全崩溃”。①

(四)主观方面

逼供罪的主观罪过为故意，对于本罪的成立，间接故意的具备即为已足。②此外，对于逼供罪的成立，审讯者还需具有特定的主观目的(Absicht)，即胁迫被审讯者作出或者不作出供述或陈述。这一目的属于“超过的内在倾向(überschießende Inntendenz)”，在客观方面并不具有对应的要件或行为。③

第七节　追诉无辜者(《德国刑法典》第 344 条)

一、法条内容

(一)被任命参与除科处非剥夺自由的处分(第 11 条第 1 款第 8 项)程序以外的其他刑事诉讼程序的公务员，明知他人无罪或依法不应受刑事追诉，而故意进行刑事追诉或请求进行刑事追诉的，处 1 年以上 10 年以下自由刑，情节较轻的，处 3 个月以上 5 年以下自由刑。第 1 句的规定同样适用于被任命参与命令行政监督程序的公务员。

(二)被任命参与科处非剥夺自由的处分(第 11 条第 1 款第 8

① BT Drucks. 7/550, S. 279.

② Sch/Schröder-Cramer/Sternberg-Lieben, § 343 Rn 14; Fischer, § 343 Rn 10; MK-Voßen, § 343 Rn 28; SK-Horn/Wolters, § 343 Rn 10.

③ LK-Zieschang, § 343 Rn 25.

项)程序的公务员，明知他人依法不应当受到刑事追诉，而故意进行刑事追诉或请求进行刑事追诉的，处3个月以上5年以下自由刑。第1句的规定同样适用于被任命参与下列程序的公务员：1.罚款程序，或2.惩戒程序或名誉法官或职业法官诉讼程序。犯本罪未遂的，亦应处罚。

二、法条概述

与第343条规定的逼供罪类似，第344条规定的追诉无辜者罪的保护法益为作为公共法益的正常的司法活动以及作为私人法益的他人的自由。①追诉无辜者罪在性质上属于真正的职务犯罪(echtes Amtsdelikt)。②

三、法条解读

总体来看，追诉无辜者罪行的行为框架为，被委任参与特定程序的公职人员，对于无罪者，或者根据法律规定不应追诉的人，进行追诉或致力于此。

(一)犯罪主体

本罪的主体为被委任参与特定程序的公职人员。对于公职人员的范畴，前文已有详述，在此不再重复。与逼供罪类似，如前所述，公职人员所参与的程序必须是具体而特定的(konkret)。③这一点对于追诉无辜者罪而言更是如此，因为倘若公职人员被委任参与的案件尚且不确定，则所谓的具体案件中的无罪者以及根据法律规定不可追诉者更是完全无从谈起。

对于本罪主体，在司法实践中较为常见的是法官、检察官以及警察。④较成问题的是，如果具有公职人员身份的鉴定专家(Sachverständiger)

① Kinderhäuser, StGB BT I, § 79 Rn19; Sch/Schröder-Cramer/Sternberg-Lieben, § 344 Rn 1, 2; MK-Voßen, § 344 Rn 1.

② Otto, Strafrecht BT, § 98 Rn 11.

③ SK-Horn/Wolters, § 343 Rn 11.

④ Mohrbotter, JZ 1969 491.

参与到特定程序当中，其是否可能构成追诉无辜者罪。一般认为，即便是被委任指挥或参与特定的程序，鉴定专家也难以成为追诉无辜者罪名的适格主体。原因在于，鉴定专家参与程序的职责所在，是运用自己的专业知识，客观地、科学地解决程序中出现的专业技术方面的疑难问题，而非对程序的进展及其结果进行裁决和判定。所以可以说，鉴定专家在程序中的地位是相对中立的(neutral)。不仅如此，鉴定专家的鉴定意见仅具有参考性，也就是说，与其他的证据一样，对于鉴定专家就特定问题提出的鉴定意见，法官有权决定采纳与否。因此，鉴定专家出具的鉴定结论与案件的裁判结果之间，并无直接的实质性关联。①

追诉无辜者罪之犯罪主体所可能受委派参与的程序种类，与第 343 条逼供罪基本相同。②第 1 款规定主要针对的是刑事程序(Strafverfahren)以及科处行政收容措施(behördliche Verwahrung)的程序。第 2 款规定针对的是科处非剥夺自由的处罚措施(nicht freiheitsentziehende Maßnahme)的相关程序。根据《德国刑法典》第 11 条第 1 款第 8 项之规定，这主要包括科处保安处分(Maßregel der Besserung und Sicherung)、没收(Einziehung)、追缴(Verfall)以及作废(Unbrauchbarmachung)措施的相关程序。除此之外，罚款程序(Bußgeldverfahren)、惩戒程序(Disziplinarverfahren)、荣誉或职业法官调查程序(ehrengerichtliches und berufsgerichtliches Verfahren)也应适用第 2 款规定。

(二)客观方面

根据第 344 条的规定，本罪的客观方面主要表现为，追诉或致力于追诉无罪者，或者根据法律规定不应追诉的人。

1. 追诉

所谓“追诉(Verfolgung)”，所指的是所有的公务行为，其针对的是特定的个人(bestimmte Person)，其目的在于对其科以惩罚

① Fischer, § 344 Rn 2; Maurach/Schroeder/Maiwald, Strafrecht BT 2, § 77 Rn 31; NK-Kuhlen, § 344 Rn 5; MK-Voßen, § 344 Rn 6.

② BT Drucks. 7/550, S. 279.

(Bestrafung)、收容(Unterbringung)、惩戒措施(Anordnung einer Maßnahme)、罚款(Festsetzung einer Geldbuße)等处罚。①在审判程序终结并作出生效判决之后，公职人员的追诉行为只可能构成第345条规定的对无辜者执行处罚的罪名。根据《德国刑法典》第76a条对“单独科处(Selbständige Anordnung)”的规定，“由于事实上的原因不能对特定之人进行追诉或判决的，如另外具备采取措施的条件，法院应当或可以单独宣告追缴或没收物或其折价款，或单独宣告查封。(第1款)”。据此，在单独科处追缴、没收或查封措施的程序中，法院所进行的程序可能并未针对特定的人，在此情况下，只要公职人员实施的追诉行为有特定的对象，即针对特定的物，也可能成立追诉无辜者罪。②

2. 致力于追诉

区别于正式的追诉活动，“致力于追诉(Hinwirken auf Verfolgung)”这一行为类型所指的主要是追诉过程中的非正式活动。之所以在“追诉”之外另行规定“致力于追诉”这一行为，是为了扩大本罪的主体范围，也就是说，并不仅仅是案件或程序的主管机关或部门及其人员可能构成本罪，即便是并未直接负责本案的机关及其人员，也属于本罪的适格主体。当然，实施了致力追诉行为的机构和个人应对特定案件享有具体的管辖权力(konkrete Zuständigkeit)。③司法实践中出现的典型情况是，主管案件或程序的公职人员受到其他的“幕后人员(Hintergrundakteur)”的领导、指挥或指点。在此情况下，并不必然存在正式开始的追诉程序。④

3. 无罪者

被公职人员非法追诉的主要对象是无罪者(Unschuldige)。其中，某些被告人并未实施任何违法犯罪活动，是完完全全被冤枉的；在其他情况下，被告人也可能具有正当化事由(Rechtfertigungsgrund)、责任

① LK-Zieschang, § 344 Rn 9.
② Sch/Schröder-Cramer/Sternberg-Lieben, § 344 Rn 12.
③ SK-Horn/Wolters, § 344 Rn 11.
④ BGHSt 1 255.

排除事由(Schuldausschließungsgrund)、免责事由(Entschuldigungsgrund)、刑罚排除事由(Strafausschließungsgrund)、刑罚撤销事由(Strafaufhebungsgrund),但司法机关仍然对其进行刑事追诉;又或者是,并不存在确切的证据进行侦查或提起公诉,但司法机关仍然坚持对其予以追诉,等等。①根据德国联邦法院的观点,如果只是事实证据上的错误(falsche Tatsachen),而非作为追诉对象的犯罪行为(Tat)本身的错误,则不能认为司法机关触犯了第 344 条规定的追诉无辜者罪。②具有争议的是,如果被追诉的行为、所收集的证据以及所证明的事实均不存在错误,但存在“夸大其词(Aufbauschen)”的问题,比如,负责追诉的公职人员明知被告人的行为在性质上属于侵占,但以明显更重的抢劫罪进行追诉,是否因此可能构成追诉无辜者罪。对于这一问题,通说观点持肯定态度。③

4. 其他依法不应追诉者

所谓“其他依法不应追诉者(sonst nicht verfolgt werden darf nach dem Gesetz)”主要是针对下列情况:案件追诉存在诸如生效判决的既判力(Rechtskraft)、追诉期限(Verjährung)等程序障碍;或者未满足提起告诉(Strafantrag)、授权追诉(Ermächtigung)等程序前提;又或者是被追诉者已被赦免(Immunität)。④

第八节　无辜者之执行(《德国刑法典》第 345 条)

一、法条内容

(一)被任命参与执行自由刑、剥夺自由的矫正及保安处分或

---

① LK-Zieschang, § 344 Rn 13.

② Dallinger MDR 1971, 896.

③ Dallinger MDR 1971, 896; Fischer, § 344 Rn 5; SK-Horn/Wolters, § 344 Rn 8; Kindhäuser, Strafrecht BT I, § 79 Rn 27; Küpper, Strafrecht BT 1 Teil II, § 4 Rn 45.

④ Sch/Schröder-Cramer/Sternberg-Lieben, § 344 Rn 17.

行政收容的公务员，对依法不应当被执行的人故意执行刑罚、处分或收容的，处1年以上10年以下自由刑，情节较轻的，处3个月以上5年以下自由刑。

(二)过失犯本罪的，处1年以下自由刑或罚金刑。

(三)被任命参与执行第1款规定以外的刑罚或处分(第11条第1款第8项)的公务员，对依法不应当被执行的人故意执行刑罚或处分的，处3个月以上5年以下自由刑。被任命参与执行：1. 少年拘禁；2. 违反秩序法所规定的罚款或附随后果；3. 治安罚款或治安拘留；或4. 惩戒处分，名誉法官或职业法官处分的公务员，对依法不应当被执行上述处分的人故意执行的，处与本款第1句相同之刑罚。犯本罪未遂的，亦应处罚。

二、法条概述

本罪的保护法益为双重法益，包括作为公共法益的正常的司法活动(Rechtspflege)以及作为个人法益的被执行的无辜者的个人权益(Belange des Einzelnen)。两类法益处于同样重要的地位，并无主次之分。①

在性质上“对无辜者执行处罚罪”属于真正的职务犯罪(echtes Amtsdelikt)。②需要注意的是，本罪显然并不属于《德国刑法典》第239条规定的剥夺自由罪(Freiheitsberaubung)的特别情况，因为对于成立第345条规定之对无辜者执行处罚而言，作出服刑决定(Anordnung der Verbüßung)已经被视为实际的执行行为(Vollstreckungshandlung)，并不必然要求对被执行人自由的实际剥夺。

三、法条解读

对无辜者执行处罚罪的要件结构为，被委任参与执行处罚的公

① MK-Voßen, § 345 Rn 2; LK-Zieschang, § 344 Rn 1.

② Sch/Schröder-Cramer/Sternberg-Lieben, § 345 Rn 1; MK-Voßen, § 345 Rn 3; Fischer, § 345 Rn 1; Otto, Strafrecht BT, § 98 Rn 18.

职人员实际地执行了特定的处罚措施，尽管按照法律这一处罚并不应当被执行。

(一)犯罪主体

本罪的主体为被委任(berufen)参与执行处罚的公职人员(Amtsträger)。对于“公职人员”以及“委任”的内涵，前文已有详述，在此不再展开。与第 343 条逼供罪及第 344 条追诉无辜者罪一样，公职人员应对特定案件(Einzelfall)享有具体的主管权(konkrete Zuständigkeit)。①在司法实践中，构成本罪的公职人员一般为刑罚执行委员会的法官(Richter an Strafvollstreckungskammern)、检察官(Staatsanwälte)以及刑罚执行机构以及监禁机构的公职人员(Amtsträger in Vollstreckungs-und Vollzugsbehörden)。②

(二)客观方面

本罪的客观行为表现为，公职人员对被执行人执行了依照法律不应执行的处罚。就其内容而言，涉及处罚措施之执行过程的方方面面，既包括处罚执行决定的作出，也包括实际的处罚执行；既包括处罚执行的开始，也包括处罚措施执行的终结；当然也包括措施执行的具体管理举措、执行期限等。③处罚执行人员单纯的不作为也可能构成本罪，比如，主管人员故意或过失地没有及时终结处罚措施的执行，导致了执行期限的非法延长，成立不作为形式的对无辜者执行处罚措施罪。④对于处罚执行的非法性(Ungesetzlichkeit)判断而言，所需依据的主要是相关的程序法(Prozessrecht)所规定的形式条件(formelle Voraussetzungen)，至于所要执行的处罚决定的实体正确性(materielle Richtigkeit)，并不重要。⑤司法实践中较为常见的非法执行情况主要包括：没有判决依据的处罚执行；无效判决的执行；判决生效之前的执行；对缓期执行的有期徒刑进行实际执

① LK-Zieschang, § 345 Rn 5.

② LK-Zieschang, § 345 Rn 5.

③ BGHSt 20 64 (66); Küpper, Strafrecht BT 1 Teil II, § 4 Rn 50.

④ Sch/Schröder-Cramer/Sternberg-Lieben, § 345 Rn 5; Lackner/Kühl, § 345 Rn 3.

⑤ SK-Horn/Wolters, § 345 Rn 6a.

行；再次执行已经执行完毕的判决；执行不予认可的外国判决；超期执行，等等。①与此相应，负有执行处罚之责的公职人员并无义务对有待执行的处罚决定的恰当或公正与否进行审查或核实。但是，如果在执行过程中，执行人员确实发现了有待执行的决定或判决的错误，应当立即向主管部门反映，必要时可以启动赦免程序(Begnadigung)。②

根据第345条第1款的规定，对于执行严重的剥夺自由的处罚措施(freiheitsentziehende Sanktionen)的行为，应处以1年以上10年以下有期徒刑，这一罪行在性质上属于重罪(Verbrechen)的范畴。此处的"剥夺自由的处罚措施"主要包括自由刑(Freiheitsstrafe)、剥夺自由的保安处分措施(freiheitsentziehende Maßregeln der Besserung und Sicherung)、行政收容(behördliche Verwahrung)等。其中，根据《德国刑法典》第43条科处的替代刑(Ersatzfreiheitsstrafe)、③少年刑罚(Jugendstrafe)以及余刑(Strafarrest)也属于自由刑的范畴；④行政收容措施则主要是指根据联邦及各州的收容法律对于精神病患(Geisteskranke)以及瘾癖患者(Suchtkranke)科处和执行的收容措施。⑤

具有争议的是，公职人员非法执行刑事拘留措施(Untersuchungshaft)的行为是否属于第345条第1款规定的"剥夺自由的处罚措施"的范围。对此，德国联邦法院认为，虽然刑事拘留措施的执行也需剥夺犯罪嫌疑人或被告人的人身自由，但刑事拘留在性质上仅属于刑事诉讼程序中所采取的临时性刑事强制措施，其目的并不在于对被执行者施以惩罚，而只是为了保证刑事诉讼活动的正常进行。而且，根据无罪推定原则，在法院有罪判决生效之前，任何人都不能被先入为主地置于犯罪人的境地，更谈不上因其构成犯罪而事先地

---

① LK-Zieschang, § 345 Rn 6.

② Bockelmann, Strafrecht BT 3, S. 88.

③ RGSt 19 342.

④ Fischer, § 345 Rn 3; Kindhäuser, Strafrecht BT I, § 79 Rn 37; Lackner/Kühl, § 345 Rn 2.

⑤ Sch/Schröder-Cramer/Sternberg-Lieben, § 345 Rn 3.

对之施以惩罚。但司法机关并不会因此而在刑事诉讼过程中对被告人不采取任何剥夺自由的强制措施。因此司法机关对犯罪嫌疑人或被告人所采取的刑事拘留等剥夺自由的强制措施并不能被认为是在对其执行剥夺自由的处罚措施，也就不可能因此构成对无辜者执行处罚罪。①这一观点得到多数学者的认可。②这一观点应予赞同。这一条款的立法目的在于惩戒非法执行严重剥夺他人人身自由的处罚措施的行为，③就其而言，非法执行拘留、逮捕等刑事强制措施的行为理应被包括在内。虽然如此，但从这一条款的法条内容来看，剥夺自由的刑事强制措施却难以被涵括：一方面，拘留、逮捕等刑事强制措施从性质上显然并不属于自由刑的范畴；另一方面，此类措施也不能被归类为“行政收容”，因为如上所述，行政收容措施所指的主要是针对于精神病患或瘾癖患者的收容措施，而且此类收容措施的显著特征就是不能发生在刑事诉讼过程中。④当然，如果公职人员非法执行刑事强制措施的行为已经实际地造成了对他人人身自由的剥夺，其行为可能成立第 239 条规定的剥夺自由罪。与之不同的是，在法院判决生效与判决实际执行的“中间阶段(Zwischenhaft)”，公职人员非法执行剥夺自由措施的行为应当构成第 345 条第 1 款规定之对无辜者执行处罚罪，因为在此阶段，法院所判处的剥夺自由的刑事处罚已近可被视为实际开始执行，公职人员的执行行为也可被相应地视为对自由刑及其他的剥夺自由的刑事处罚措施的实际执行。⑤

根据第 345 条第 3 款的规定，公职人员非法执行非剥夺自由的

---

① BGHSt 20 64.

② Maurach/Schroeder/Maiwald, Strafrecht BT 2, § 77 Rn 34; Bockelmann, Strafrecht BT 3, S. 89; SK-Horn/Wolters, § 345 Rn 3a; Kindhäuser, Strafrecht BT I, § 79 Rn 39; Küpper, Strafrecht BT 1 Teil II, § 4 Rn 49; NK-Kuhlen, § 345 Rn 9; Sch/Schröder-Cramer/Sternberg-Lieben, § 345 Rn 3.

③ BT Drucks. 7/550, S. 280.

④ LK-Zieschang, § 345 Rn 9.

⑤ BGHSt 38, 63 (64 f).

处罚措施(nicht freiheitsentziehende Sanktionen)或者其他三类较为轻缓的剥夺自由的处罚措施，处3个月以上5年以下有期徒刑，这属于轻罪刑罚(Vergehensstrafe)之规定。虽然一般而言，轻罪之未遂是不罚的；但根据这一条款的规定，本罪之未遂亦罚。就其具体的处罚种类而言，这一条款所针对的剥夺自由的处罚措施主要包括：对青少年的拘留处分(Jugendarrest)、行政拘留(Ordnungshaft)以及军法拘留(Arrest nach der Wehrdisziplinarordnung)。非剥夺自由的处罚措施主要包括：刑罚措施中的罚金刑(Geldstrafe)①和禁止驾驶(Fahrverbot)；保安处分措施中的行状监督(Führungsaufsicht)、吊销驾驶执照(Entziehung der Fahrerlaubnis)和从业禁止(Berufsverbot)；以及追缴(Verfall)、没收(Einziehung)、查封(Unbrauchbarmachung)等其他措施。此外，罚款(Geldbuße)、惩戒措施(Disziplinarmaßnahmen)以及司法处置措施(ehrengerichtliche und berufsgerichtliche Maßnahmen)也属于这一条款规制的对象。②

(三)主观方面

本罪的主观罪过包括故意和过失两种形态。对于故意实施的对无辜者执行处罚罪而言，间接故意的存在即为已足。③而根据第345条第2款的规定，本罪的主观罪过也可以为“轻率(Leichtfertigkeit)”，也就是过失形态。对于轻率的内涵的理解，存在一定程度的争议。轻率形式的罪过并非只能与公职人员对于处罚执行之条件与程序所产生的错误认识相联系，④相反，对于轻率的判断而言，只要公职人员在执行处罚的过程中出现了错误，而这种错误原本是其处于执行人员的地位、尽到较低程序的注意义务即可认识和避免的，则可认为其对于处罚的不法执行具有轻率的心态。⑤对于“错误”内涵的较为宽泛的界定并非意味着，刑法上动用

① BT Drucks. 7/550, S. 280.

② LK-Zieschang, § 345 Rn 10.

③ Fischer, § 345 Rdn. 8; Kuhlen NK Rdn. 11; Voßen MK Rdn. 24.

④ OLG Köln MDR 1977 66.

⑤ LK-Zieschang, § 345 Rn 11.

刑罚手段予以惩处的过失形态的对无辜者执行处罚罪的范围较大。抽象地看，轻率心态的具备首先意味着较高程度的“注意义务违犯(Sorgfaltswidrigkeit)”，轻率行事从而构成犯罪的行为人所违背的，是一般人均能尽到的注意义务和遵守的行为规范。①在之前的立法过程中，过失形态的对无辜者执行处罚行为并未被规定为犯罪，原因在于，对于因职务行为的实施而过失地导致他人利益受损，即便造成了严重的实际损失，一般也不宜随意地动用刑罚手段对之予以惩处。②而在过失形态的对无辜者执行处罚行为被规定为刑法上的犯罪的前提下，对于轻率的罪过形态亦应从严界定，即轻率本质上意味着对注意义务的严重违反，并且轻率在罪过的可责程度上非常接近于故意。③

第九节　职务中的虚假记载
(《德国刑法典》第348条)

一、法条内容

(一)有权制作文书的公务员，在其职权范围内，对法律上的重要事实作虚伪记录，或在官方的登记册、书籍或资料档案中作虚伪记载的，处5年以下自由刑或罚金刑。

(二)犯本罪未遂的，亦应处罚。

二、法条概述

第348条所规定的“职务中的虚假记载罪”的保护法益是“官方文件的证明力(Beweiskraft öffentlicher Urkunden)”,④其所保护的是“官方文

① Zieschang, Strafrecht AT, S. 107.

② BT Drucks. 7/550, S. 281.

③ BT Drucks. 7/1261, S. 23.

④ BGH NStZ 1986, 550 (551).

件的内容的真实性(inhaltliche Wahrheit öffentlicher Urkunden)”。①

三、法条解读

(一)犯罪主体

本罪的主体为公职人员(Amtsträger)。根据条文规定，作为本罪适格主体的公职人员还需具备两个限定条件：一是“有权制作官方文件(zur Aufnahme öffentlicher Urkunden befugt)”；二是“在其基本权限范围内(im Rahmen ihrer grundsätzlichen Zuständigkeit)”行事。②

1. 制作官方文件之权限

成为本罪的适格主体，公职人员首先应当具有制作官方文件的权限(Befugnis zur Aufnahme öffentlicher Urkunden)。这一权限并非只有专司出具官方文件之职的公职人员才能具备，如根据登记法律(Beurkundungsgesetz)实施公证之职的公证员(Notare)或登记官(Standesbeamte)。所有的公职人员，只要其在特定的案件中行使的是出具官方文件的职权行为，均可视为具有相应的权限，并因而属于本罪的适格主体。在司法实践中，负责动物检疫并出具证明文件的动物检疫人员也可能构成本罪。③

(1)官方文件

根据《德国民事诉讼法(Zivilprozessordnung)》第 415 条第 1 款的规定，“官方文件(öffentliche Urkunden)”是指“由官方机构在其职权范围内或由具有公信力的个人在其工作范围内以特定形式出具的文件”。根据通说观点，这一定义在刑法领域同样适用。④在官方文件之外，官方的登记簿(Register)和记录册(Bücher)也属于本罪的对象范围。此外应予注意的是，本条款明确规定了“官方数据资料(öffentliche Dateien)”也可能成为虚假记录的对象，而“数据”本身独立于数据的载体或处理设备。⑤由此，对于本罪的成立而言，传

① MK-Freund, § 348 Rn 1.

② MK-Freund, § 348 Rn 3, 5.

③ BGH LM Nr. 2.

④ BGHSt 19 19 (21).

⑤ LK-Zieschang, § 348 Rn 5.

统的实体形式的记录和文件与新型的电子形式的数据并无实质差异。

(2)记录

"记录(aufnehmen)"行为的内涵狭于"出具(ausstellen)"行为。具言之,就官方文件的出具而言,公职人员从何渠道以何种方式获得的信息并不重要,其所关注的仅仅是公职人员通过一定的行为(如盖章、签字或捺印等)使文件具有官方性和公信力的过程。而公职人员所实施的"记录"行为则不然,其所包括的,是公职人员通过听取特定相对人对其所作的陈述(Erklärung),对之予以掌握(Wahrnehmung)并进行记录,最终形成官方文件。①这一记录过程必须是由公职人员亲自实施或参与的。倘若公职人员并未亲自听取并掌握他人的陈述,或者并未亲自实施记录行为,而只是出具了最后的官方文件,则不能认为其实施了记录行为。②

(3)权限

所谓公职人员具备记录官方文件的"权限(Befugnis)",是指根据联邦或各州法律的明确规定或授权,进行记录的公职人员有权以官方文件的形式对陈述(Erklärungen)或事实(Tatsachen)进行记录并赋予其完全的公信和证明力(Beweiskraft)。

2. 在权限范围内行事

对于本罪主体的限定,除了有权以官方文件的形式记录陈述或事实外,还要求公职人员具有处理具体案件的事务性的(sachlich)、空间上的(örtlich)管辖权(Zuständigkeit)。③对于是否超越权限的判断而言,重要的是公职人员所供职的机构的管辖范围,而非具体个人的权力界限,也即,只要公职人员所实施的公权行为并未超出其所供职的公权机关的权限,即可认为其在权限范围内刑事,④ 公职人员对于行政性或管理性规定的违反,以及在机构内部对权力界限

---

① RGSt 22 151 (153).

② SK-Hoyer, § 348 Rn 3; Lackner/Kühl, § 348 Rn 2.

③ LK-Zieschang, § 348 Rn 9.

④ RGSt 72 176 (179 f).

的僭越，并不影响对其所具备的权限范围的判断。

(二)客观方面

1. 犯罪对象

根据第348条第1款的规定，公职人员所虚假记录的须为"法律上的重大事实(rechtlich erhebliche Tatsache)"。对于"事实"及其"法律上的重大性"两个概念需要予以进一步分析。

(1)事实

"事实(Tatsachen)"概念的内涵与外延是相对宽泛的，需要从中排除的主要包括具有法律处分属性(rechtliche Verfügung)的文件，比如银行支票(Kassenanweisung)；①具有价值判断属性(Werturteile)的证明文件，比如品性证明(Leumundszeugnis)；公证人员所出具的行为能力(Geschäftsfähigkeit)证明；②外事人员所出具的居留许可(Aufenthaltserlaubnis)；③质检部门出具的检验证明(Prüfungszeugnis)；车检机构出具的检验合格标志(Prüfplakette)。④

待证的事实，也就是只有经过一定的推理过程(gedankliche Schlussfolgerung)才能予以确证的未定事实，不能成为虚假记录的对象。如果公职人员所记录的对象是一项行政行为(Verwaltungsakt)，则其很难成为虚假记录的对象，因为行政行为的真实与否与据以作出行政行为的事实基础(Tatsachengrundlage)的真实性并无必然关联。比如，公职人员出具了计划经济时代配额供给生活用品的配给证(Bezugsschein)如粮票、布票等，仅仅意味着，配给证的持有者有权按照配给证记载购买一定量的生活用品，并非同时意味着生活用品已经实际地供给，也非意味着，配给证的分发本身是有事实根据的。⑤

(2)法律上的重大性

事实之法律上的重大性(rechtliche Erheblichkeit der Tatsache)被

① RG Rspr. 1 142.

② BGH GA 1964 309.

③ OLG Köln JR 1979 255.

④ BayObLG NStZ 1999 575 (576).

⑤ OLG Hamm DRZ 1949 116; OLG Hamm MDR 1974 857.

作为构成要件明确地予以规定，意味着只有与法律生活(Rechtsleben)相关的事实才可能成为虚假记录的对象。①具有法律上的重大性的事实主要是指，根据法律规定(Gesetz)或执业规范(Dienstanweisung)，负有记录之公职的人员有义务对之予以确认;②或者是，由公职人员所实施的记录行为会对法律关系(Rechtsverhältnisse)产生一定的作用或影响。③

2. 行为方式

(1)错误记录

"记录在案"(Beurkundung)，主要是指公职人员将一定的事实以特定的方式予以记载，并对所有人具有证明效力。④有效记录的条件在于，其符合了官方文件的基本要求，⑤ 即属于出具文书的机构的职权范围，而且具有主管的公职人员的签字或确认。⑥

(2)错误录入或输入

错误"录入(Eintragen)"行为的对象是官方的登记簿(Register)或记录册(Bücher)。只有当其具备公信力并且对所有人具有证明效力，登记簿或记录册才是官方的、公共的。⑦而证明效力的根据在于相关的法律规定或者明确的特别授权或委任。错误"输入(Eingeben)"的对象则主要是信息数据。实际上，记录、录入、输入三种行为方式并无实质差异，只是其所针对的对象有所不同。

(三)主观方面

本罪的主观方面应为故意，对于本罪的成立，间接故意的存在即为已足。⑧就其认识内容而言，公职人员应明知其具有出

① LK-Zieschang, § 348 Rn 12.

② RGSt 12 297 (299).

③ RGSt 48 416 (417).

④ RGSt 63 148 (150).

⑤ RG JR Rspr. 1926 Nr. 1787.

⑥ RGSt 58 280; 66 124 (125).

⑦ LK-Zieschang, § 348 Rn 25.

⑧ Arzt/Weber, Strafrecht BT § 33 Rn 15; Fischer, § 348 Rn 9; MK-Freund, § 348 Rn 39; Lackner/Kühl, § 348 Rn 10; Sch/Schröder-Cramer/Sternberg-Lieben, § 348 Rn 13.

具官方文件的职权，或者至少对于其职权据以存在的相关事实是明知的；①公职人员应当明知，在事务上和地域上，其对于官方性的记载具有主管权；②对于官方记载据以作出的事实基础，公职人员亦应明知；③对于官方记载的无效性(nichtig)④以及法律属性(rechtlich erheblich)⑤，公职人员也应是明知的。

第十节　侵害职务机密和违反特别保密义务(《德国刑法典》第353b条)

一、法条内容

1. 下列人员，未经许可而公开其知悉或了解到的机密，因而危及重大公共利益的，处5年以下自由刑或罚金刑。过失犯本罪而危及重大公共利益的，处1年以下自由刑或罚金刑：

(1)公务员，

(2)对公务负有特别义务的人员，或

(3)依《人身代理法》接受任务或委托之人。

2. 除第1款的情形之外，对于某一事实或消息

(1)依据联邦或州立法机构或其所服务的委员会的决议，负有保守秘密义务的人，或

(2)被另一个公务机关指明，违反保密义务将受刑罚处罚因而负有保守秘密义务的人，将该事实或消息未经许可转告他人或予以公开，因而危及重大公共利益的，处3年以下自由刑或罚金刑。

3. 犯本罪未遂的，亦应处罚。

---

① RGSt 64 328 (334).
② BGHSt 12 85 (86).
③ RGSt 62 410 (414).
④ RGSt 13 123 (125).
⑤ RGSt 39 370 (374 f).

4. 本行为非经授权不得追诉。该授权

a. 在第1款情形下，行为人在为联邦或州的立法机关工作时获知的秘密，

b. 在第2款第1项情形下，

由立法机关的议长作出。

a. 在第1款情形下，行为人在为联邦机关或联邦的其他公务机关工作时获知的秘密，

b. 在第2款第2项情形下，行为人被联邦的公务机关赋予保密义务的，

由最高联邦机关作出。

二、法条概述

第353b条规定之“侵害职务机密与违反特别保密义务罪”的规范目的在于以刑法手段保护国家机密并维护与之相关的公共利益。①保守国家秘密与公民和社会对于国家事务的知情权之间处于一定的紧张关系当中，一方面，作为国家公职人员，因其职务所需保守所获悉的国家秘密，对于国家事务的开展与国家利益的维护而言是不可或缺的；②另一方面，并非国家事务的方方面面均需要严防死守，对于国家机构的运作与国家治理的开展情况，公民与社会享有宪法所保护的知情权。对于公职人员而言，保密义务(Schweigepflicht)是其职责义务的核心组成部分。③对于公职人员违背保密义务实施的泄露国家机密的行为，在相关的劳动法规、行政法规和惩戒法中，已经规定了相应的处罚措施。鉴于刑事处罚的严厉性和刑法适用的补充性，很多学者认为，对于泄露国家机密行为的惩处，相关的行政和惩戒措施已为足够，将之规定刑事犯罪并处以刑罚，显然过于严苛，也并不必要。④但是，在20世纪30年代

---

① LK-Vormbaum, § 353b Rn 1.

② BVerfGE 28 191 (200).

③ BVerfGE 28 191 (200f).

④ Schmid JZ 1970 686.

公职人员泄露职务机密或违反特别保密义务行为犯罪化之后，侵害职务机密与违反特别保密义务罪的规定虽有修改，但总体上得以维持。对这一罪名的限制适用并未体现于实体方面，而主要是在程序层面(prozessrechtlich)，即本罪只有基于授权才可予以追诉。①就此而言，本罪唯有在主管人员决定给予授权的前提下才可予以追诉，也就是说，本罪的追诉与否取决于主管人员是否给予授权。而对于授权与否，相关人员和机构是具有一定范围内的自由评价和裁量权限(Beurteilungs-bzw. Ermessensbefugnis)的。有鉴于此，有学者诟病，这一规则有违反宪法规定之确定性要求(Bestimmtheitsgebot)之嫌。虽然这一合宪性质疑并未获德国宪法法院认可，但一般认为，为保证这一规则适用的合理与合法性，应尽可能地限制这一罪名的适用和罪行的追诉。②

对国家机密的保守和维护属于本罪的保护法益，对此并无争议。但除此之外，本罪是否还具有其他的保护法益，存在不同观点。比如，有观点认为，公众对于国家机构的信任(das Vertrauen der Allgemeinheit gegenüber Behörden)也属于本罪的保护法益。③也就是说，本罪保护的是双重法益，分别是国家机密的保护以及公众对于国家机构能够保守国家机密的信任。④但是这一观点并未获得广泛认同。的确，倘若负有保守国家机密义务的公职人员违反职责、泄露国家机密，自然会使得社会公众对于国际机构及其成员能够有效地保守国家机密产生怀疑，也会导致公众对于国家机构的不信任，但是，这并非意味着公众对于国家机构的信任属于本罪的必要的保护法益。如上所述，获得广泛认可的是对于本罪的限制而非扩张适用，因此，不宜将公众对于国家机构的信任亦认定为本罪的必要的保护法益，而应将其作为说明性的补充性的法益，亦即，只有在公职人员所实施的泄露国家机密的行为导致了公众对于国际机

① LK-Vormbaum, § 353b Rn 1.

② LG Potsdam NStZ 2006 472.

③ BGHSt 11 401 (404).

④ Fischer, § 353b Rn 1.

构的不信任的前提下，才能决定对于泄密行为进行刑事追诉。①

三、法条解读

(一)侵害职务机密

第353b条第1款对侵害职业秘密(Verletzung des Dienstgeheimnisses)之罪刑作出了规定。

1. 犯罪主体

这一罪行的犯罪主体主要包括“公职人员”、“对于公务执行负有特别义务之人”以及“根据人身代理法承担任务或职责之人”。

2. 客观方面

(1)机密

本罪的客观行为表现为本应予以保密的国家事务的公开化，被非法地公之于众的国家秘密一般系公职人员或负有特定义务之人基于其职责或地位而依法获知的。国家机密的内容可能涉及公共事务，也可能事关个人隐私，这对于侵害职业机密罪的构成而言并不重要。成立本罪，侵害职业机密的行为须对重大的公共利益造成了严重危害。就其内容而言，“职业机密”一般包括根据法律法规或其自身性质而应予保密的事实(Tatsachen)、物品(Gegenstände)或知识(Erkenntnisse)。②

被公职人员非法公开的事务必须是“秘密(geheim)”的，即仅限于为特定范围内的人群所知晓。③需要指出的是，知晓特定的职业机密的人群范围有可能是庞大的，知晓职业机密的人群可能并非仅限于公职人员，知晓职业秘密的人群可能难以予以具体且准确地划定，这些因素都不会影响特定事务的机密性质。此外，即便特定的职业机密已经非法地被无权知晓的人群知悉，也并不会影响其机

① Maiwald, JuS 1977 353 (360); NK-Kuhlen, § 353b Rn 6; MK-Graf, § 353b Rn 3.

② Fischer, § 353b Rn 7; Lackner/Kühl, § 353b Rn 6; SK-Hoyer, § 353b Rn 4; NK-Kuhlen, § 353b Rn 10 f.

③ BGH NStZ 2000 596 (598).

密性质，侵犯此种职业机密的行为仍有可能构成侵害职业机密罪。比如，负责特定考试的考官名单属于职业机密的范畴，即便部分无权知悉者已经非法地获知了这一名单，公职人员非法公开考官名单的行为仍有可能构成侵害职业机密罪。①另外，消息内容的实际准确与否或者特定事务的最终发生与否，并不影响并非法公开的职业事务的机密性。可以说，判定一定的职业事务是否具有机密性，至为关键的是该事务是否应当或已经为社会公众所普遍知晓；只要在一定的时空条件下，特定的职业事务仍然只能为一定范围内的人群所知悉，其就属于职业机密的范畴。②

根据《德国法官法(Deutsches Richtergesetz)》第 43 条的规定，法官负有保守合议秘密(Beratungsgeheimnis)的义务，即"即便是在离职之后，法官亦应保守案件合议与表决之机密"。在此存在的争议是，法官据此所应保守的合议秘密是否属于职业机密的范畴，也就是说，法官泄露案件合议或表决机密的行为是否成立侵害职业机密罪。杜塞尔多夫高等法院的判决对之予以了否定，③ 这一判例的立场获得了越来越多的支持。法院认为，第 353b 条所保护的仅仅是国家或行政管理的有序进行(geordnete Verwaltung)，虽然法官也属于公职人员，但法官所实施的审判行为并不能完全地被归入行政管理活动的范畴。在此需要注意的是，杜塞高院并非是在行政(Verwaltung)与司法(Justiz)的权力分立这一意义上区分行政管理与司法裁判，而是注重对法官所实施的职权行为进行实质考察和类型确定。并不否认，作为公职人员的法官群体亦负有保守职业机密的义务(Amtsverschwiegenheit)，但是，就法官应当保守案件合议机密而言，需要厘清的是，案件合议事务并非法官所承担的保守职业机密义务的对象，因为在进行案件合议的过程中，所行使的是独立的审判权能。之所以要求法官保守与案件合议与表决相关的机密，是为了维护法官的独立裁判、维持合议庭意见的统一以及维护司法裁

① BGHSt 11 401.

② BGH NStZ 2000 596，598.

③ NStZ 1981 25.

判与判决的权威。而从构成要件的角度来看，案件合议机密并非由他人托付于(anvertraut)法官，也非由他人告知于(bekanntgeworden)法官；相反，这是因法官自己所实施的职权行为而产生的职业机密，而且因此产生的职业机密也仅与法官自身的利益相关。①

(2)托付与告知

成立本罪，公职人员所泄露的职业机密必须是因受托(anvertraut)或被告知(bekanntgeworden)而获得的。

对于何谓公职人员受托获得机密，存在不同的理解：有观点认为，对于公职人员是否因受托付而获悉职业机密来说，重要的是公职人员获悉职业机密的原因和目的何在，也即，如果公职人员是基于公职行为之执行而获悉机密的，则应视为其受托获得。②但这一标准存在的问题是，公职人员因为执行职业行为而获悉职业机密，并未体现出托付或委托的一面。另有观点认为，对于公职人员是否受托获悉职业机密的判定，除了公职人员须基于公务而获悉职业机密之外，关键在于判断，公职人员获悉职业机密的背后，是否存在基于其职责和地位而产生的、对其能够保守职业机密的“信任感(Vertrauen)”。③还有观点认为，判定公职人员是否受托获悉职业机密，至为关键的是要判断，通过获悉职业机密，公职人员是否因此负有保守职业机密的义务。④应当认为，不论公职人员是否是在执行公职行为的过程中获悉机密，也不论公职人员所获悉的机密是否与其职责紧密相关，只要是因其所具有的公职人员身份，其对于所获悉的职业机密负有保密义务，公职人员非法泄密的行为就可能构成侵害职业机密罪。前述第三种观点应予赞同。所谓“被以其他方式告知”，是指公职人员通过前述的受托获悉以外的其他方式获知职业机密。⑤对于本罪的定罪而言，准确地界分公职人员因受托

① LK-Vormbaum, § 353b Rn 11.
② LK-Mösl, § 353b Rn 9.
③ Sch/Schröder-Lenckner/Perron, § 353b Rn 7.
④ Fischer, § 353b Rn 8.
⑤ LK-Vormbaum, § 353b Rn 14.

与被告知而获悉职业机密并无太大意义；但对于量刑而言，公职人员非法泄露其因受托而获悉的职业机密，显然可责程度更高，也会面临更重的刑罚后果。

(3)公开

所谓“公开机密”或曰“将机密公之于众”，是指公职人员将特定的事实告知他人，此事实对于被告知者而言尚属未知或者并不确定。①机密的告知既可以是针对特定的第三人，也是可以是针对不特定的多数人，也就是将机密广而告之(Bekanntmachung)。②如果公职人员是将职业机密告知特定的并无权限获知此类机密的其他人，则告知行为必须是相对于他人而直接实施的；虽然公职人员在此过程中也可能利用信使、邮差或其他交流工具，但倘若其并非直接地将职业机密告知他人，他人只是间接地、偶然地获悉职业机密，则不能认为公职人员将职业机密告知于他人。告知行为也可能以不作为的方式实施，也就是说，公职人员虽然负有此种义务，但并未有效地防止无权获知的他人获悉职业机密。③

(4)危害重要的公共利益

公职人员非法泄露职业机密的行为只有达到“危害重大公共利益(wichtige öffentliche Interessen gefährden)”的程度，才可能成立侵害职业机密罪。通常情况下，只要因为公职人员所非法实施的泄密行为，并无权限获知特定机密事务的他人获悉了机密内容，即可认为公共利益遭受了“危害(Gefährdung)”，特别是鉴于机密事务的重要性，任何其他个人获悉其具体内容都是应当严厉禁止的。比如，泄露重大罪犯的抓捕措施和计划、泄露重大的政治决议或规划等等。④所谓“危害重要的公共利益”，一般是指因为公职人员非法实施的泄密行为及其严重后果，公众对于国家机构及其人员的履职行

---

① BGHSt 27 120 (121).

② Fischer, § 353b Rn 9.

③ Fischer, § 94 Rn 3.

④ BGHSt 10 276 (277); 20 342 (376).

为产生了怀疑。①相应地，有观点认为，既然危害公共利益的具体内容指的是公众对于公职机关及其人员所怀有的信任的动摇，那么，公职人员非法泄密的刑事可罚性根本上取决于，是否存在确实的危险，使得社会公众知悉泄密行为及所泄露的机密。②这一观点会明显导致本罪之处罚范围的扩大，因此并不值得赞同。③ 虽然对于本罪的成立而言，必要的并非是重大的公共利益的确实损害，而是对于公共利益的盖然危害，但是，对于危害公共利益的解读和界定，不应仅仅着眼于危害本身，而应将重点置于公共利益之上。对于国家机密的保守而言，公共利益的内容在于公众对于国家机关正常运转的信赖，要动摇和侵害这种信赖和信任，只有在国家机密被确实地非法泄露的情况下，方为可能；而且，并非泄露任何机密的行为均有可能动摇这种信任，相反，只有泄露重要机密的行为才可能侵害公众对于国家机构的信赖，也才有可能构成本罪。

3. 主观方面

本罪的主观方面应为故意，对于本罪的成立而言，间接故意的存在即为已足。④行为人应当认识到其公开了特定的职业机密，对此，一般生活意义上的认识足矣。⑤对于自身所具有的公职人员身份、对于其因受托或被告知获悉一定的职业机密、对于其因此所负有的保守职业机密的义务，行为人均应有所认识。⑥此外，行为人亦应认识到，因为其所实施的泄密行为，导致重大的公共利益遭受危害。⑦

(二)违反特别保密义务

在公职人员的泄密行为并不构成第353b条第1款规定的侵害

---

① BGHSt 11 401 (404); BGH NStZ 2000 596; BGHSt 46 339 (342).

② Sch/Schröder-Lenckner/Perron, § 353b Rn 6a; SK-Hoyer, § 353b Rn 8.

③ LK-Vormbaum, § 353b Rn 26.

④ BGHSt 11 404.

⑤ BGHSt 3 248 (255).

⑥ LK-Hilgendorf, § 11 Rn 74.

⑦ BGHSt 11 404.

职业机密罪的前提下，需要进一步判断其行为是否可能成立第 353b 条第 2 款规定的违反特别保密义务罪名。相对于第 1 款之规定，第 2 款规定处于补充适用地位。

1. 犯罪主体

在主体方面，行为人的泄密行为要成立本罪，其必须是基于联邦或各州的立法机关及其委员会的决议，或者是基于其他国家机关所作出的以泄密行为之刑事可罚性为内容的正式告诫，而负有保密义务。

其中，行为人基于立法机关及其委员会的决议而负有保密义务，决议的形式必须是正式的、决议的内容必须是明确的、决议的作出必须有其明确的法律基础。比如，对于德国联邦议会的议员所可能承担的保密义务，必须具有《德国联邦议会保密规章(Geheimschutzordnung)》、《德国联邦议会议事规章(Geschäftsordnung)》等法律文件的明确规定。①

行为人因为其他国家机关所作出的正式告诫而负有保密义务，这大大扩张了本罪的主体范围。其他的国家机关可能包括立法、行政和司法机关，但其范围必须存在明确的界定，最为根本的就是此类机关必须是以特定的国家事务的执行为其职责。②国家机关施以公民个人以保密义务，这一行为在性质上属于限制性的公权行为(belastender Hoheitsakt)，所以，此类举措的作出与生效必须基于相关人员的有效同意或者是相关法律的明确授权。③鉴于成立本罪须以专门的公权行为为必要前提，仅具有劳务合同中的保密条款并不足以说明行为人负有特定的保密义务。④同样，即便是公权机关对于特定的行为人提出了特定的保密要求，但这一要求本身并无专门的公权行为作为其基础，而只是通过其他的个人予以传达，也不

① NK-Kuhlen, § 353b Rn 38; Fischer, § 353b Rn 6; Sch/Schröder-Lenckner/Perron, § 353b Rn 14.

② Sch/Schröder-Stree, § 95 Rn 5.

③ Möhrenschlager JZ 1980 161 (165).

④ Lüttger JZ 1969 578 (582).

能认为行为人就因此负有保守机密的特定义务。①

具体而言，公权机关的义务施加行为必须是正式的(förmlich)，必须是以侵犯保密义务之刑事可罚性为其内容。正式的义务施加一般是指公权机关通过文件或书面通知对行为人施以保密义务。②其中，如果保密义务是以特定的法律规定为其依据和基础，则施加义务的形式与程序都必须根据法律的明确规定；即便缺乏相关的法律规定，至少应存在明确标明保密义务的正式的官方文件。③根据《德国法院基本法(Gerichtsverfassungsgesetz)》第174条第3款的规定，“如果决议的公开会危害国家安全，法院可施以在场人员以保守机密的义务。……这一决议应当载入会议纪要当中”。这属于公权机关施以特定个人以保密义务的典型例证。④

保密义务所针对的对象应为特定的物品(bestimmte Gegenstände)或者信息(Nachrichten)。在此，保密对象的特定性应予特别注意和限定。当然，如果存在明确的法律规定或相关人员的自愿同意，相关个人所承担的保密义务的对象也可以是一般化的，即对于其所参与和实施的特定活动及其具体内容，具体个人均应承担保密义务。⑤

2. 客观方面

本罪的客观行为在于，行为人将机密性的物品或信息“使他人得知(gelangen zu lassen)”或者“广而告之(öffentlich bekannt zu machen)”。就其实质内容而言，本款规定的行为类型与第1款所规定的“公开”之间并无明显区别。其中，信息的内容可能是事实、消息、知识等；公开的方式可能是书面的，也可以是口头的；⑥信

① Fischer, § 353b Rn 6; NK-Kuhlen, § 353b Rn 39; Sch/Schröder-Lenckner/Perron, § 353b Rn 15.

② Sch/Schröder-Lenckner/Perron, § 353b Rn 15; Lackner/Kühl, § 353b Rn 5; Fischer, § 353b Rn 6.

③ NK-Kuhlen, § 353b Rn 44 ff.

④ Fischer, § 353b Rn 6.

⑤ LK-Vormbaum, § 353b Rn 51.

⑥ Sch/Schröder-Lenckner/Perron, § 353b Rn 12; Fischer, § 353b Rn 11.

息的发布方式也不存在严格的限制。①与第 1 款规定类似，公开特定机密信息的行为若要构成犯罪，须以危害重大的公共利益为必要条件。

3. 主观方面

本罪的主观方面应为故意，对于本罪的成立而言，间接故意的存在即已足够。

第十一节　非法通报法庭审理情况（《德国刑法典》第 353d 条）

一、法条内容

有下列行为之一的，处 1 年以下自由刑或罚金刑：

1. 违反法律禁令，将不予公开的法院审理活动或与案件有关之公文非法予以公开的；

2. 违反法院根据法律所赋予的缄默义务，将从非公开审理的案件中、或从与案件有关的公文中所获悉的事实非法予以公开的，或者

3. 将刑事诉讼、行政罚款程序或惩戒程序的起诉书或其他公文，在未公开讨论或在诉讼程序结束前，将其全部或其重要部分公布于众的。

二、法条概述

第 353d 条规定的“非法通报法庭审理情况”罪名的规范目的主要在于保护正常的司法活动（Rechtspflege），也即，防止与案件审理无关的组织或个人阻碍司法活动的正常开展。此外，对于司法机密的保护（Geheimhaltungsinteressen）也属于本罪的保护法益。具体言之，第 353d 条第 1 项规定的保护法益为“国家安全（Staatssicherheit）”；②第 2 项规

① NK-Kuhlen，§ 353b Rn 39；Lackner/Kühl，§ 353b Rn 9.

② BT-Drucks. 7/550 S. 282；NK-Kuhlen，§ 353d Rn 3.

定的保护法益是"特定事项的非公开性(Nichtöffentlichkeit)"，这主要针对的是涉及个人隐私或者商业秘密的案件;①第3项规定的保护法益是"涉案人员的人身权益",②这主要是指，在案件特别是刑事案件审理终结之前，案件的相关方或被告人不应被提前贴上"犯罪分子"之类的标签。

三、法条解读

(一)第353d条第1项

1. 适用范围

第353d条第1项主要规定了两类行为类型，即法庭审判之通告(Mitteilungen über Gerichtsverhandlungen)以及官方文件之通告(Mitteilungen über amtliche Schriftstücke)。就非法通告法庭审判的行为而言，其行为对象主要针对的是法院审判过程中所产生的、一般社会公众无权得知的各类信息(Informationen)。通常情况下，法院审判遵循公开、公平、公正的原则和理念，公开进行的法院审判允许和鼓励社会公众旁听以及媒体采访报道。但是，并非所有的案件都可以或应当公开审判。第353d条第1项的规范目的在于防止对非公开审判案件的公开报道(öffentliche Mitteilungen)。对于特定类型案件的审判而言，民众广泛的知晓或讨论可能会损害案件审判所关涉的利益，不管是案件的非公开审判，还是对案件审判公开报道的禁止，都是为了保护需要予以保密的重要利益。《德国法院基本法》第172条规定了五种不公开审判的案件类型；对于案件审判公开报道的禁止，第174条第2款规定，"如果因危害国家安全(Gefährdung der Staatssicherheit)之由，案件审判未对公众公开，则报刊(Presse)、广播(Rundfunk)和电视(Fernsehen)不应发布涉及案件审判以及与案件相关的官方文件内容的任何报道"。据此，出于保护国家安全的考虑，特定类型案件的审判禁止对公众公开；对

① Fischer, § 353d Rn 1; SK-Hoyer, § 353d Rn 3.

② BT-Drucks. 7/1261 S. 23; BVerfGE 71, 206 (217); Lackner/Kühl, § 353d Rn 1.

于此类案件，新闻媒体也无权进行公开报道。因此，一般认为，对于国家安全利益的保护属于第第353d条第1项的保护法益。① 此外，对司法活动的保障当然也属于本罪的保护法益。②

第353d条第1项所处罚的是违犯"法定的报道禁令(gesetzliches Mitteilungsverbot)"的行为。根据《德国法院基本法》第174条第2款和第172条第1项的规定，这一禁令主要针对的是出于国家安全的考虑非公开审判的案件。"国家安全(Staatssicherheit)"这一概念囊括了国家事务中对内对外的所有安全利益，所以即便是一般性的国家安全利益也属于此处的国家安全的范畴。③但是，仅仅涉及行政、公安、消防等方面而与国家安全并不相关的利益并不在考虑之列；为维护国家机构及其工作人员的声誉而采取的举措就更与国家安全无关了。在对国家安全是否因为案件的公开审判和媒体报道而遭受危害的判断过程中，法院所需关注的并非仅仅只是国家安全这一个方面，而应当在国家安全与媒体报道之间作一衡量和比较。在媒体报道的背后，是公众对案件审理的知情权、是司法程序的法治化要求、是媒体与公众的监督和控制职能等，这足以对国家安全形成必要的限制。④由此，对于公开审理和媒体报道是否会危害国家安全，以及是否应当因此将媒体的违规报道作为刑事犯罪予以惩处，法官享有一定的自由裁量权力。在对具体案件的审理过程中，法官也应当具体问题具体分析，结合特定案件的具体情况作出判定。

2. 报道禁令

依据《德国法院基本法》第174条第2款所作出的报道禁令必须以法院裁决(Gerichtsbeschluss)的形式明确地作出。在裁决中需要对案件的公开审理和媒体报道是否会对国家安全造成危害这一核

---

① Fischer, § 353d Rn 1; Sch/Schröder-Lenckner/Perron, § 353d Rn 3; NK-Kuhlen, § 353d Rn 3.

② BT Drucks. 7/550 S. 282.

③ BGHSt 28 312 (316 f).

④ BVerfGE 50 234 (239 ff); LK-Vormbaum, § 353d, Rn 4.

心问题进行判定；如果最终决定禁止公开报道，法院需要详细地说明据以作出禁令的理由和根据，仅仅含糊的一句“根据案件的具体情况”是不够的。①具有争议的是，在对非法通报法庭审理情况罪进行刑事追诉和审判的过程中，主审的刑事法官是否应当对已经生效的、与报道禁令相关的法院裁决是否恰当再行予以判定。有观点认为，在刑事程序中有必要对报道禁令的恰当与否进行判定，因为倘若禁令本身是不当的甚至是违法的，媒体违反禁令公开报道案件审判就不应也不能作为犯罪处理。②也有观点认为，只有在先前法院作出的禁令裁决明显不可予以支持的情况下，主审的刑事法官才可以禁令不当或违法为由排除公开报道的违法性。③另有观点认为，对于具体案件是否应当非公开审判并禁止媒体报道，唯有负责审理此案的法院才有可能基于案件的具体情况作出判定；在法院已经对此作出了相应裁决的前提下，对于针对具体案件的报道禁令是否恰当这一事项，负责追诉和审理非法通报法庭审理情况案件的刑事法院没有必要也没有权限再行予以判定。毕竟，对于正常的司法活动和秩序的维护并非本罪的主要保护法益。④当然，在先前法院所作出的报道禁令裁决确实存在不法或不当问题的情况下，对于行为人违反禁令所实施的公开报道行为，也不能作为犯罪予以惩处。毕竟，法院之禁令裁决所可能存在的问题或错误，并不能够让公民个人承担风险甚至食其恶果。对此，可能的解决方案是，将错误的禁令裁决解读为“刑罚排除事由(Strafausschließungsgrund)”，⑤行为人违反错误的禁令裁决对案件进行公开报道的行为，并不成立犯罪，也不能处以刑罚。进言之，第353d条规定之非法通报法庭审理情况罪在性质上属于抽象危险犯(abstraktes Gefährdungsdelikt)，也即，只要行为人实施了违反禁令公开报道案件审判的行为，即可认

---

① BGHSt 27 117；30 213.

② Sch/Schröder-Lenckner/Perron，§ 353d Rn 4，21；Fischer，§ 353d Rn 2.

③ LK-Träger，11. Aufl.，§ 353d Rn 6；NK-Kuhlen，§ 353d Rn 13.

④ LK-Vormbaum，§ 353d，Rn 6.

⑤ Sch/Schröder-Lenckner/Perron，§ 353d Rn 21.

为其对国家安全造成了危害，从而构成本罪；但是，在法院所作出的报道禁令裁决不法或不当的情况下，显然不能认为行为人违反禁令公开报道的行为对国家安全造成了抽象危险，也就不能认为其因此构成了犯罪。

法院所作出的报道禁令裁决的效力并无时间上的限制，也即，只要具体案件的公开审判与媒体报道会危害国家安全，即便案件的审理程序已经终结，媒体仍然不能将案件审理情况公之于众，否则可能成立本罪，这主要是因为，本罪的保护法益首要是国家安全而非司法秩序，在案件审结之后，虽然审理情况的公开并不会扰乱正常的司法秩序，但公开报道的行为依然可能危害国家安全。然而，在涉密案件审理终结之后，如果案件审理具体情况的公开或报道不再会危害国家安全，则法院可以裁决的形式将报道禁令予以取消，从而保证公众对于案件审理的知情权。①当然，如果案件审理的具体情况已经通过政治公告、官方文件等方式为公众所获知，则对之进行公开报道的行为当然不会触犯报道禁令，也不会因此成立非法通报法庭审理情况罪。

报道禁令所针对的对象主要包括报刊(Presse)、广播(Rundfunk)和电视(Fernsehen)。“报刊”是指周期性出版的纸质传媒，如日报、周报、期刊等。“广播”、“电视”的内涵较为清晰，并不需要进一步界定，但就三者的共性而言，报刊、广播、电视显然属于最为常见的大众传媒形式。就其范围的界定，一方面应当从一般的生活意义上进行解读；另一方面应当对其范围予以严格限定。因此，只有生活中常见的大众媒体才属于本罪的规制范围。②

3. 客观方面

本罪在客观方面表现为，将出于国家安全考虑非公开审理的案件或者与案件相关的官方文件的内容予以公开。媒体公开报道，是指通过报刊、广播、电视等大众媒体所发布的信息，公众得以获知

---

① NK-Kuhlen, § 353d Rn 15; MK-Graf, § 353d Rn 29.

② Fischer, § 353d Rn 2; SK-Hoyer, § 353d Rn 8; NK-Kuhlen, § 353d Rn 5.

涉密的案件情况。①由此，如果公众已经通过新闻报道或其他途径得以获知涉密案件的具体情况，大众媒体公开报道相应案件的行为就不再可能成立本罪。也就是说，在多个媒体相继对某一涉密案件进行公开报道的情况下，一般而言，只有最先的公开报道行为可能构成非法通报法庭审理情况罪；在此之后，因为公众已经获知案件审理的具体内容，其他媒体的后续报道行为不再成立本罪。②

《德国法院基本法》第 174 条第 2 款的规定，只有对"案件审理(Verhandlung)"的公开报道才可能成立本罪。对此应当认为，案件审理所主要针对的是案件本身的事实及其审理的经过。③至于与案情本身无关的案件审理的细节问题，比如案件审理的时间地点、合议庭所作的休庭裁决等，并不属于公开报道禁令的禁止范围。此外，对于与案件相关的法律文件的内容的公开报道也可能成立本罪。所谓法律文件"与案件相关"，是指法律文件的内容与案件审理的实质事项具有紧密的关联性。相应地，只是与案件审理的细节问题相关的法律文件并不在禁止报道之列，对于此类文件的公开报道也不可能构成非法通报法庭审理情况罪。④

4. 主观方面

本罪的主观罪过应为故意，对于本罪的成立而言，间接故意的存在即为已足。对于故意的认识内容而言，行为人明确认识到法定的报道禁令当属必要。⑤

(二)第 353d 条第 2 项

第 353d 条第 2 项规定的是违反法院施以的保密义务的行为(Verstoß gegen eine vom Gericht auferlegte Schweigepflicht)。

1. 适用范围

此规定的目的在于保障法院在非公开审理的案件中所施加的保

① Sch/Schröder-Lenckner/Perron, § 353d Rn 17.

② MK-Graf, § 353d Rn 28; NK-Kuhlen, § 353d Rn 6.

③ LK-Vormbaum, § 353d, Rn 14.

④ Sch/Schröder-Lenckner/Perron, § 353d Rn 14.

⑤ NK-Kuhlen, § 353d Rn 15; Fischer, § 353d Rn 7.

密义务(Schweigepflicht)。就非公开审理案件及保密义务的具体内容，第353d条第2项并未予以明确规定，所以这一款项从性质上属于典型的“空白罪状(offene Vorschrift)”。①对于这一罪状的界定，所需引证的主要是《德国法院基本法》第174条第3款的规定，即“如果因为危害国家安全或者第171b条和第172条第2、3项规定的原因而非公开审判，则针对在场人员通过案件审理或与案件相关的官方文件所获知的事实，法院可施以其保密义务”。对于非公开审理的案件范围，根据《德国法院基本法》第172条第2、3项的规定，主要包括重要的商业、经营、发明或税收方面的机密以及个人隐私。由此，这一款项的适用范围主要是涉及国家安全、商业、经营、发明或税收方面机密以及个人隐私而非公开审理的案件。

2. 保密命令

在形式上，“保密命令(Schweigegebot)”也需要通过具有法律约束力的法院裁决予以公布，法院裁决的核心内容在于，要求在场人员对通过案件审理和与案件相关的官方文件所获知的案件事实予以保密。作为裁决的必要内容，保密义务人不得公开的事实范围(Tatsachen)应予明确。②作为法院所作出的保密命令决定的相对方，保密义务人可以提出异议(Beschwerde)，但是，此类异议并不具有推迟法院裁决效力的作用，也即，即便是义务人对于法院的保密裁决提出异议，在上级法院对异议作出处理之前，法院的保密裁决仍然具有法律约束力，在此期间，义务人应当遵守保密裁决，不得将案件事实予以公开。③保密命令的内容限于法院在其裁决中所明确列举的案件事实，这主要是指与案件非公开审判的原因和目的紧密相关的事实，也即，倘若此类事实被非法公开，将有可能危害国家安全、商业机密或个人隐私。相应地，与非公开审判案件的核心事实不甚相关的程序细节，显然并不属于保密命令的必要内容。④

---

① LK-Vormbaum，§ 353d，Rn 22.

② NK-Kuhlen，§ 353d Rn 24.

③ LK-Vormbaum，§ 353d，Rn 26.

④ Sch/Schröder-Lenckner/Perron，§ 353d Rn 28.

根据法律条文的明确规定，只有对其通过案件审理或者与案件相关的官方文件所获知的案件事实，保密义务人才负有保密义务。据此，保密义务人所须予以保密的案件事实必须是其“在案件审理过程中”所获知的。①由此，如果非公开审理案件的证人将其所知的案件事实予以公开，并不成立非法通报法庭审理情况罪，因为上述事实并非其在案件审理过程中所获知的，而是在案件审理之前、在案件事实发生当时所获悉的；相反，若其将其他证人在庭审过程中所陈述和证明的案件事实予以公开，则可能构成本罪。类似地，在庭审结束之后，庭审参加者通过其他渠道获悉了重要的案件事实并予以公开，也不成立非法通报法庭审理情况罪。

自法院的保密命令裁决生效开始，案件审理的在场者负有保密义务；法院作出的保密命令裁决的法律效力并无时间上的特别限定，即便是在案件审理结束之后，义务人仍然应当承担保密义务。当然，法院事后可以通过作出新的裁决取消保密命令。②保密命令针对的人群为非公开案件审理的在场人员，具体包括公诉人员、律师、法官、诉讼参与人、证人、专家鉴定人以及经法院许可的旁听人员等。③本罪实施的正犯(Täter)只能是案件审理的在场人员，其他非在场人员只可能成立本罪的帮助犯或教唆犯。④

3. 客观方面

本罪的客观方面表现为，行为人违反法院保密命令而将其因案件审判而获知的涉密案件事实未经授权地予以公开。其中，对于“公开(offenbaren)”一词的含义，上文已有述及；只要行为人将禁止公开的案件事实告诉其他任何人即可，行为人并不需要明确告知信息的来源，更不需要告知对方上述信息系经案件审判或与案件相关的官方文件所获知。行为人的公开行为必须“未经授权(unbefugt)”。就《德国法院基本法》第 172 条第 2、3 项规定的涉密

① Sch/Schröder-Lenckner/Perron, § 353d Rn 30.

② NK-Kuhlen, § 353d Rn 23.

③ Schäfer/Wickern LR, § 174 GVG Rn 27.

④ NK-Kuhlen, § 353d Rn 17.

案件而言，其所针对的主要是商业机密和个人隐私，倘若相关的组织或者个人对于案件事实的公开并无异议，甚至明确地表示了同意，则行为人按照当事的组织或个人的意思，将案件事实告知他人的行为，就不成立非法通报法庭审理情况罪。因为在案件相关方明确表示同意的情况下，案件事实的保密义务将因其权利方的同意而得以免除。考虑到对于正常的司法活动的维护并非本罪重要的保护法益，以上观点就更有其可取之处。①

在此值得注意的是参与诉讼的检察官(Staatsanwalt)和法官(Richter)的区别。检察系统实施的是行政领导体制，也即，负责具体案件侦办的检察官需要在一定程序上对其上级主管官员负责；法院系统实施的是独立审判体制，也即，审理具体案件的法官在审判过程中只忠实于宪法和法律，而不受任何组织或个人的干涉，这当然包括其上级法院或领导对于案件审判的监督或管理。有鉴于此，在具体案件的审判过程中，主诉检察官就其所获知的新的重要的案件事实，很有可能会向其上级领导进行汇报，因为这种职务和业务上的领导关系是法律所认可和保护的，所以当案检察官将案件事实告知案外他人的行为，是符合法律规定且具有明确授权的，故而并不成立非法通报法庭审理情况罪。②区别于此，在涉密案件的审判过程中，倘若主审法官向其领导或上级法院汇报案件事实，因为汇报本身即为法律所禁止，所以主审法院向案外人员通报案件事实的行为，因不具有法律授权而可能构成非法通报法庭审理情况罪。③

律师(Rechtsanwalt)群体的情况就更为特殊一些。对于绝大多数的民事诉讼以及刑事附带民事诉讼，当事人本人并无出庭参加庭审的义务，可以由代理人全权代理其参加全部的诉讼活动。在此情况下，律师作为代理人，当然应当就其在案件审理过程中所获知的案件事实及时地、全面地、客观地告知案件当事人。可以说，对于

---

① LK-Vormbaum, § 353d, Rn 34.

② NK-Kuhlen, § 353d Rn 21; Fischer, § 353d Rn 5.

③ NK-Kuhlen, § 353d Rn 21.

案件事实的通报和审理情况的反映，是参加诉讼的代理人的应尽之责。将案件审理的在场人员绝对化，认为只要是在场参加审判的人员，就绝不能将其因案件审理而获知的案件事实告知其他任何人，这一观点显然有待商榷。①作为案件的当事人或相关方，其虽然并未亲自到庭参加诉讼，但获知案件事实及其审理情况，显然属于其正当的诉讼权利，应当予以保护。根据法律的明确规定，某些案件的当事人本人并无出庭参加诉讼的义务，既然当事人是否参加诉讼本身是自愿的，当事人本人不出庭应诉是法律所允许的，就不能使其因在法律许可范围内所自愿实施的合法行为而遭受任何的不利后果，将其代理人通报案情的行为作为犯罪处理就更加不妥了。当然，法院在其保密命令裁决中可以明确规定，虽然并未实际地亲自参加案件审理，但当事人本人不能将其因案件审理而获知的案件事实通报给他人，在此情况下，并未出庭的当事人也应受到保密命令的约束。②

4. 主观方面

本罪的主观方面应为故意，对于犯罪的成立而言，间接故意的存在即为已足。行为人必须明知法院所作出的保密命令的存在，并明知保密命令的内容在于禁止案件审判的在场人员将因案件审判或相关官方文件而获知的案件事实未经授权地告知他人。

(三)第 353d 条第 3 项

1. 规范目的

第 353d 条第 3 项规定的是“官方文件的公开(Veröffentlichung amtlicher Schriftstücke)”。这一规范的目的一方面在于对于案件相关人员中立立场(Unbefangenheit)的维护。③具言之，对于任何案件的审判而言，最为重要的就是审理的客观性和裁判的中立性，对于案件的参与者和裁判者来说，保持中立的立场和开放的态度最为重

① OLG Rostock JW 1928 745.

② Fischer, § 353d Rn 5; Sch/Schröder-Lenckner/Perron, § 353d Rn 34, 35.

③ BT-Drucks. 7/550, S. 282 f; BVerfGE 71 206 (217).

要。但倘若行为人在法庭审理开始之前，将刑事案件、行政处罚案件或惩戒案件的诉讼文书或其他官方文件公之于众，通常会导致公众对于案件处理的广泛讨论，而讨论的结果往往会是对案件的被告人或当事人一边倒地进行声讨。民众对热点案件的讨论和议论是较为常见的，也是无可厚非的，但是，在案件正式开始审判之前就进行所谓的“舆论审判”，自然会影响案件的主审法官、审判员、陪审员、证人等对于案件客观中立的判断，这对于案件审理及其结果以及对被告人或当事人的诉讼权益保障都是极为不利的。为防范此类后果，当然应当禁止过早地、非法地将案件的诉讼材料和官方文书予以公布。另一方面，“无罪推定”原则系刑事诉讼所须遵循的基本原则，据此，在法院所作之有罪判决生效之前，刑事案件的犯罪嫌疑人与被告人应被推定为无罪，也即，在案件审理终结之前，被告人不可被非法地贴上“犯罪人”的标签。这不仅对于被告人的法律评价具有约束力，即便是在社会评价上，在其被法院以有效判决的方式定罪之前，被告人也不应被归入犯罪分子的行列。这一原则对于其他类别的惩戒程序也同样具有约束效力，在当事人被处以惩戒或行政处分之前，不能过早地不当地给其贴上违法违纪分子的标签。① 通过将程序类型限制为刑事诉讼、惩戒和行政处罚程序，立法者所施以保护的主要是案件当事者的人身权益（Persönlichkeitsschutz）。②

在实际案件的处理过程中，法院应当将与案件审理相关的官方文件送达案件的当事者或被告人。具有争议的是，若当事者或被告人将其所获得的官方文件内容予以公开，是否可能构成非法通报法庭审理情况罪。实际上，这一争议主要涉及对非法公开官方文件的行为所可能侵害的双重法益之间的关系的理解。具言之，行为人非法公开官方文件的内容，一方面会损害案件当事者或被告人的人身权益；另一方面可能侵害正常的诉讼活动。如果认为，上述两重法益是“二者兼具（kumulative）”的关系，则案件的被告人或当事者擅自公开与案件审理相关的官方文件的具体内容，因其并不会侵害本

① BVerfGE 35 202 (226); 71 206 (223).

② BVerfGE 35 202 (226).

人的人身权益，因而并不成立非法通报法庭审理情况罪；与之不同的是，倘若认为，当事人的人身权益与正常的诉讼活动两种法益之间属于“二者择一(alternative)”的关系，则案件的被告人或当事者擅自公开自己案件的官方文件内容的行为，虽然不会损害自身的人身权益，但因其仍将侵害正常的诉讼活动，因而依然可能构成本罪。①在刑法规范之保护法益为双重法益的情况下，将双重法益的关系解读为择一关系并不具有说服力；但倘若将案件的被告人或当事者本人从犯罪主体的范围予以排除，却难以获得法律条文规定的支持，因为在法律条文的字面表述上，并无将被告人或当事者本人排除在外的任何依据。有鉴于此，依据实践中的通行做法以及理论上的多数派观点，被告人或当事者本人公开自己案件的官方文件内容的行为，可能成立非法通报法庭审理情况罪。②但需注意的是，禁止被告人或当事者本人擅自公开自己案件的官方文件的内容，显然是对其所享有的辩护权等诉讼权利的重大限制，因此，对官方文件的范围应予严格限缩。

2. 适用范围

对官方文件内容之公开禁止主要针对的程序类型是刑事程序、行政处罚程序与惩戒程序。其中，此处的“刑事程序(Strafverfahren)”应当包括青少年刑事程序(Jugendstrafverfahren)、税务刑事程序(Steuerstrafverfahren)、刑事处罚命令程序(Strafbefehlsverfahren)、刑事自诉程序(Privatklageverfahren)等。惩戒程序主要是指针对公务员、士兵和法官群体，根据相关职业的惩戒条例所进行的惩戒程序。除了上述三个职业群体，针对其他群体如律师、医生等所进行的惩戒程序并不属于本条规制的范围。③

禁止公开的对象是上述程序中的起诉文书(Anklageschrift)及其他官方文件。依照条文规定，“文件(Schriftstücke)”主要是指可依

① LK-Vormbaum, § 353d Rn 39.

② SK-Hoyer, § 353d Rn 6; Sch/Schröder-Lenckner/Perron, § 353d Rn 30.

③ LK-Vormbaum, § 353d Rn 41, 42.

"原文(Wortlaut)"予以公开的文本，因此，图片、照片等并不属于禁止公开的官方文件。①所谓官方文件，是指由司法机关所发布的文件。除了条文中所明确规定的起诉文书，主要包括法院判决(Urteile)、裁决(Beschlüsse)、逮捕令(Haftbefehle)等。②有观点认为，只要是在程序进展过程中所运用的文件均属于官方文件的范畴，比如，法院可以聘请专家证人就专业问题出具专家鉴定书，鉴定书本身属于官方文件的范畴；③又如，在诉讼过程中，法院可能没收某些文件用作证据，虽然上述文件的出具主体并非司法机关，但因其被用作证据而属于官方文件的范畴。④然而，上述观点显然与条文规定并不相符。对于文件的官方或非官方性质的判定而言，最为关键的并非文件的用途，而是文件的出具主体，亦即，只有司法机关在诉讼过程中出具的文件才可能属于官方文件的范畴。⑤

根据这一规范的保护目的，"公开禁令(Veröffentlichungsverbot)"在程序进行的整个过程中均具有约束效力。不同于第353d条第1项、第2项规定的情形，对于官方文件的公开禁令在侦查程序中(Ermittlungsverfahren)也具有约束效力。⑥而一旦上述官方文件在公开的审判过程中被予以探讨，则针对其内容的公开禁令即刻失效。所谓"被探讨"，是指依照相关的诉讼程序规定，官方文件的内容成为公开审判所审理的对象。在案件审理过程中，被探讨的官方文件及其内容被予以引用、商讨和讨论，而非只是简单地提及。官方文件的内容至少应予以宣读，比如，在庭审过程中，确认证人曾被

---

① NK-Kuhlen, § 353d Rn 9; Sch/Schröder-Lenckner/Perron, § 353d Rn 12.

② LK-Vormbaum, § 353d Rn 45.

③ RGSt 9 193.

④ Sch/Schröder-Lenckner/Perron, § 353d Rn 12; Fischer, § 353d Rn 4; MK-Graf, § 353d Rn 65.

⑤ NK-Kuhlen, § 353d Rn 9; SK-Hoyer, § 353d Rn 12; Lackner/Kühl, § 353d Rn 4.

⑥ Sch/Schröder-Lenckner/Perron, § 353d Rn 53; SK-Hoyer, § 353d Rn 25; NK-Kuhlen, § 353d, Rn 31.

询问的事实并非同时意味着，证人证言及其内容已在庭审过程中被予以探讨。①即便在庭审过程中并未对官方文件及其内容予以探讨，在程序终结之后，公开禁令也将失效。②

3. 客观方面

根据第353d条第3项之规定，行为人将官方文件的全部或其基本部分以原文形式予以公开通报。所谓将官方文件予以公开通报，是指以报刊、广播、电视等大众传媒形式将官方文件的内容予以公开。③当然，公布官方文件的方式并不仅限于传统的大众传媒方式，只要使不特定的多数人(unbestimmt von welchen und wie vielen Personen)获知官方文件内容的行为，均可认为属于官方文件的公开通报。④比如，将官方文件的内容在网络上或自媒体上予以发布，或者将其张贴于公共场所，均可认为系将官方文件予以公开通报。相反，如果行为人仅仅是在特定的范围内对官方文件的内容予以讨论，比如，在检察机关组织的专家论证会上对起诉书的内容进行宣读，因为获知其内容的人群和人数是特定的、是有限的，因而上述行为并不属于将官方文件的内容予以公开通报。⑤但是，如果行为人只是为了扩大案件影响或者伸张冤屈，将起诉书等官方文件分发给几十或上百人，即便其所告知的对象是特定的，但鉴于人数众多，其行为应属于公开通报官方文书的范畴。⑥

成立本罪，行为人须将官方文件“以原文形式(im Wortlaut)”予以公开。由此，如果行为人只是将官方文件的意见或其大意予以转述或传达，并不属于公开通报官方文件。对于公开官方文件的范围和方式，历来存在争议。比如，对于是否需要公开案由、行为过程、追诉经过等官方文件的核心内容、是否需要公开案件的名称、当事人、被害人、是否需要公开案件追诉的关键程序等问题，均存

① LK-Vormbaum, § 353d Rn 52.
② LK-Vormbaum, § 353d Rn 53.
③ BT-Drucks. 7/550, S. 283 f.
④ RGSt 42 112 (113); 63 431 (432).
⑤ RGSt 40 262 (263).
⑥ RGSt 47 243.

在不同理解。通过在法条中明确规定，只有“以原文形式”公布官方文件的行为，才可能成立本罪，在很大程度上解决了以上争论。一般认为，只要是行为人公布了官方文件的部分原文，而通过其所公布的部分文件，其他人能够对案件事实形成基本认识，即可认为其实施了公开通报官方文件的行为。①

此外，行为人需将官方文件的“全部或者基本部分”予以公布。对于公开官方文件全文的行为，比较容易判断；但何谓官方文件的基本部分，存在不同的理解。一般认为，对之应在不同的案件中进行具体的分析，抽象地划定文件的基本内容与边缘部分的尝试并不可取。需要进一步明确的主要有以下几点：首先，行为人所公开的官方文件的篇幅并不重要，也就是说，行为人所摘录并公开的一两句话也有可能构成官方文件的基本内容；②相反，行为人整段摘抄的官方文件内容也有可能并不属于其基本部分。比如，就检察机关所提交的起诉书而言，如果行为人摘抄的是公诉机关就何人因何种行为而涉嫌何罪的表述，这无疑属于起诉书的基本内容；如果行为人大段抄录的仅仅是起诉书中所涉及的法律规定③或者犯罪数额、统计数据、证人名单等内容，④则显然不能认为其属于起诉书的基本内容。其次，就行为人所摘录和公布的内容是否属于官方文件的基本部分的判断而言，最为重要的是判定，通过公开的文件内容，他人是否能够对案件的基本情况形成较为清晰的认识和把握。⑤至于通过公开相应的官方文件内容，是否能够最终影响案件参与人或裁判者对于案件的判断或裁判，并不重要。⑥

4. 主观方面

本罪的主观方面应为故意；对于犯罪的成立而言，间接故意的存在即为已足。

① Sch/Schröder-Lenckner/Perron, § 353d Rn 41.
② RGSt 26 79; 28 411.
③ RGSt 26 79 (80).
④ OLG Hamm NJW 1977 967 (968).
⑤ Lackner/Kühl, § 353d, Rn 4; Derksen, NStZ 1993 311 (312).
⑥ OLG Hamm NJW 1977 967 f.

第十二节　引诱下属犯罪
(《德国刑法典》第357条)

一、法条内容

(一)上司引诱或试图引诱下属实施职务犯罪，或容忍下属实施职务犯罪的，依其所引诱或容忍之罪处罚。

(二)被监督或控制的公务员实施的违法行为与被监督或控制的行为有关时，对于负责监督或控制工作的公务员，适用第1款的规定。

二、法条概述

德国引诱下属犯罪规定在第357条中，引诱下属犯罪所涉及的范围十分广泛，只要是上司对下属实施职务犯罪采取引诱或者试图引诱的行为，甚至是容忍其实施犯罪，均构成犯罪，并且所犯之罪以其所引诱或容忍之罪定罪和处罚。①

第357条规定的“引诱下属犯罪”罪名的立法意旨在于，负有领导和监督职责的行政上司应当对其下属的行为负责，这既是指在行政行为的效力方面，一般的公职人员所实施的职权行为并非代表其个人，而是以公权机关的名义实施的，其法律效果当然也应由公权机关承担；也是指对于公务员以其公职身份所实施的职务犯罪行为，不但公职人员个人应当承担相应的惩戒、行政甚或刑事责任，对其负有监督与管理职责的行政领导在一定条件下也可能需要承担刑事责任。②本罪的保护法益较为复杂，首先是公众对于国家机构之团结一致的信任(Vertrauen der Allgemeinheit in die Integrität des Staatsapparats)；其次是对上司或监督者对其下属的有序控制

① 赵建伟：《职务犯罪应对措施国际比较研究》，大连海事大学2009年博士学位论文，第17页。

② Kinzig，ZStW 115 (2003)793；MK-Schmitz，§ 357 Rn 1.

(Ordnungsmäßigkeit der Kontrolle von Untergebenen durch Vorgesetzte und Aufsichtspflichtige);此外还有因下属的职务犯罪所侵害的其他法益。①

上司引诱下属犯罪,本应适用刑法总则关于共同犯罪的规定,对此,《德国刑法典》第 26 条对教唆犯作出如下规定:“故意教唆他人故意实施违法行为的是教唆犯。对教唆犯的处罚与正犯相同。”第 27 条对“帮助犯”的规定为:“(1)对他人故意实施的违法行为故意予以帮助的,是帮助犯。(2)对帮助犯的处罚参照正犯的处罚,并依第 49 条第 1 款减轻其刑。”第 30 条对“共犯的未遂”规定的内容为:“(1)命令或教唆他人实施重罪而未遂的,依该重罪的未遂论处。但依第 49 条第 1 款减轻处罚。可相应地适用第 23 条第 3 款的规定。(2)示意他人犯罪,或接受他人的犯罪请求,或与他人约定实施重罪,或教唆他人实施重罪的,其处罚适用前款规定。”但是,在第 357 条作出了明确的特别规定的前提下,其应优先于刑法总则对于共同犯罪的上述规定予以适用。可以说,在此意义上的“引诱下属犯罪罪”在性质上属于非真正职务犯罪(unechtes Amtsdelikt)。但是,在根据第 30 条第 1 款的规定,上司引诱下属实施轻罪并属于不可罚的未遂形态的共同犯罪时,根据第 357 条第 1 款的规定,仍可以试图引诱下属犯罪罪名对其定罪处刑。在此意义上,引诱下属犯罪罪显然属于真正的职务犯罪(echtes Amtsdelikt)。②对于第 357 条引诱下属犯罪罪的共同犯罪问题,存在不同的理解。有观点认为,虽然第 357 条引诱下属犯罪与共同犯罪规定之间存在重合关系,但在共同犯罪问题上,刑法总则的相关规定应当能够直接适用于引诱下属犯罪罪。③ 也即,倘若他人帮助上司实施了引诱下属犯罪的罪行,应当直接适用《德国刑法典》第

① NK-Kuhlen, § 357 Rn 3; SK-Rudolphi/Rogall, § 357 Rn 4; MK-Schmitz, § 357 Rn 2; Otto, Strafrecht BT, § 100 Rn 3.

② Fischer, § 357 Rn 2; SK-Rudolphi/Rogall, § 357 Rn 1; MK-Schmitz, § 357 Rn 3.

③ Gössel/Dölling, Strafrecht BT 1, § 80 Rn 5; Sch/Schröder-Cramer/Heine, § 357 Rn 10.

27 条对帮助犯的规定，综合适用第 27 条、第 49 条和第 357 条规定对之定罪处刑。与之不同，另有观点认为，第 357 条引诱下属犯罪罪实质上已经属于下属所实施的职务犯罪的共同犯罪，只不过以特别规定的形式将其作为单独的罪名予以规定而已；既然如此，对于第 357 条引诱下属犯罪本身的共犯行为，应当将其视为下属犯罪的共同犯罪，并依照相关的规定定罪处刑。①

三、法条解读

第 357 条引诱下属犯罪罪的构成要件为，上司引诱或试图引诱下属实施职务犯罪，或容忍下属实施职务犯罪；或者被监督或控制的公务员实施与被监督或控制的行为有关的违法行为。本罪主要涉及上司或负有监督和控制职责的公职人员对其下属或被监督和控制的公职人员的犯罪行为所应当承担的责任。

(一)犯罪主体

本罪的主体首先是上司(Amtsvorgesetzte)，即能够对其下属发号施令的人，而且需要注意的是，此处的上司与下属的关系必须是稳定的，也即，上司对其下属发布指示、指导工作并非限于一项具体的工作。②作为本罪主体的上司本人也应具有国家公职人员身份，因为引诱下属犯罪罪属于典型的职务犯罪。③但是，引诱或试图引诱下属犯罪的上司并不需要具备下属实施特定犯罪所必须具备的特定身份。④二者之间的关系类似于教唆犯与实行犯之间的关系，即如果共同犯罪人所实施的犯罪为身份犯，则只需要实行犯具备此特定身份即可。对于作为本罪主体的负有监督和控制职责的人员来说同样如此，其亦应为公职人员，但并不必须具备特定身份。⑤监督是指监督者有权对被监督者发布命令；控制是指控制者有权对被控

① Arzt/Weber, Strafrecht BT, § 49 Rn 109; LK-Zieschang, § 357 Rn 15.

② LK-Zieschang, § 357 Rn 5.

③ Jerouschek, GA 1999 432.

④ OGHSt 2 23 (26).

⑤ RGSt 68 90 (92).

制者实施的职权行为予以审核。①

（二）客观方面

就本罪的客观方面来看，上司引诱、试图引诱下属实施职务犯罪或者任其发生。

第 357 条规定的引诱下属犯罪罪实质上属于下属所实施的职务犯罪的教唆犯，只不过立法者出于更为严苛地对具有公职人员身份的上司领导予以惩处的考虑，将此类行为单独规定为独立的犯罪罪名。有鉴于此，对于“引诱（Verleiten）”的理解，应当参照“教唆（Anstiftung）”的含义。②由此，上司领导所实施的引诱行为并非是指上司属于犯罪实施的发起者，而是指上司的引诱行为唤起了下属实施相关犯罪的犯罪决意。与教唆的成立类似，引诱行为也应以引诱者与被引诱者之间的“心领神会”为其必要内容。③当然，区别于第 357 条第 1 款所规定的试图引诱行为，引诱行为必须是有所成效的，即受上司引诱的下属最终既遂地实施了相应的职务犯罪或者至少已经开始着手实施相应的犯罪。

结合对引诱行为的上述解读，“试图引诱”行为所指的是上司实施了引诱行为，但下属最终未实施或者未能既遂地实施相应的职务犯罪的情况。也就是说，应当在“未遂（Versuch）”的意义上理解“试图（unternehmen）”的含义。④

“任其发生（Geschehenlassen）”行为的内容是，上司领导明知下属将要实施职务犯罪，有义务阻止、能够阻止但最终却并未阻止。实际上，在此所涉及的是以不作为方式所实施的帮助行为（Beihilfe durch Unterlassen）。⑤对上司定罪处刑的首要前提是，其在事实上和法律上均有能力阻止下属实施特定的职务犯罪。⑥

---

① SK-Rudolphi/Rogall，§ 357 Rn 8.

② OGHSt 2 30；LG Frankfurt/M.，NJW 2005 692 f.

③ LK-Zieschang，§ 357 Rn 9.

④ Gössel/Dölling，Strafrecht BT 1，§ 80 Rn 3.

⑤ LK-Zieschang，§ 357 Rn 12.

⑥ BayObLGSt 1951 174（199）.

(三)主观方面

本罪的主观方面应为故意，对于犯罪的成立而言，间接故意的存在即为已足。① 就其认识内容而言，对于下属将要实施的职务犯罪的构成要件，作为引诱下属犯罪罪主体的上司均应有所认识。②

① LPK-Kindhäuser, § 357 Rn 10; SK-Rudolphi/Rogall, § 357 Rn 18; MK-Schmitz, § 357 Rn 29.

② LPK-Kindhäuser, § 357 Rn 10; Fischer, § 357 Rn 6.

第四章　德国法官司法责任制度对我国的借鉴意义

司法独立是法治国家的基础，同时又要防止法官专横，必须有合理的法官责任制度，以在司法独立和法官责任之间保持平衡。本书的研究目的，即在于考察德国相关法律规定，探求德国立法和司法实践中如何平衡法官独立原则和法官司法责任的关系，如何在保障法官心证过程不受外部干涉的前提下实现对法官的司法监督。通过研究，我们认为德国的法官追责制度在如下方面对我国有一定的借鉴意义。

一、追责对象主要是不当行为

德国的法官责任是法律上的行为责任，即司法人员实施了损害司法公信力的行为。法官实施了损害公众对法院信心的司法行为，如接受金钱或者其他贿赂、胁迫取证、伪造文件以及通过起诉对清白者进行迫害或者判刑等，无论是否造成错案的结果，均应当承担相应责任。

法官被追责的根本原因在于其不当行为损害了司法公正，从而影响了司法公信力和司法权威。具体又分为严重损害司法公正的行为和一般性损害司法公正的行为。如果法官的行为严重损害司法公正、司法公信力和司法权威，属于情节恶劣的失范行为，从根本上违背了法官应承担的义务和应履行的职责。这类行为触犯国家基本法律秩序，包括违反宪法、构成刑事犯罪等行为，除了依照刑法承担刑事责任，还可能根据基本法的规定被弹劾和罢免。一般性损害司法公正的行为包括：偏袒一方当事人、侮辱和歧视当事人；违反职务上义务或者是懈怠职务的行为；与法官品行不符的行为，以及明显有失法官威信的行为；违背尊严、荣誉和高尚原则的行为都要受到惩罚。但在立法和司法实践中，均罕有将案件审判结果作为惩戒或追责事由。

二、惩戒机构独立与程序司法化

（一）监督机关和惩戒机关的分离

德国《联邦公务员惩戒法》中规定了 7 种惩戒措施，即警告、罚款、降低薪金、降级、解除公务员关系、降低退休金和剥夺退休金。作为职务监督机关的主管部门可以惩戒命令的形式对公务员科处警告、罚款、降低薪金或降低退休金，但较为严重的惩戒措施如降级、解除公务员关系或剥夺退休金，则必须对其提起惩戒之诉，由行政法院通过判决形式科处。

针对法官的惩戒制度进一步凸显监督机关和惩戒机关的分离原则。法官的职务监督机关（法院院长）只能给予警告的处分，正式的惩戒措施必须由设于联邦普通法院的职务法庭审理，通过法定程序宣判。

（二）惩戒机关有系统内外之别

德国的公务员惩戒机制分为机关内部的惩戒程序和在法院进行的惩戒程序。就法官而言，其主管机关在进行内部惩戒时，应遵循相应的程序规则，注重对涉案公务员基本权利的保障。对于警告以上的惩戒措施，必须由法院通过法定程序审理后科处。一般公务员的惩戒事件由行政法院内设的惩戒院或惩戒庭处理，法官的惩戒事件由联邦职务法庭和州职务法庭审理。

（三）遵循严格程序

无论是机关内部惩戒还是法院的惩戒程序，均必须遵守严格的程序规定。例如联邦职务审判案件，包括四个具体程序：第一，调查指控。由法定的人员直接向惩戒机构提出指控。第二，开庭审理。惩戒机构按照与普通程序相似的程序进行审理。第三，出示证据。通常会采用较为严格的证明标准。第四，合议决定。通常以合议的形式对该法官是否应当受惩戒以及受何种惩戒作出决定。

法官的免职必须经过法院审理程序。只有在法院作出有法律效力的认定后，才能免除终身法官或者定期法官的职务，或者将其调任其他职务或撤职。与民事诉讼不同，惩戒诉讼中的法院实行主动取证原则。在不服惩戒命令的诉讼中，法庭应当审查相关决定的合法性和合理性(Rechtmäßigkeit und Zweckmäßigkeit)。《联邦公务员惩戒法》第58条特别规定，法庭应自行收集必要的证据。这意味着，法院无须也不可以依赖机关起诉书或机关提供的惩戒档案中的调查报告、听证记录等材料。就算公务员拒绝自我申辩，法院也有义务主动调查一切与案件相关的证据，包括对公务员有利的情形。法院取证义务相当于机关内部程序中的中立原则。公务员就算完全不配合诉讼，也不会由于这种消极的态度而受到不良后果。只有在公务员确实存在服务过错，并且有足够的证据证明该服务过错的情况下，行政法院才可能判处相应的惩戒措施。

三、重视豁免与救济措施

德国注意将法官无法避免的因对法律的认识不同和对事实的认定不同而产生的“错案”与严重的失职、渎职行为和司法外不当行为相区别，重视法官惩戒诉讼中的豁免与救济。

(一)裁判责任豁免原则

按照国际上通行的做法，针对法官在行使其审判权时的言行提出的起诉不能成立，即保护法官审判行为的绝对特权。① 我国《国家赔偿法》中也明确规定，法官在行使审判权过程中造成的损害，由国家负责赔偿。

在德国，裁判责任豁免是体现司法独立与法官责任平衡的首要原则。裁判责任豁免当然不是法官完全不负责任，而是法官“审判责任”的豁免，说得准确一点是法官在执行职务中对事实的认定、对法律的解释及在此基础上对案件的裁决责任豁免。裁判责任豁免是基于对法官职业的尊重，是出于公正裁判和裁判终局性的需要。《德国法官法》第26条第1款特别规定，“法官只在不影响其独立

① 金泽刚：《司法改革背景下的司法责任制度》，载《东方法学》2015年第6期，第128页。

性的范围内接受职务监督”，即法官主管上级的职务监督不得影响其裁判独立性。法官有权针对一项监督措施向法院起诉，以判定其独立性是否受到侵害。

(二)不重复处分原则

《德国联邦公务员惩戒法》规定，在其他惩戒措施和人事措施中，不得考虑2年之前的警告、3年之前的罚款、降低薪金或降低退休金处分、7年之前的降级处分(重复考虑禁止)。上述期限经过后，曾受处分的公务员视为未受过处分。人事档案中关于惩戒措施的记载应依职权清除和销毁。《联邦公务员法》第112条进一步规定，如果材料被证明没有根据或者被证明是错误的，在征得公务员同意的情况下应立即从人事档案中清除或销毁；如果材料无益于公务员或者可能对公务员造成不利的，经申请于2年后清除并销毁；该规定不适用于对公务评价；对于不属于惩戒档案组成部分的刑事案件通告以及对联邦中央登记咨询的答复，在征得公务员同意的情况下，应在2年后清除并销毁，以避免负面材料对公务员或司法人员未来的职业生涯产生不必要的影响。

(三)充分救济措施

德国为被惩戒法官提供充分的程序救济，赋予其辩护权、答辩权、举证质证权、申诉权等，保证法官惩戒的公正性。按照德国现行的制度，公务员(包括法官)针对惩戒决定存在以下几种救济途径：复议、撤销之诉、上诉和再上诉、再审。例如《德国公务员法》规定，公务员对于惩戒处分可以提出申请和复议，可以向最高主管机关提出复议，针对自己直接上级的复议，可直接向更高一级上级提出。

(四)惩戒追诉时效和赦免

惩戒措施适用时效制度：不当行为终了后超过2年的，不得再科处警告。行为终了后超过3年的，不得再科罚款、降低薪金或降低退休金。行为终了后超过7年的，不得再科处降级。上述期限可因下列事实而中断：惩戒程序的启动或延长、提起惩戒之诉、提起追加惩戒之诉，或根据《联邦公务员法》第34条第3款第2句，以及与第34条第3款第2句相关的第37条第1款 的规定启动或延长对试用期公务员和临时公务员的调查。

另外，根据《联邦公务员惩戒法》第 81 条的规定，联邦总统依据本法享有惩戒案件的赦免权。他可以将赦免权委托给其他机构。解除公务员关系或剥夺退休金通过赦免被取消的，公务员权利得到恢复，公务员关系视为没有解除。只要未达到规定的年龄且能继续工作，相关公务员有权转入与其原来职务相同的或相似的职业，并获得和过去职务相当的基本薪金。在转入新的职务之前，相关公务员获得原来应有薪金。

四、对被追究责任之法官的基本生活保障

德国实行免职补偿金制度，即受到惩戒而不能享有退休金和生活补偿金的公务员可以享受免职补偿金，避免其陷入生活困境。

公务关系因公务员关系的解除而终结，公务员随之丧失薪金请求权和养老金请求权。解除公务员关系的决定生效后，当月结束后停止支付薪金。公务员在解除决定生效前退休的，该决定具有剥夺退休金的效力。退休公务员被科处剥夺退休金后，丧失养老金请求权，包括生存配偶的生活费请求权。

为了避免公务员和法官因此陷入生活困境，《联邦公务员惩戒法》规定，被解除公务关系之公务员可获得 6 个月的生活费，数额为其在决定生效前薪金的 50%；根据具体情况，决定中也可以将生活费请求权延长至 6 个月以上剥夺退休金后。退休公务员在通过补办保险获得养老金之前，可获得相当于退休金 70% 的生活费，期限最长为 6 个月。上述生活费，自从公务员的薪金或退休金丧失时开始支付。在同一期间已通过补办保险而获得退休金的，依本法第 12 条第 2 款支付的生活费应予退还。为了确保返还权利得以实现，退休公务员应当作出相应的债权转让声明。法院可在裁判中规定，将生活费全部或部分支付给公务员或退休公务员负有赡养义务之人；最高主管机关可在裁决生效后对此作出进一步规定。当事人重新被任命为公务员或进入公职关系的，其生活费请求权消灭。

因违反接受酬劳或礼物的禁止而被解除公务员关系或被剥夺退休金的公务员或退休公务员，如果其提供的事实有助于阻止犯罪发

生，尤其是《德国刑法典》规定的腐败犯罪，或者该事实有助于澄清其自己不法行为的，最后负责的最高主管机关应当承诺其按月发放生活费，并补办保险。承诺生活费的数额按照通过补办保险而有望得到的养老金之百分比确定，或者按照行业平均养老保险确定，但生活费不得高于或等于补办保险后取得的退休金请求权的数额。

五、法官腐败犯罪的惩处力度大于一般公务员

德国刑法中对包括法官在内的司法人员严苛以待，在数个罪名中均有明显的体现。最为显著的例证是，对于法官触犯"接受利益罪"和"索贿罪"，《德国刑法典》第331条第2款和第332条第2款专门规定了明显更重的法定刑格，这实际上是一种立法论上的"加重处罚"。例如第331条第1款规定，公务员索要、让他人允诺或收受他人利益的，处3年以下自由刑或罚金；而根据该条第2款规定，法官和仲裁员为自己或他人索要、让他人允诺或接受他人利益的，处5年以下自由刑或罚金。

之所以如此，原因在于，法官实施接受利益之行为，不但侵犯公职行为的廉洁公正，而且有损司法权威。在此值得一提的是，在对《德国刑法典》职务犯罪一章的重点罪名予以分析的过程中，尤其是在保护法益或规范目的的部分，经常会涉及作为法益内容的"民众对于公权机关的信任感"。简单地说，对于法官所实施之职务犯罪之所以要罪加一等地从重甚至加重处罚，盖因为法官群体相对于其他公职人员的特殊性，即司法权威相较于公权威严的脆弱易折与重点保护，可以说，司法权威扫地，则司法活动不存。

德国《联邦公务员惩戒法》[①]

第一部分　一般规定

第 1 条　适用主体

本法适用于《联邦公务员法》意义上的公务员和退休公务员。根据《公务员供给法》或其他旧法规定领取生活费的前公务员，在此等收入结束前，视为退休公务员，其收入视为退休金。享有养老金请求权的前公务员视为退休公务员，养老金也属于退休金。

第 2 条　适用范围

(一) 本法适用于

1. 公务员在其公务员关系存续期间实施的渎职行为②(《联邦公务员法》第 77 条第 1 款)③和；

2. 退休公务员(1)在其公务员关系存续期间的渎职行为(《联邦公务员法》第 77 条第 1 款)和(2)退休后实施的视为渎职的行为

---

① 《联邦公务员惩戒法》，德文"Bundesdisziplinargesetz"，简称"BDG"，2001 年 7 月 9 日颁布(《联邦法律公报》第 1 部分，第 1510 页)，经 2015 年 3 月 6 日的法律修正案第 8 条最新修订(《联邦法律公报》第 1 部分，第 250 页)。本文以徐久生教授之译本为基础(参看徐久生：《德国联邦公务员法和德国联邦公务员惩戒法》，中国方正出版社 2014 年版)，根据最新的德语文本全面修订和校注。

② "Dienstvergehen"，字面意思为服务过错、违纪行为。

③ 《联邦公务员法》第七十七条　未履行义务(一)公务员有责地违反其所承担的义务的，属于渎职。在职务之外，根据具体的情况，只有严重影响了职务应有的信任或者严重影响了公务员制度的，违反义务的行为始可被认为是渎职。

(《联邦公务员法》第77条第2款①)。

(二)曾经在其他公务关系中担任公务员、法官、职业士兵或士兵的公务员和退休公务员，其在以前公务员关系存续期间实施的渎职行为，或基于该公务员关系而获得供给请求权者实施的渎职行为，亦适用本法；脱离此公务员关系之人和被解雇之人实施的《联邦公务员法》第77条第2款所规定之行为，亦视为渎职行为。公务员供职部门(Dienstherr)的变更不影响本法的适用。

(三)对于在演习、特殊的国外履职、国内支援或者国外支援中服兵役的公务员，服役期间之行为在士兵法和公务员法上均构成渎职行为的，亦适用本法。

第3条 《行政诉讼法》和《行政法院法》的补充适用

《行政诉讼法》和《行政法院法》的规定可相应补充适用于本法，但以该规定与本法规定不相矛盾或本法未作其他规定者为限。

第4条 加快要求

违纪惩戒程序应当加快进行。

第二部分 惩戒措施

第5条 惩戒措施的种类

(一)针对公务员的惩戒措施包括：

1. 警告(第6条)
2. 罚款(第7条)
3. 降低薪金(第8条)
4. 降级(第9条)和

① 《联邦公务员法》第77条 未履行义务(二)对于已经退休和曾经领取过生活费的公务员，下列情形视为渎职：1. 从事违反《基本法》意义上的自由民主基本秩序的行为；2. 参与旨在影响联邦德国的存在或安全的行为；3. 违反保密义务和告发义务、违反公务员关系结束后的禁止行为事项、违反禁止接受报酬、礼品和其他利益之规定；4. 违反第46条第1款、第2款、第4款、第7款和第57条，有责地不履行某项职责，不接受进入公务员关系的新任命。前一句中的第1~3项同样适用于享有养老金请求权的前公务员。

5. 解除公务员关系(第 10 条)

(二)针对退休公务员的惩戒措施包括:

1. 降低退休金(第 11 条)和

2. 剥夺退休金(第 12 条)

(三)对试用期公务员和临时公务员①只能科处警告和罚款。对于因渎职行为而被解雇的试用期公务员和临时公务员，适用《联邦公务员法》第 34 条第 1 款第 1 项和第 3 款以及第 37 条的规定。②

第 6 条　警告

警告是对公务员特定行为的书面指责。未明示为警告的非难性表述不是惩戒措施(如斥责、劝告或者训斥)。

---

① 根据德国《联邦公务员法》第 6 条的规定，公务员关系和公务员分为:(1)终身公务员关系(Beamtenverhältnis auf Lebenszeit)，即长期承担公务员法第 5 条规定之任务的公务员;(2)定期限的公务员关系(Beamtenverhältnis auf Zeit)，仅于一定期限内从事法定职务的公务员;(3)试用期公务员关系(Beamtenverhältnis auf Probe)，即为日后成为终身公务员而需适用一定期限的公务员;(4)临时公务员关系(Beamtenverhältnis auf Widerruf)，即为完成实习培训或临时性承担公务员法第 5 条规定之任务的公务员。

② 《联邦公务员法》第 34 条　试用期公务员的解聘 (一)如果具备下列情形之一的，本法第 6 条第 3 款第 1 句意义上的试用期公务员可以被解聘:1. 终身公务员关系中的行为导致降低薪金;2. 未能经受住本法第 11 条第 1 款第 1 句第 2 项规定的考验;3. 工作能力欠缺，不可能工作到退休，或者 4. 机构撤销，或所在机构的组成或任务发生重大变化，或在机构合并中其工作岗位受到影响，且不可能另作他用。第 1 句第 2 项的情况不包括健康原因，在第三项情况下应审查其是否适合其他工作。(二)在下列受雇佣期限下，解聘期限为 1. 受雇期限为三个月的，为两周到月末;且 2. 受雇期限超过三个月的，为六周到季末。试用期公务员关系期间在同一最高主管机关管辖范围内持续工作的时间视为受雇期限。(三)在本法第 1 款第 1 项情况下解聘可不受相关期限规定的约束。相应适用《联邦公务员惩戒法》第 21 条至第 29 条的规定。(四)试用期公务员在达到终身公务员关系的年限要求的当月底解聘。

第 37 条　临时公务员的解聘 (一)临时公务员可以随时被解聘。解聘不受有关期限规定的约束。相应适用本法第 34 条第 4 款的规定。(二)临时公务员处于见习服务期(im Vorbereitungsdienst)的，应给予其完成见习服务并参加考试的机会。他们的公务员关系在下列时间点解除:1. 获知通过考试或确定没有通过考试;或者 2. 获知没有通过必须的期中考试(Zwischenprüfung)。

第 7 条　罚款

罚款额以公务员月薪金或候补者月薪金为限。没有薪金或者候补者薪金的，罚款额最高为五百欧元。

第 8 条　降低薪金

(一)降低薪金是指部分降低公务员的月薪金，降幅最高为月薪金的五分之一，时限最长为三年。降薪效力及于公务员在该决定生效时担任的所有职务。公务员基于先前公务关系获得供给请求权的，该权利不受降低薪金的影响。

(二)降薪决定从生效后的下个月开始执行。决定生效前公务员退休的，其退休金(第 11 条)相应降低。公务员在降低薪金期间退休的，其退休金作相应的降低，时限与降低薪金一致。丧葬费、遗孀抚恤金和孤儿津贴不得降低。

(三)公务员不带薪休假期间不降低薪金。他可以提前为休假期间向供职部门缴付降低薪金的数额；则休假结束后降低薪金的期限相应缩短。

(四)在薪金被降低期间，该公务员不得晋升。因惩戒程序期限之故，可以决定的形式缩短降低薪金的期限。

(五)降低薪金的法律后果也可及于新的公务员关系。在适用本条第 4 款时，雇用或者任用比以前更高的职位等同于晋升。

第 9 条　降级

(一)降级是指公务员被从原职务中降低一个基本工资等级。降级后，公务员丧失所有基于目前职务所获得的权利，包括与此相关的薪金和官衔。降级决定中未作其他规定的，降级后公务员的名誉职和因其职务或经其上级要求、建议或发起而从事的兼职行为同时结束。

(二)新职务的薪金从降级决定生效后的下个月起支付。降级决定生效前公务员退休的，按照决定中确定的薪金等级领取养老金。

(三)最快在降级决定生效五年后，公务员始可得到晋升。因惩戒程序期限上的考虑，可以决定的形式缩短降级的期限。

(四)降级的法律后果同样可及于新的公务员关系。鉴于本条第 3 款的规定，雇用或者任用比降级后更高的职位等同于晋升。

第 10 条　解除公务员关系

（一）公务关系因公务员关系的解除而终结。公务员随之丧失薪金请求权和供给请求权、丧失使用依职务取得的官衔和称号的权利以及穿官服的权利。

（二）解除公务员关系的决定生效后，当月结束后停止支付薪金。公务员在解除决定生效前退休的，该决定具有剥夺退休金的效力。

（三）被解除公务关系之公务员可获得六个月的生活费，数额为其在决定生效前薪金的百分之五十。对此不适用本法第 38 条第 2 款关于扣除薪金的规定。若公务员对此受之有愧或者情况表明并无必要，可以在决定中全部或部分排除生活费请求权。为避免公务员陷入生计困难，决定中也可以将生活费请求权延长至六个月以上；公务员必须证明相关情况。生活费的支付适用本法第 79 条的特别规定。

（四）解除公务员关系及其法律后果及于决定生效时该公务员担任的全部职务。

（五）若被解除公务员关系者以前存在其他联邦公务员关系，且惩戒措施因先前公务关系存续期间所为之渎职行为而作出，则其在解除关系时同时丧失基于先前公务关系所获得的权利。

（六）被解除公务员关系的公务员，不得再次被任命为公务员；也不得建立其他工作关系。

第 11 条　降低退休金

降低退休金是指部分降低退休公务员的月退休金，降低幅度最高为月退休金的五分之一，降低时限最长为三年。准用本法第 8 条第 1 款第 2 句和第 3 句、第 2 款第 1 句和第 4 句的规定。

第 12 条　剥夺退休金

（一）剥夺退休金后，退休公务员丧失供给请求权，包括生存配偶的供给请求权，以及使用因以前职务授予的官衔和称号的权利。

（二）剥夺退休金后，退休公务员在通过补办保险获得养老金之前，可获得相当于退休金百分之七十的生活费，期限最长为六个月；第 38 条第 3 款规定的降低退休金不受影响。准用本法第 10 条第3款第2句至第4句的规定。

(三)剥夺退休金及其法律后果及于退休公务员在退休时担任的所有职务。

(四)准用本法第10条第2款第1句以及第5款和第6款的规定。

第13条　惩戒措施的尺度把握

(一)应依职权裁量决定惩戒措施。惩戒措施依据渎职的严重程度确定。应适当考虑公务员的个性特征。此外,还应考虑该公务员在多大程度上损害了供职部门或公众的信任。

(二)对于因严重渎职而丧失供职部门或公众信任的公务员,必须解除公务员关系。退休公务员倘若没有退休应被科处解除公务员关系的,剥夺其退休金。

第14条　刑事诉讼程序或行政罚款程序①后惩戒措施的适用性

(一)公务员在刑事诉讼程序或行政罚款程序中被处刑罚、罚款或者纪律处分,或某一行为根据《刑事诉讼程序法》第153a条第1款第5句或者第2款第2句的规定,在履行负担和命令后不再作为不法行为加以追诉的,因同一事实

1. 不得处以指示、罚款或降低退休金;

2. 为督促公务员履行义务而有必要的,始可处以降低薪金。

(二)公务员在刑事诉讼程序或罚款程序中被宣告无责,只有当法院在裁判中认为某事实构成渎职、但尚未满足刑事或行政罚款规定的构成要件时,始可因该事实科处惩戒措施。

第15条　因过时效而禁用惩戒措施

(一)渎职行为终了后超过二年的,不得再科处警告。

---

① 刘剑文、汤洁茵在《试析〈德国税法通则〉对我国当前立法的借鉴意义》(《河北法学》2007年第4期,第49页)中将“Bußgeldverfahren”翻译为行政处罚程序。但周恒祥博士翻译的《德国联邦刑事程序和行政罚款程序管理规章》将其译为行政罚款程序。考虑到其文字中含有“Bußgeld”,即“罚款”之意,本文采纳周恒祥博士的译法。

（二）渎职行为终了后超过三年的，不得再科罚款、降低薪金或降低退休金。

（三）渎职行为终了后超过七年的，不得再科处降级。

（四）本条第1款至第3款规定的期限因下列事实而中断：惩戒程序的启动或延长、提起惩戒之诉、提起追加惩戒之诉，或根据《联邦公务员法》第34条第3款第2句，以及与第34条第3款第2句相关的第37条第1款①的规定启动或延长对试用期公务员和临时公务员的调查。

（五）第1款至第3款规定的期限因复议程序、法院的惩戒程序、第22条规定的惩戒程序中止或因人事评议委员会（Personalrats）的参与而停止计算。在法定期限届满前因同一事实启动刑事诉讼程序或行政罚款程序或提起公务员关系之诉的，程序期间亦不计算在期限内。

第16条　重复考虑禁止、从人事档案清除

（一）在其他惩戒措施和人事措施中，不得考虑二年之前的警

① 《联邦公务员法》第34条　试用期公务员的解聘（一）如果具备下列情形之一的，本法第6条第3款第1句意义上的试用期公务员可以被解聘：1. 终身公务员关系中的行为导致降低薪金；2. 未能经受住本法第11条第1款第1句第2项规定的考验；3. 工作能力欠缺，不可能工作到退休；或者4. 机构撤销，或所在机构的组成或任务发生重大变化，或在机构合并中其工作岗位受到影响，且不可能另作他用。第一句第二项的情况不包括健康原因，在第三项情况下应审查其是否适合其他工作。（二）在下列受雇佣期限下，解聘期限为1. 受雇期限为三个月的，为两周到月末，且2. 受雇期限超过三个月的，为六周到季末。试用期公务员关系期间在同一最高主管机关管辖范围内持续工作的时间视为受雇期限。（三）在本法第一款第一项情况下解聘可不受相关期限规定的约束。相应适用《联邦公务员惩戒法》第21条至第29条的规定。（四）试用期公务员在达到终身公务员关系的年限要求的当月底解聘。

第37条　临时公务员的解聘（一）临时公务员可以随时被解聘。解聘不受有关期限规定的约束。相应适用本法第34条第4款的规定。（二）临时公务员处于见习服务期（im Vorbereitungsdienst）的，应给予其完成见习服务并参加考试的机会。他们的公务员关系在下列时间点解除：1. 获知通过考试或确定没有通过考试；或者2. 获知没有通过必需的期中考试（Zwischenprüfung）。

告、三年之前的罚款、降低薪金或降低退休金处分、七年之前的降级处分（重复考虑禁止，Verwertungsverbot）。重复考虑禁止生效后，曾受处分的公务员视为未受过处分。

（二）重复考虑禁止的期限从惩戒措施决定生效后开始计算。该期限因下列原因而不予结束：已经启动的刑事诉讼程序或惩戒程序未终结、可能给予其他惩戒措施、降低薪金的决定尚未执行、关于中止公务员关系的诉讼程序或针对公务员的损害赔偿诉讼尚未审结。

（三）重复考虑禁止开始后，人事档案中关于惩戒措施的记载应依职权清除和销毁。据以作出降级处分的法院裁判的内容提要和格式应保留于人事档案。但其他参与人和全权代表的称号、法官的姓名及费用决定等，应做无法辨识的处理。经公务员申请，可以停止清除工作或给予特别保存。公务员应被告知将清除有关记载，并可以在被告知享有申请权和申请期限之后一个月内提出申请。因提出申请或本款第 2 句规定的法院裁判的内容提要和格式被保留于人事档案的，应在记载内容中注明重复考虑禁止。

（四）本条第 1 款至第 3 款准用于最终未科处惩戒措施的惩戒案件。惩戒程序依据本法第 32 条第 1 款第 1 句第 1 项被中止的，重复考虑禁止的期限为三个月，其他情况下为两年。重复考虑禁止的期限始于结束惩戒之诉的决定生效之日，其他情况下始于负责启动惩戒程序的上级获得足以证实渎职行为之怀疑的事实依据之日。

（五）对于导致负面评价的惩戒记录之清除和销毁，适用《联邦公务员法》第 112 条第 1 款第 1 句第 2 项，第 2 句和第 3 句①的规定。

---

① 《联邦公务员法》第 112 条　材料的清除（一）不适用《联邦公务员惩戒法》第 16 条第 3 款和第 4 款第 1 句规定的有关异议、主张和评价的材料包括：1. 如果材料被证明没有根据或者被证明是错误的，在征得公务员同意的情况下应立即从人事档案中清除或销毁；2. 如果材料无益于公务员或者可能对公务员造成不利的，经申请于两年后清除并销毁；该规定不适用于对公务评价。本款第 1 句第 2 项规定的期限可因本规定意义上的新的事实，或因开始刑事诉讼程序或惩戒程序而中止。新的指责被证明没有根据或者是错误的，该期限视同没有中止。（二）对于不属于惩戒档案组成部分的刑事案件通告以及对联邦中央登记咨询的答复，在征得公务员同意的情况下，应在两年后清除并销毁。该情况适用第 1 款第 2 句和第 3 句的规定。

第三部分　机关内部的惩戒程序①

第一章　启动、扩展和限制

第 17 条　依职权启动

（一）若有充分事实依据证明存在渎职行为的，主管上级应依工作职责启动惩戒程序。较高级别的主管上级和最高主管机关②应在其业务监督范围内确保这一工作职责的实现；它们随时可以亲自负责惩戒程序。启动惩戒程序应当记录在案。

（二）根据本法第 14 条和第 15 条的规定不适用惩戒措施的，不得启动惩戒程序。不启动程序的原因应当记录在案并告知相关公务员。

（三）若公务员担任多个职务且多个职务不区分主从关系，其中一个职务的主管上级在对公务员启动惩戒程序前，应当告知对该公务员其他职务有管辖权的主管上级。不得因同一事实对该公务员启动其他惩戒程序。公务员担任多个职务且多个职务存在主从关系的，只有其主要职务的主管上级可启动惩戒程序。

（四）本条第 1 款至第 3 款规定的管辖权不因休假、派遣或指派而受影响。在派遣情况下，除非本法另有规定，根据本条第 1 款负有职责的上级可以就派遣期间发生的渎职行为将其职责转移给新的上级，但以其未将该职责交给其他主管上级为限。

第 18 条　根据公务员的申请而启动

（一）为消除对自身渎职行为的怀疑，公务员可以向其主管上级或较高级别的主管上级申请启动针对自己的惩戒程序。

（二）唯有当没有充分事实依据确证对渎职行为之怀疑时，公

---

① “Behördliches Disziplinarverfahren”，机关内部的惩戒程序，相对应的是在行政法院进行的惩戒诉讼程序。

② 《联邦公务员法》第 3 条　概念规定（一）公务员的最高主管机关为其职务所属系统的最高负责机关。（二）对下属公务员的个人工作享有公务员法上的决定权者，为公务员的主管上级。（三）有权作出工作命令者，为上级。

务员的申请始可被驳回。有关决定应告知相关公务员。

（三）准用本法第 17 条第 1 款第 2 句后半和第 3 句以及第 3 款和第 4 款的规定。

第 19 条　扩展和限制

（一）在依据第 32 条至第 34 条作出的决定颁布之前，惩戒程序可以扩展至新的被证明有渎职嫌疑的行为。扩展应当记录在案。

（二）在依据第 32 条至第 34 条作出的决定或依据第 42 条作出的复议决定颁布之前，惩戒程序可以被限制，即剔除那些对可能的惩戒措施在类型和幅度上不具有重要意义的行为。限制应记录在案。被剔除的行为不得再次被纳入惩戒程序，但限制的前提条件于事后发生的，不在此限。被剔除的行为没有再次纳入惩戒程序的，在惩戒程序终结后，不得以此为由提起新的惩戒程序。

第二章　实施

第 20 条　告知、劝导公务员和听取公务员的意见

（一）以不妨碍查清案件事实为限，惩戒程序启动后应立即告知相关公务员。说明其可能会对哪些渎职行为负责，并告知其有权发表口头或书面意见、可以不做辩解、可以随时聘用全权代表或法律顾问。

（二）提交书面意见的期限为一个月；提交口头意见的期限为两周。涉案公务员在期限内要求发表口头意见的，应在收到请求三周后内听取该公务员的意见。该公务员因为某种迫不得已的原因而未能遵守本款第 1 句所规定期限，或未能参加言辞辩论，但已立即告知有关部门的，可以延长法定期限，或重新传其参加言辞辩论。期限规定和传票应当送达该公务员。

（三）未按照本条第 1 款第 2 句和第 3 句之规定履行告知义务或未正确告知的，公务员的陈述不得作不利于他的用途。

第 21 条　调查职责的履行，例外

（一）为澄清案件事实，应进行必要的调查。调查范围包括不利于当事人的情节、有利于当事人的情节以及对惩戒措施的裁量具有重要意义的情况。较高级别的主管上级和最高主管机关可以自行进行调查。

(二)如果案件事实已经为刑事诉讼程序或行政罚款程序中的生效判决所确认，或为依据《联邦薪俸法》第 9 条因有责地未履行公务而丧失薪金所作出的行政诉讼程序的生效判决所确认，则无须重新调查。如果案件事实以其他方式，尤其是在其他法定程序中得到澄清，同样免除调查。

第 22 条　惩戒程序与刑事诉讼程序或其他诉讼程序的竞合，中止

(一)公诉人已根据同一事实对公务员提起刑事诉讼程序的，惩戒程序中止。如果对案件事实不存在有根据的怀疑，或者该事实在刑事诉讼程序中因公务员个人的原因未能进行审理，不发生中止。

(二)如果嗣后出现本条第 1 款第 2 句规定的前提条件，则最迟在刑事诉讼程序终结时，依据本条第 1 款第 1 句中止的惩戒程序立即恢复。

(三)如果其他法定诉讼程序中将对某个问题作出裁决，而该问题的判断对惩戒程序中的决定具有重要意义，惩戒程序同样可以中止。准用本条第 1 款第 2 句的规定。

第 23 条　刑事诉讼程序或其他诉讼程序中的事实认定的约束力

(一)刑事诉讼程序或行政罚款程序中的生效判决的事实认定，或依据《联邦薪俸法》第 9 条对有责地未履行公务而丧失薪金作出裁决的行政诉讼程序的生效判决的事实认定，对基于同一事实的惩戒程序具有约束力。

(二)在其他法定诉讼程序中所作的事实认定不具有约束力，但在惩戒程序中可以无须重新审查即作为决定依据。

第 24 条　证据收集

(一)应收集必要的证据。尤其可以：

1. 收集书面的公务咨询回复，
2. 询问证人和专家或收集他们的书面意见，
3. 调阅文件和档案，以及
4. 勘验。

(二)其他法定诉讼程序中的证词记录和法官查验记录，无须进行新的证据收集便可直接使用。

(三)应依职权裁量决定公务员的证据申请。如果对于事实问题或责任问题具有重要意义，或对惩戒措施的类型和幅度具有重要意义，应许可证据申请。

(四)应准许公务员询问证人和专家以及参与勘验，并提出有关问题。公务员的参与可基于重要原因被排除，尤其是考虑到调查目的或为保护第三者所必需。如果没有重大原因，应当允许公务员接触书面鉴定意见。

第 25 条　证人和鉴定人

(一)证人负有作证的义务，鉴定人负有出具鉴定意见的义务。准用《刑事诉讼法》中关于证人作证义务、出具鉴定意见义务、拒绝鉴定以及关于将公务人员的亲属作为证人或鉴定人进行询问的规定。

(二)证人或鉴定人不具备《刑事诉讼法》第 52 条至第 55 条和第 76 条所列之原因而拒绝作证或出具鉴定意见的，可以申请法庭进行讯问。申请中应当说明讯问内容，并提供参与人的姓名和地址。法庭得对拒绝作证或拒绝为鉴定的正当性作出裁决。

(三)本条第 2 款规定的申请只能由主管上级，主管上级的全权代理人或委托代理人提出，该委托代理人应具备法律职业资格。①

第 26 条　文件交付

公务员需根据要求将所有和公务有关的文书、图纸、图示和记录及其技术说明提交惩戒程序使用。经申请，法庭可以裁定的形式命令交付，并以强制性罚款方式强制实施；准用本法第 25 条第 3 款的规定。对该裁定不得上诉。

第 27 条　没收和搜查

(一)经申请，法庭可以裁定形式命令没收和搜查；准用本法第 25 条第 3 款的规定。公务员的渎职嫌疑具有现实紧迫性、且没收和

---

① “Befähigung zum Richteramt”字面意思为“法官资格”，其在德国法中指的是“全法律人”(Volljuristen)资格。根据《德国法官法》第 5 条的规定，接受大学法学教育并通过第一次国家考试(候补文官考试，Referendarexamen)者，应在国家机构从事见习服务培训并通过第二次国家考试(见习文官考试，Assessorexamen)，方获得此种资格。该资格是从事任何法律职业(如法官、检察官、律师和公证人)的前提条件，很多公法部门的职务也要求具备该资格，故将其译为“法律职业资格”更为恰当。

搜查措施与案件意义及预期惩戒措施相适应的，始可为此等命令。本法未作其他规定的，准用《刑事诉讼法》关于没收和搜查的规定。

（二）本条第 1 款规定的措施只能由《刑事诉讼法》规定的负责机关实施。

（三）住宅不受侵犯的基本权利（《基本法》第 13 条第 1 款）因本条第 1 款的规定受到限制。

第 28 条　记录

听取公务员意见和搜集证据应记录在案；准用《刑事诉讼法》第 168a 条的规定。在搜集书面的与公务有关的信息以及调阅文件和档案时，进行卷宗备案即可。

第 29 条　行政内部信息

（一）基于惩戒程序的需要且不侵害公务员、其他相关人员或被请求部门之重大利益，可以违背公务员或其他相关人员的意愿，将人事档案和其他个人相关资料，以及源于这些档案和资料的信息交给负责惩戒程序的部门，或在惩戒程序中处理或使用上述与个人相关的数据，除非法律另有规定。

（二）在不同机关或同一机关各部门之间，可以告知惩戒程序、惩戒程序相关事实、惩戒机关的决定，或提供相关档案，其目的是确保惩戒程序的顺利进行，且应以此为限，这里要考虑公务员未来接手的工作和职务情况，具体情况下还要顾及公务员或其他相关人员的权益。

第 30 条　最后的听证

调查结束后应当给公务员做最后陈述的机会；准用本法第 20 条第 2 款的规定。惩戒程序根据本法第 32 条第 2 款第 2 项或者第 3 项的规定被终止的，无须最终听证。

第 31 条　惩戒程序的移送

在进行听证和调查之后，公务员的主管上级根据第 32 条至第 34 条的规定认为自己的权限不够的，应将案件移送给级别较高的主管上级或最高主管机关决定。如果较高级别的主管上级或最高主管机关认为需要进行进一步调查，或认为该上级有权限，可以将惩戒程序交还给该主管上级。

第三章　最终决定

第 32 条　终止命令①

（一）具备下列情形之一的，终止惩戒程序：

1. 渎职行为未得到证实，

2. 渎职行为虽然得到证实，但没有合适的惩戒措施，

3. 根据本法第 14 条或第 15 条不得科处惩戒措施，或者

4. 惩戒程序或惩戒措施因其他原因不被允许。

（二）具备下列情形之一的，亦得终止惩戒程序：

1. 公务员死亡，

2. 公务员关系因解雇、丧失公务员权利或撤职而结束，或者

3. 涉及退休公务员的，发生了依据《公务员薪俸法》第 59 条第 1 款作出法院裁判的结果。

（三）终止命令必须说明理由并送达。

第 33 条　惩戒命令

（一）应处警告、罚款、降低薪金或降低退休金的，以惩戒命令的形式宣布此等处分。

（二）上级有权对隶属于自己的公务员处以警告和罚款。

（三）降低薪金的规定：

1. 最高主管机关有权降低薪金至最高限，和

2. 直接隶属于最高主管机关的上级有权降低薪金的五分之一，期限为两年。

（四）根据第 84 条行使惩戒权的主管上级可降低退休金至最高限。

（五）最高主管机关可以以一般命令的形式将本条第 3 款第 1

① 徐久生将“Einstellungsverfügung”译为“停止命令”，也有人翻译为“终止命令”。参看王一超：《论国家教唆之下被教唆人的诉讼救济——以刑事诉讼条件理论为视角》，载《金陵法律评论》2014 年春季卷，第 75 页。本文认为，“停止”在含义上容易和第 22 条规定的“中止”混淆，有暂时停止的意思。但根据该条内容来看，第三十二条指的是确定的终结惩戒程序，故采用“终止”为宜。

项规定的权限全部或部分委托给其下级机关；该命令应当在法律公报中予以公布。

（六）惩戒命令必须说明理由并送达。

第 34 条　提起惩戒之诉

（一）应当科处降级、解除公务员关系或剥夺退休金的，必须对其提起惩戒之诉。

（二）针对公务员的惩戒之诉由最高主管机关负责提起，针对退休公务员的惩戒之诉由第 84 条规定的行使惩戒权的主管上级提起。最高主管机关可以一般规定的形式，将本款第 1 句规定的权限全部或部分委托给其下级机关；命令应当在法律公报中予以公布。准用本法第 17 条第 1 款第 2 句后半句以及第 3 款和第 4 款的规定。

第 35 条　重新行使惩戒权的限制

（一）终止命令和惩戒命令应当立即呈送更高一级的主管上级。该上级认为根据本条第 2 款和第 3 款的规定其不享有权限的，应当立即将终止命令和惩戒命令报送最高主管机关。如果最高主管机关认为应当作进一步调查或该主管上级有充分权限的，可以将惩戒程序交还给该上级。

（二）即使依据本法第 32 条第 1 款终止惩戒程序，更高一级主管上级或最高主管机关仍可在其职权范围内因同一事实作出惩戒命令或提起惩戒之诉。第 1 句之决定只能在终止命令送达后三个月以内作出，但因同一事实作出的生效判决所基于的事实认定与惩戒命令所基于的事实认定不一致的除外。

（三）更高一级主管上级或最高主管机关可以随时撤销下级主管机关作出的惩戒命令，最高主管机关也可以随时撤销自己作出的惩戒命令。它们可以在其职权范围内重新作出惩戒命令或提起惩戒之诉。如新的命令加重了惩戒措施的类型和严厉程度或重新提起惩戒之诉的，只能在原惩戒命令送达后三个月以内作出，但因同一事实作出的生效判决所基于的事实认定与惩戒命令所基于的事实认定不一致的除外。

第 36 条　刑事诉讼程序或行政罚款程序中嗣后作出裁判的影响

（一）惩戒命令生效后，若因同一事实提起的刑事诉讼程序或行政罚款程序作出生效判决，认为依据本法第 14 条不应处以惩戒措施，则经公务员申请，由颁布该惩戒决定的主管上级撤销惩戒命令并终止惩戒程序。

（二）申请期限为三个月。该期限自相关公务员知悉本条第 1 款所规定之裁判之日起计算。

第 37 条　费用①承担

（一）被科处惩戒处分的公务员应当承担惩戒程序所产生的垫款。若公务员的渎职行为只是颁布惩戒命令的部分原因，或调查虽然发生特别费用但其结果有利于公务员的，公务员只承担相应比例的垫款。

（二）惩戒程序被终止的，由供职部门承担相应垫款。尽管存在渎职行为，惩戒程序仍因故被终止的，可以由公务员承担或分担垫款。

（三）提出本法第 36 条规定的申请且申请被驳回的，适用本条第一款的规定，其申请被允许的，适用本条第 2 款的规定。

（四）主管部门承担垫款的，须同时补偿公务员因适当维权行为产生的必要开销。公务员聘请了全权代表或法律顾问的，所产生之规费和垫款也应得到补偿。公务员因自身过错而产生之开销，由其自行承担；其代理人的责任亦由公务员本人承担。

（五）机关内部的惩戒程序本身没有规定。

第四章　暂时解除职务和扣留薪金

第 38 条　许可

（一）在惩戒程序中，如果公务员可能被科处解除公务员关系或剥夺退休金，或试用期公务员及临时公务员可能依据本法第 5 条第 3 款第 2 句及《联邦公务员法》第 34 条第 1 款第 1 句第 1 项或者第 37 条第 1 款第 1 句被科处解除公务员关系，负责提起惩戒之诉的机关可以在提起惩戒程序的同时或之后，暂时解除该公务员职务。此外，若公务员继续在职会严重妨碍供职单位或调查行动，且

① 该条中使用了三个关于费用的词："Kosten"、"Auslagen"及"Gebühren"。此处参照《联邦德国行政法院法》第 162 条的规定，将三者分别译为费用（Kosten）、规费（Gebühren）和垫款（Auslagen）。

暂时解除职务与案件严重程度及可能的惩戒措施相适应的，也可以暂时解除职务。

（二）在惩戒程序中，若公务员可能被科处解除公务员关系或剥夺退休金，负责提起惩戒之诉的机关可以在暂时解除职务的同时或之后，命令扣留相关公务员月薪金或候补公务员薪金的百分之五十。如果试用期公务员或临时公务员可能依据与《联邦公务员法》第 34 条第 1 款第 1 句第 1 项或第 37 条第 1 款第 1 句相关的本法第 5 条第 3 款第 2 句的规定被解雇，同样适用前一句。

（三）在惩戒程序中可能被科处剥夺退休金的，负责提起惩戒之诉的机关可以在暂时解除职务的同时或之后，命令扣留退休公务员退休金的百分之三十。

（四）负责提起惩戒之诉的机关可随时全部或部分地撤销暂时解职、扣留薪金或候补官员薪金以及扣留退休金的决定。

第 39 条　法律效果

（一）暂时解职在送达之时、扣留薪金在送达到期日之后生效和执行。执行效果及于公务员的全部职务。

（二）暂时解职期间，与职务相关之费用补偿请求权停止行使。

（三）公务员因自己的过错被暂时解职的，则在其有过错的离职期间，继续适用《联邦薪俸法》第 9 条关于薪金损失之规定。因暂时解职而受影响的，薪金损失止于公务员可以不受阻碍地重新履职时。终止时间由负责提起惩戒之诉的机关确定并告知相关公务员。

（四）暂时解职和扣留薪金因惩戒程序结束而终止。

第 40 条　扣留薪金的充公和补付

（一）具备下列情形之一的，根据本法第 38 条第 2 款所扣留之薪金予以充公：

1. 在惩戒程序中被科处解除公务员关系或剥夺退休金，或依据与《联邦公务员法》第 34 第 1 款第 1 句第 1 项或者第 37 条第 1 款第 1 句相关的本法第 5 条第 3 款第 2 句的规定被解雇；

2. 在因同一事实提起的刑事诉讼程序中被科处刑罚，从而丧失公务员权利或退休公务员权利；

3. 惩戒程序依本法第 32 条第 1 款第 3 项规定的原因终止，但在停止惩戒程序后三个月内又因同一事实再次启动新的惩戒程序，并被科处解除公务员关系或剥夺退休金；或

4. 惩戒程序依本法第 32 条第 2 款第 2 项或第 3 项终止，但负责提起惩戒之诉的机关(第 34 第 2 款)认为应当解除公务员关系或剥夺退休金。

(二)惩戒程序因本条第 1 款所列情形之外的方式终结的，应补发依据本法第 38 条第 2 款和第 3 款扣留的薪金。如果被科处惩戒处分，或负责提起惩戒之诉的机关认为渎职行为成立，则公务员在暂时解除职务期间经批准的兼职所得(《联邦公务员法》第 99 条)，①

---

① 《联邦公务员法》第 99 条　须经批准的兼职活动(一)除本法第 100 条第 1 款列举情形外，公务员从事任何有报酬的兼职活动，均需经过事前批准。本规定同样适用于下列无报酬的兼职活动：1. 接受某一兼任职务；2. 商业的或自由职业工作或者两者的协作，和 3. 进入企业机构，但不包括合作社。(二)对于兼职申请，得基于影响公共利益而拒绝批准，特别是对具有下列情形的兼职活动：1. 就其工作方式和范围来看，需要投入过多精力而妨碍履行公务职责；2. 可能与公务员职责相冲突；3. 从事的是公务员所在机关拟完成或可能完成的工作；4. 可能影响公务员公正性和公平性；5. 可能导致公务员在未来任职中受到重大限制；6. 有损国家管理形象的。如果从其执业程度或工作绩效，或考虑到其种类、范围和期限等因素，兼职活动可以被视为第二职业的，一般也应当予以拒绝。(三)如果一个或多个兼职活动的时间投入超过周工作时间的五分之一，即属于第 2 款第 2 句第 1 项所规定的条件。在履行公职能力受限的情况下，周工作时间的五分之一按照本法第 45 条第 2 款第 1 句缩短后的工作时间为根据。兼职活动所得报酬超过公务员职务年基本工资百分之四十的，也具备拒绝批准的条件。公务员若能提供事实证明其时间投入没有超过通常的周工作时间，或者在具体情况下不宜拒绝批准的，主管机关可以例外地批准兼职活动。在适用本款第 1 句至第 4 句时应当全面考虑申报的各项兼职活动。(四)兼职活动批准期限最长为五年。可以对批准附加条件和负担。批准后发现兼职活动影响公务利益的，可以撤回批准。(五)批准由最高主管机关做主。最高主管机关可以将该权限委托给下属机关。批准申请以及对申请的决定均用书面形式作出。公务员应当向作出决定的机关提供必要的证据，尤其是关于兼职活动种类、范围以及报酬。上述情形发生任何变化的，也应当立即以书面形式通知主管机关。

第一百条　无须批准的兼职活动(一)下列兼职活动无须报批：1. 公务员管理属于自己的财产；2. 写作、科研、艺术或学术工作；3. 公立高校和联邦军队高校内的教师和研究机构公务员，从事与教学科研相关的独立研究工作；4. 在工会、职业联合会或公务员自助会等组织中从事维护公务员职业权益的活动。……

应当作价算入补发的薪金。涉事公务员应当告知其兼职收入的数额。

第五章　复议程序①

第 41 条　复议的必要性、形式和期限

(一)提起公务员诉讼之前必须进行复议程序。相关决定由最高主管机关作出的，无须复议。

(二)复议的形式和期限适用《行政法院法》第 70 条的规定。②

第 42 条　对复议的决定

(一)复议决定由最高主管机关作出；涉及退休公务员的复议决定，由第 84 条规定的主管上级作出。最高主管机关可以用一般命令的形式将本款第一句的职权全部或部分委托给下属机关；该一般规定必须在《联邦法律公报》上公布。

(二)复议决定中不得对所涉惩戒决定做不利于公务员的变更。依第 35 条第 3 款作出不同决定的权限不受影响。

第 43 条　重新履行惩戒职权的限制

复议决定应立即呈送最高主管机关。最高主管机关可以随时撤销有关惩戒命令的复议决定。最高主管机关可以重新作出决定或提起惩戒之诉。在类型和幅度上加重惩戒措施或提起惩戒之诉的，只能在复议决定送达后 3 个月内作出，但因同一事实作出的生效判决所基于的事实认定和惩戒决定所依据的事实认定不一致的除外。

第 44 条　费用承担

(一)败诉一方承担复议程序所产生垫款；复议部分成立的，

---

① “Widerspruchsverfahren”，徐久生译为“异议程序”，也有人译为复核程序，如 Matthias Goebel:《德国法院在公务员惩戒救济制度中的角色》，载《法律适用》2014 年第 5 期，第 117 页。本文认为译为复议程序较为符合原意。

② 《行政法院法》第 70 条　复议申请的形式及期限(一)复议申请须自行政行为通知相对人之后 1 个月内，向作出行政行为的行政机关以书面方式或在行政机关记录的方式提出。在该期限内向有权作出复议决定的行政机关提出申请的，视为在期限内作出申请。(二)准用第 58 条及第 60 条第 1 款至第 4 款的规定。

按比例分担垫款。尽管存在渎职行为但惩戒命令依然被撤销的，可以要求公务员承担全部或部分垫款。

（二）公务员撤回复议的，自行承担所产生之垫款。

（三）以其他方式了解争议的，依公平裁量决定费用承担。

（四）准用本法第37条第4款和第5款的规定。

第四部分 法院的惩戒程序

第一章 惩戒裁判权

第45条 行政裁判权的事务管辖权①

本法规定的惩戒裁判权工作由行政法院承担。为此，在行政法院中设立惩戒事件合议庭（惩戒庭），在高等行政法院中设立惩戒事件审判委员会（惩戒院），负责审理惩戒案件。各州可以通过立法将本条第一句所述工作任务分配给辖区内数个法院中的一个。若州法中已经指定辖区内数个法院中的一个管辖《州惩戒法》规定的程序，该法院亦承担本条第一句所述工作，除非法律另有规定。《行政法院法》第50条第1款第4项的规定不受影响。②

第46条 惩戒事件合议庭

（一）惩戒庭由三名法官和两名公务员陪审员作为名誉法官组

① 即Zuständigkeit der Verwaltungsgerichtsbarkeit。德文中与管辖权相关的词包括“Gerichtsbarkeit”和“Zuständigkeit”，前者指的是法院作为司法主体对某事项是否有权受理，故译为裁判管辖权、审判籍或裁判权；后者指的是在确定法院就某事项有裁判权后，在内部如何确定某一具体法院审理该事项，故译为事务管辖权或具体管辖权，亦即一般意义上的管辖权。

② 《行政法院法》第50条 联邦行政法院事务管辖权（一）联邦行政法院作为第一审级及终审法院，审理以下争议：1. 联邦与各州、各州之间的非宪法性质的公法争议；2. 针对联邦内政部部长按照结社法第3条第2款第2项宣布的结社禁令、按结社法第8条第2款第1项作出的处置而提起的诉讼；3.（废除）；4. 涉及联邦新闻机构程序的诉讼。

成，由一名法官独任审判的除外。公务员陪审员不得参与言辞辩论和法庭裁决以外的其他审理活动。两名公务员陪审员之一应属惩戒程序针对的公务员所在行政机构和工作部门的成员。

(二)授权一名法官独任审理争议的，适用《行政法院法》第6条。① 在惩戒之诉程序中不得委托独任制法官审理。

(三)在预备程序中涉及下列事项的，由惩戒庭庭长作出决定：

1. 诉讼、申请或法律救济措施的撤回，

2. 本案争议了结，

3. 费用。

庭长指定了编制报告法官(Berichterstatter)的，则由报告人代替庭长作出决定。

(四)州法可以对惩戒事件合议庭的组成作出不同于本条第一款至第三款的规定。若州法已经就《州惩戒法》中的程序对惩戒事件合议庭的组成作出了不同规定，相关规定同样适用于本法规定的法院程序。

第47条　公务员陪审员

(一)公务员陪审员必须是终身任命的联邦公务员，且在被遴选或委任时在有管辖权的行政法院所在地区有任职住所(Dienstlichen Wohnsitz，《联邦薪俸法》第15条)。将管辖权委托给辖区内数个均有裁判权的行政法院之一的，公务员陪审员必须在该行政法院辖区内有任职住所。

---

① 《行政法院法》第6条　独任法官的指定，法庭的移交(一)在下列情况下，法庭一般应将诉讼指定其成员之一独任法官决定：1. 未显示案件中存在法律上或事实上的困难；2. 案件不具基本原则上的意义。见习法官在其任命后第一年内不得担任独任法官。(二)经法院言词审理的案件，不得指定独任法官处理，除非其过程中已作出保留性判决、一部判决或中间判决。(三)独任法官在与当事人听证之后，因案件具有基本原则上的意义、或显示出存在法律上或事实上的困难而将之移交法庭处理。不允许再次将案件指定独任法官处理。(四)对根据第1款和第3款作出的裁定不可执争。对不作出有关的指定。不得运用法律手段反对。

(二)《行政法院法》第 20 条至第 29 条和第 34 条①的规定不适用于公务员陪审员，但本法第 50 条第 3 款不受影响。

(三)公务员陪审员的遴选或委任由州法加以规定。

第 48 条　法官履职的排除

(一)法官或公务员陪审员具备下列情形之一的，依法不得在具体案件中履行法官职权：

1. 惩戒之诉所涉行为的受害人，

2. 是或者曾经是涉案公务员或受害人的配偶、生活伴侣或法

① 《行政法院法》第 20 条　任用的前提条件 名誉法官须为德国人，年满 30 岁，当选的前一年在法院管辖区内拥有其住所。

第 21 条　不具备任名誉职务资格 下列人不能担任名誉法官职务：(一)经判决而不具公职资格的人，或因故意犯罪被处 6 个月以上自由罚的人；(二)因一行为被控诉，可能导致丧失公职资格的人；(三)经法院命令限制处分财产的人；(四)不具备被选为州立法机关成员的选举权的人。

第 22 条　担任名誉职务的障碍性理由 下列人不能被任命为名誉法官：(一)联邦议会、州立法机关、联邦政府或州政府的成员；(二)法官；(三)公共部门非以名誉性质任职的公务员及雇员；(四)职业和现役军人；(五)律师、公证人和为以服务于他人事务为业的人。

第 23 条　拒绝权 (一)下列人可以拒绝任命为名誉法官：1. 神职与宗教人员；2. 审员和其他名誉法官；3. 已在普通行政管辖权法院任名誉法官逾 8 年的人；4. 医生、医务护理人员、助产士；5. 不具备助手的药剂师；6. 年满 65 岁的人。(二)在特殊情况下，可以根据申请，免除名誉法官的职务。

第 24 条　名誉职务的解除 (一)在下列任何一种情况下，应解除名誉法官的职务：1. 根据第 20 条至第 22 条规定，原本不应被任命或不再适合任命；2. 严重违反职务的人；3. 存在第 23 条第 1 款规定的一项原因；4. 不再具有执行其职务所需智力或体力的人；5. 已放弃其在法院管辖区住所的人。(二)在特殊情况下，可根据提议免除有关人员继续履行职务。(三)在本条第 1 款第 1 项、第 2 项及第 4 项的情况下。根据行政法院院长的提议作出决定；在第 1 款第 3 项、第 5 项以及第 2 款的情况下，根据名誉法官本人的申请作出决定。决定以裁定方式作出，作出前须听取名誉法官本人的意见。对决定不可争执。(四)本条第 3 款规定，准用于第 23 条第 2 款的情况。(五)第 21 条第 2 款所指的控诉提起后，依法不追究被告人的责任或被终局判决宣告无罪的，根据名誉法官本人的申请，必须由高等行政法院撤销本条第 3 款所指的决定。(转下页)

定代理人，

3. 是或曾经是涉案公务员或受害人的直系血亲、姻亲，三代以内旁系血亲或二代以内旁系姻亲，

4. 曾在针对公务员的机关内部惩戒程序中担任办案人员，或作为证人出庭，或作为鉴定人作出鉴定意见，

5. 曾参与因同一事实对公务员提起的刑事诉讼程序或行政罚款程序，

6. 是或曾经是公务员的上司，或在担任公务员上司期间处理过公务员的个人事务，或者

7. 曾作为人事代表机关(Personalvertretung)的成员参与针对公务员的惩戒程序。

(二)公务员陪审员和涉案公务员属于同一工作单位的，同样

(接上页)第 25 条　选期 名誉法官每 4 年选举一次。

第 26 条　选举委员会 (一)为选举名誉法官，每个行政法院均应组成委员会。(二)委员会由行政法院院长任主席，由州政府指定的 1 名行政官员和其他 7 名代表任委员。7 位代表由行政法院管辖区的居民中选举产生，或根据州法律的规定的规则由州议会或州议会委员会选举。他们必须符合担任名誉法官的条件。州政府可以被授权通过法规对不同于第一句的对行政官员的指定的主管机关作出规定。州政府可将此授权转最高州机关行使。(三)委员会至少在主席、行政官员以及 3 名代表列席时，才有作出决议的能力。

第 27 条　名誉法官数目 行政法院院长根据预计每名名誉法官每年最多参加 12 个庭审日的标准，决定所需的名誉法官数额。

第 28 条　推荐名单 县及无县市每 4 年提交 1 份名誉法官推荐名单。委员会规定各县和各无县市提名名单人数。此数目为第 27 条所需名誉法官人数的 1 倍。列入名单的人，必须至少获得该县、无县市代表机关法定成员人数中 2/3 赞成票。提名名单中除应列明推荐人的姓名，也应列出其出生地、出生年月日和职业。名单应送交有关行政法院的院长。

第 29 条　选举程序(一)委员会以至少 2/3 的多数票，从推荐名单中选出所需数额的名誉法官。(二)现任名誉法官履行其职务直至新选举为止。

第 34 条　高等行政法院的名誉法官 第 19 条至第 33 条的规定准用于高等行政法院中的名誉法官，只要该州法律确定名誉法官参与该法院的工作。

不能履行法官职务。

第 49 条　不可委任的公务员陪审员

如公务员陪审员已经被提起惩戒之诉或因故意犯罪被提起公诉，或被申请发布处罚令，或被禁止履行其职务，在上述程序期间或被禁止期间内不得履行法官职务。

第 50 条　公务员陪审员职务之解除

（一）公务员陪审员具备下列情形之一的，解除其法官职务：

1. 在刑事诉讼程序中被科处自由刑，

2. 在惩戒程序中被科处惩戒措施，除非仅被科处警告，

3. 在法院辖区外地区任职，

4. 解除公务员关系，或者

5. 被遴选或委任为公务员陪审员时，不具备本法第 47 条第 1 款规定的职务条件。

（二）在特殊困难情况下，公务员陪审员经申请可以不再继续履行其职务。

（三）在作出相关决定时，准用《行政法院法》第 24 条第 3 款的规定。

第 51 条　惩戒事件审判委员会

（一）高等行政法院中设立的惩戒院，准用本法第 46 条第 1 款和第 3 款以及第 47 条至第 50 条的规定。

（二）关于联邦行政法院，准用本法第 48 条第 1 款的规定。

第二章　行政法院的惩戒程序

第一节　诉讼程序

第 52 条　诉讼的提起、形式和期限

（一）惩戒之诉只能以书面方式提起。起诉书中必须按顺序说明公务员个人简历和工作履历、迄今为止的惩戒程序进程、和渎职相关的事实、对裁决具有重要意义的其他事实和证据。具备本法第 23 条第一款规定之条件的，渎职事实可以援用生效判决依据的事实认定。

（二）其他的诉讼形式和期限要求适用《行政法院法》第 74 条、

第75条和第81条①的规定。惩戒程序根据本法第22条中止的，《行政法院法》第75条第2句规定的期限停止计算。

第53条　追加的惩戒之诉

（一）已提起的惩戒之诉中不包括的新行为，只能通过提起追加惩戒之诉的方式纳入惩戒程序。

（二）供职部门认为应当告发新行为的，应告知法庭足以引起渎职怀疑的具体根据。法庭可在不影响本条第3款的前提下中止惩戒程序，并确定一个能够提起追加之诉的期限。在该期限届满前，供职部门非基于自身原因而预计不能遵守该期限规定的，可申请延长期限。确定和延长期限以裁定作出。该裁定不可撤销。

（三）如果预计新的行为不会影响即将科处的惩戒措施，或将新行为纳入会严重拖延惩戒程序，法庭可以不根据本条第2款中止惩戒程序；准用本条第2款第4句和第5句的规定。虽然惩戒程序依据本款第1句继续进行，但在言辞辩论传票或相关裁定送达前，仍可根据第59条就新的行为提起追加惩戒之诉。对新行为亦可重新提起惩戒之诉。

（四）在本条第2款规定的期限内没有提起追加惩戒之诉的，法庭继续目前的惩戒程序而不考虑新的行为；准用本条第3款第2句和第3句的规定。

---

① 《行政法院法》第74条　起诉期限（一）确认无效之诉须于复议决定送达后1个月内提起。根据第68条不需要作出复议决定的，应在行政行为公布后1个月内提起诉讼。（二）曾申请作出行政行为被拒绝的，对负义务之诉准用第1款规定。

第75条　在行政机关无所作为时的起诉 没有充分理由，未在适当期间内对复议申请或作出某一行政行为的申请作出实质性决定的，可无须符合第68条规定而提起诉讼。在提出复议申请或作出某一行政行为请求后逾3个月方可提起诉讼，除非因特别情况而有理由在较短期间起诉。有充分理由未在适当期间内对复议申请或请求的行政行为作出决定的，法院可将诉讼中止至其所定的某一期间届满为止，期间可以延长。在法院所定期间内复议要求得到满足，或作出了请求的行政行为的，须宣布案件终结。

第81条　诉讼的提起（一）诉讼须以书面方式向法院提起。起诉也可以通过在法院办事处书记官面前作出记录的方式作出。（二）起诉状及其他书状应附具为其他参与人所准备的复印件。

第 54 条　告知公务员

提起惩戒之诉或追加惩戒之诉的，应在送达时告知公务员本条第 55 条第 1 款和第 58 条第 2 款的期限，以及不遵守期限规定的后果。

第 55 条　机关内部惩戒程序或起诉书中的瑕疵

（一）在惩戒之诉中，公务员有权在惩戒之诉或追加惩戒之诉送达后两个月内，主张机关内部的惩戒程序或起诉书有重大瑕疵。

（二）对于未在本条第 1 款规定的期限内主张的重大瑕疵，若公务员已被告知不遵守期限的后果，且考虑该瑕疵会严重拖延惩戒程序，法院可以不考虑；除非公务员对未遵守期限之行为提出有说服力的理由。

（三）对于公务员及时主张的重大瑕疵或法院认为无须遵守期限规定的重大瑕疵，法院应给供职部门设定消除瑕疵的期限。准用本条第 53 条第 2 款第 3 句至第 5 句的规定。在规定期限内没有消除瑕疵的，法院通过裁定终止惩戒程序。

（四）依据本条第 3 款所作终止裁定一经生效，视同生效判决。

第 56 条　惩戒程序的限制

法庭可以剔除那些对预期惩戒措施之类型和幅度没有影响或影响不大的行为，从而对惩戒程序加以限制。被排除的行为不得再次纳入惩戒程序，除非限制惩戒程序的条件消失。在惩戒程序结束后，那些被排除且没有被再次纳入惩戒程序的行为，不得作为提起新惩戒程序的理由。

第 57 条　其他程序中的事实认定的约束力

（一）经刑事诉讼程序或行政罚款程序作出的生效判决所认定的事实，或行政法院根据《联邦薪俸法》第 9 条对有责地不履行职务的薪金损失作出的裁定所认定的事实，在依据同一事实进行的惩戒程序中对法院有约束力。但法院认为该事实认定显属不当的，应裁定重新审查相关事实。

（二）其他法定程序中的事实认定不具有约束力，但仍可以根据该事实认定作出决定，而无须重新审查。

第 58 条　证据调查

（一）法庭应自行收集必要的证据。

（二）在惩戒之诉中，主管机关应在起诉书中提出证据申请，公务员应在惩戒之诉或追加惩戒之诉送达后两个月内提出证据申请。在申请迟延的情况下，如果法院根据其自由裁量认为，考虑该申请会导致惩戒程序拖延，且已经告知相关公务员不遵守期限之后果，可以拒绝迟延的申请；除非申请方对未遵守期限之行为提出有说服力的理由。

(三)准用《刑事诉讼法》中关于证人作证义务或鉴定人出具意见义务、关于拒绝鉴定人，以及关于传唤公共机构成员作为证人和鉴定人的规定。

第 59 条　以裁定形式作出决定

(一)在惩戒之诉中，即使已经开始进行言辞辩论，在得到诉讼参与人同意的情况下，法庭也可以裁定形式决定下列事项：

1. 科处警告、罚款、降低薪金或降低退休金的惩戒措施(第 5 条)或者

2. 驳回惩戒之诉。

就诉讼参与人的同意而言，法庭、庭长或指定的编制报告法官可以设定期限，该期限届满后没有提出复议的，视为同意。

(二)依据第一款所作之生效裁定等同于生效判决。

第 60 条　言辞辩论、以判决形式作出决定

(一)如果惩戒程序没有以其他方式终止，法庭将根据言辞辩论情况，以判决的形式对惩戒之诉作出决定。不适用《行政法院法》第 106 条。①

(二)在惩戒之诉中，判决对象限于作为惩戒之诉或追加惩戒之诉基础的公务员渎职行为。法院在判决中可以：

1. 科处必要的惩戒措施(第 5 条)，或者

2. 驳回惩戒之诉。

(三)在不服惩戒命令的诉讼中，法庭应当审查相关决定的合法性和合理性(Rechtmäßigkeit und Zweckmäßigkeit)。

第 61 条　重新行使惩戒权限的限制

(一)供职部门撤回惩戒之诉的，不得以同一行为事实为基础

---

① 《行政法院法》第 106 条　法庭和解 只要参与人对和解的标的有处分权，为完全或部分终结诉讼，参与人可在法院作出笔录，或在指定或委派的法官面前作出笔录以达成和解。法庭和解也可以通过以法院、主审法官或编制报告法官建议作出的裁定形式，以书面方式在法院达成。

启动新的惩戒程序。

(二)法庭对不服惩戒命令之诉作出生效裁判后，只有当某些重大事实和证据因故没有进入法院惩戒程序的，才能针对作为裁判基础的行为重新行使惩戒权。加重惩戒措施的类型和幅度，或提起惩戒之诉的，只能在判决送达后三个月内进行，除非因同一事实作出的生效判决所基于的事实认定与惩戒决定所基于的事实认定不一致。

第二节　特殊程序

第 62 条　申请法庭确定期限

(一)行政机关在发动惩戒程序后六个月内没有因终止、公布惩戒命令或提起惩戒之诉而结束的，相关公务员可以申请法庭确定惩戒程序的结束期限。惩戒程序依据第 22 条被中止的，本款第 1 句规定之期限停止计算。

(二)如果行政部门没有充分理由而在六个月内不结束惩戒程序，法院可以设定结束惩戒程序的期限。如存在充分理由，则驳回申请。准用本法第 50 条第 2 款第 3 句至第 5 句的规定。

(三)行政部门的惩戒程序未能在本条第 2 款规定的期限内结束的，法庭以裁定方式终结之。

(四)依据第 3 款所作之生效裁定具有与生效判决相同的效力。

第 63 条　申请暂缓临时解除职务和保留薪金

(一)相关公务员可以向法庭申请暂缓临时解除职务、扣留公务员薪金或候补公务员薪金；本规定同样适用于退休公务员申请暂缓扣留退休金。因同一事件在高等行政法院有未决诉讼的，向高等行政法院提交申请。

(二)其合法性存在重大疑问的，暂缓执行临时解除职务和扣留薪金。

(三)根据本条第一款就申请做出裁定后，其修改或取消准用《行政法院法》第 80 条第 7 款的规定。①

① 《行政法院法》第 80 条　中止执行效果(七)本案法院可随时变更或撤销根据第 5 款提出的申请作出的决定。在变更或撤销时，任何参与人可提出因情况变化或其无过错而在原本诉讼中未主张的情况，提出申请。

第三章　高等行政法院的惩戒程序

第一节　上诉(Berufung)

第 64 条　上诉的许可、① 形式和期限

(一)不服行政法院关于惩戒之诉判决的，诉讼参与人有权向高等行政法院提起上诉。上诉应当在判决书送达后一个月内以书面形式向作出判决的行政法院提出并陈述理由。在陈述理由期限届满前，可以向院长提出延期申请。陈述理由中须包括确定的申请，并详细说明撤销理由(上诉理由)。欠缺上述必备条件的，上诉不被许可。

(二)除此之外，唯经行政法院或者高等行政法院同意，诉讼参与人始可对行政法院的判决提起上诉。准用《行政法院法》第 124 条和第 124 a 条的规定。②

第 65 条　上诉程序

(一)上诉程序准用关于行政法院惩戒程序的规定，但本法另有规定的除外。不适用本法第 53 条和第 54 条的规定。

---

① Statthaftigkeit，即上诉的合法性或适法性。

② 《行政法院法》第 124 条普通上诉的准许(一)针对终局判决以及第 110 条的一部判决及第 109 条及第 111 条的中间判决，参与人得到高等行政法院准许的，可以提起普通上诉。(二)仅符合下列者，才被准许普通上诉：1. 对判决的合法性有严重疑问的；2. 案件事实上或法律上存在重大难点；3. 诉讼具有基本权利上的根本意义的；4. 该判决偏离高等行政法院、联邦行政法院、联邦最高法院大审判庭或联邦宪法法院的判例，且以该偏离作为其裁判基础的；5. 存在可能导致错判的核心程序瑕疵。

第 124a 条　普通上诉的准许及理由说明(一)对普通上诉的准许，须在判决送达之后 1 个月内提出申请。申请应向行政法院提起。申请中必须指明其针对的判决。申请还必须指出准许普通上诉的理由。申请的提出阻却判决既判力的产生。(二)高等行政法院以裁定对申请作出决定。高等行政法院同意给予普通上诉准许的，或一致同意不准许的，可无须说明理由。随着申请被拒绝，判决即时产生既判力。高等行政法院准许上诉的，审理申请程序即作为普通上诉程序的开始；不需要再提起普通上诉。(三)在作出准许普通上诉的裁定送达之后 1 个月内须对普通上诉说明理由。理由的说明应呈送高等行政法院。说明理由的期限届满之前，可向主审法官请求将之延长。理由说明中必须包含一个请求，以及对争执理由(普通上诉理由)详加说明。缺欠其中一项的，普通上诉即不被接受。

（二）依照第 55 条第 2 款在行政惩戒程序中未予考虑的重要瑕疵，在上诉程序中同样不予考虑。

（三）没有在本法第 58 条第 2 款规定的期限内向行政法院提出证据申请的，如法院根据其自由裁量确信考虑该申请会导致惩戒程序处理的拖延，且在一审期间已经告知相关公务员不遵守期限规定的后果，可以驳回申请；除非申请迟延存在令人信服的合理理由。被行政法院依法驳回的证据申请，在上诉程序中同样被排除。

（四）上诉法院可以根据行政法院收集的证据作出决定，无须重新调查证据。

第 66 条　言辞辩论，以判决形式决定

如果惩戒程序没有以其他方式终结，高等行政法院根据言辞辩论的情况，以判决形式对上诉作出决定。不适用《行政法院法》第 106 条的规定。

第二节　抗告（对裁定的上诉，Beshwerde）

第 67 条　抗告的许可、形式和期限

（一）关于抗告的许可、形式和期限，准用《行政法院法》第 146 条和第 147 条的规定。①

---

① 《行政法院法》第 146 条　抗告的合法性（一）针对行政法院、法官或编制报告法官作出的不属于判决及法院裁决书的裁决，参与人及其他裁决涉及人有权向高等行政法院提起抗告，本法另有规定者除外。（二）对于指挥诉讼的措施，澄清事实的命令，期限延长或确定的裁定，证据裁定，拒绝证据申请的裁定，有关诉讼和请求合并与分立，对法院职员回避作出的裁定，一律不得以抗告予以争执。（三）另外，在诉讼费用、垫款及收费不超过 400 马克的，对有关争议作出的裁定，法律亦保留不允许对此作出的不准许法律审上诉的裁定提出抗告。（四）针对行政法院作出的有关中止执行（第 80 条，第 80a 条）及暂时命令（第 123 条），以及针对在程序中作出的有关诉讼费用援助，参与人仅在高等行政法院准用第 124 条准许其抗告时. 方有权提起抗告。（五）抗告的准许应在公布有关裁决 2 周内向行政法院申请提起。申请中必须指出其具体针对的裁决。申清中也必须陈述其得到抗告准许的理由。（六）对行政法院立即提起的申请，由高等行政法院以裁定方式决定。准用第 124a 条第 2 款第 2 句及第 4 句的规定；不适用第 148 条第 1 款的规定。

第 147 条　方式，期间（一）抗告应于公布有关裁决 2 周内，向作出受争议裁决的法院以书面方式或以在法院办事处书记官面前作出笔录的方式提起。第 67 条第 1 款第 2 句的规定不受此限。（二）在抗告期内向抗告法院呈交抗告的，也视为遵守抗告期限。

（二）不服行政法院依照本法第 59 条第 1 款就惩戒之诉作出的裁定的，只能因欠缺诉讼当事人同意而提出抗告。

（三）不服行政法院依照第 63 条就暂缓执行作出的裁定而提出的抗告程序，准用《行政法院法》第 146 条第 4 款。

第 68 条　高等行政法院的裁判

高等行政法院以裁定形式对抗告作出裁判。

第四章　联邦行政法院的惩戒程序

第 69 条　再上诉（Revision）的形式、期限和许可

关于再上诉的许可、提起再上诉的形式和期限、对不许可提起抗告的形式和期限，以及再上诉理由，均适用《行政法院法》第 132 条、第 133 条、第 137 条至第 139 条的规定。①

---

①　第 132 条　法律审上诉的允许（一）针对高等行政法院的判决（第 49 条第 1 款）以及针对根据第 47 条第 5 款第 1 句作出的裁定，参与人得到高等行政法院准许，或向联邦行政法院提出针对不准许的抗告的，有权向联邦行政法院提起法律审上诉。（二）须符合下列条件，方准许提起法律审上诉：1. 诉讼具有基本原则上的意义；2. 该判决偏离高等行政法院、联邦行政法院、联邦最高法院大审判庭或联邦宪法法院的一个判决，以该偏离作为其基础的；3. 指出存在可影响上诉审法院判断一个程序瑕疵，对此可构成新的判决。4. 联邦行政法院受该准许的约束。

第 133 条　不允许法律审上诉时的抗告（一）对不准许提起法律审上诉，可提起抗告予以反对。（二）抗告应向作出被提起法律审上诉判决的法院，在送达完整判决书之日起 1 个月提起。抗告中须指出其针对的具体判决。（三）对抗告须在送达完整判决书之后 2 个月内说明其理由。理由之说明应呈交作出被提起法律审上诉判决的法院。理由说明中必须陈述诉讼具有的基本原则性意义，或者判决所偏离的裁决，或指出程序上的瑕疵。（四）提起抗告时，阻却判决的既判力的产生。（五）抗告未获支持的，由联邦行政法院以裁定方式作出决定。对裁定应简要说明理由；说明理由对澄清准许法律审上诉所要求的条件不适宜的，可以不说明理由。在联邦行政法院拒绝抗告后，判决即取得既判力。（六）存在第 132 条第 2 款第 3 项规定的情况的，联邦 （转下页）

第70条　再上诉程序、对再上诉的裁判

（一）再上诉程序准用高等行政法院关于惩戒程序的规定。

（二）对再上诉的裁判适用《行政法院法》第143条和第144

（接上页）行政法院可以撤销具争议的判决，将案件发回作其他审理及裁判。

第137条　法律审上诉理由（一）法律审上诉只能以争议的判决损及下列法律作为依据：1. 联邦法律；2. 与联邦行政程序法条文相一致的州行政程序法的规定。（二）联邦行政法院受被争议判决对事实确定的约束，除非基于该确定产生了合理及成立的法律审上诉的理由。（三）法律审上诉仅以程序瑕疵为基础，欠缺第132条第2款第1项及第2项规定的条件的，仅须对主张的程序瑕疵作出裁判。其他情况下，联邦行政法院不受主张的法律审上诉理由的约束。

第138条　绝对允许的法律审上诉理由 下列任一情况下，须认定判决违反联邦法律：（一）被指责的法院未依法组成；（二）1名参与裁判的法官已被依法解除法官职务，或基于防止偏袒而已被拒绝其参加审理的；（三）拒绝1名参与人的法定听证要求的；（四）1名参与人未依法在诉讼中得到代理，除非他明确或默示对诉讼进行表示同意的；（五）判决所依据的言词审理中，违反了诉讼程序公开的原则；（六）判决书未附理由的。

第139条　期间；提起法律审上诉；法律审上诉理由（一）法律审上诉应在送达完整判决书之后，或在送达第134条第3款第2句所规定的准许法律审上诉裁定1个月内，向作出争执判决的法院提起。法律审上诉在该期限内向联邦行政法院提起的，也视为遵守了该期限。上诉时必须指出其针对判决。（二）针对不准许法律审上诉的抗告得胜，或联邦行政法院准许上诉的，如果联邦行政法院根据第133条第6款撤销判决。则抗告程序视为法律审上诉的开始；抗告人无须另行提起法律审上诉。对此应在裁定中说明。（三）对法律审上诉，应在送达完整判决书之后或在送达第134条第3款第2句所规定的准许法律审上诉裁定2个月内，说明其理由；在第2款规定的情况下，说明理由的期限为送达准许上诉的裁定之后1个月。理由之说明应呈交联邦行政法院。在期限届满之前，根据申请，主审法官可延长该期限。理由之说明中必须包含一个请求，指出其违反的法规，或因程序瑕疵而提起上诉的，陈述构成该瑕疵的事实。

条。①

第五章　法院惩戒程序的再审

第71条　再审理由

(一)具备下列情形之一的，因生效判决而终结的惩戒程序得以再审：

1. 判决中科处的惩戒措施在类型或幅度上超出法律规定，

2. 发现了重要的新事实或新证据，

3. 判决在内容上根据错误文书、伪造文书、基于故意或过失而提供的错误证言或鉴定意见而作出，

4. 惩戒程序中的判决系根据另一判决中的事实认定而作出，而该另一判决被撤销，

5. 参与判决的法官或公务员陪审员在案件审理过程中严重违反职责且有过错，

6. 参与判决的法官或公务员陪审员被依法禁止履行法官职务，

① 《行政法院法》第143条　符合前提要件的审查 联邦行政法院审查是否存在法律审上诉，该上诉是否按照法律规定的方式及期限提起，是否说明理由。缺少其中一个条件的，法律审上诉即不予受理。第144条　法律审上诉的判决(一)法律审上诉不允许的，联邦行政法院即以裁定方式将之驳回。(二)法律审上诉未说明理由的，联邦行政法院即可驳回该上诉。(三)法律审上诉理由成立的，联邦行政法院可采取下列措施：1. 对案件作出裁判；2. 撤销争议判决，发回重新审理及决定。在根据第142条第1款第2句所指的传唤第三人对法律审上诉有正当利益的，联邦行政法院将争议案件发回重审。(四)判决的理由虽违反现行法律，但基于其他理由判决亦为正确的，法律审上诉也应被驳回。(五)联邦行政法院将根据第49条第2款以及第134条规定，越级上诉的案件发回重新审理及决定的，也可依其裁量，将案件发回原来有普通上诉管辖权的高等行政法院审理。对于高等行政法院进行的该程序，适用在正常情况下诉讼在高等行政法院提起普通上诉时产生诉讼系属时使用的同样原则。(六)受理发回重新审理及决定案件的法院，其裁判中的法律判断方式受法律审上诉法院作出的裁判的约束。(七)对法律审上诉作出的裁决，无须说明理由，只要联邦行政法院认为有关程序瑕疵的申诉不成立。这点不适用于根据第138条作出的反对，以及作为法律审上诉的准许依据的专门为法律审上诉而提出的程序瑕疵。

除非禁止履行职务的原因未能成立，

7. 公务员事后承认了渎职行为，而该行为在惩程序中未能得到证实，或者

8. 惩戒之诉终止后，因同一事实提起的刑事诉讼程序或行政罚款程序作出了生效裁判，从而依照第 14 条不应再作出惩戒措施。

（二）本条第 1 款第 2 项意义上的“重大”事实和证据，指的是单独或与先前认定的事实一起使用后会导致作出不同裁判的事实和证据，该不同裁判可能导致再审。本条第 1 款第 2 项所谓之“新”事实和证据，指的是法庭在作出裁判时不知晓的事实和证据。惩戒程序的判决生效后，因同一事实提起的刑事诉讼程序或行政罚款程序作出的生效判决所基于的事实认定不同于惩戒程序判决之事实认定的，该事实认定视同本条第 1 款第 2 项意义上的“新事实”。

（三）根据本条第 1 款第 3 项和第 5 项要求再审的，唯有当针对所涉行为已作出生效刑事判决，或刑事诉讼程序基于证据不足之外的其他原因而未开始或未进行的，惩戒程序始可再审。

第 72 条　不允许再审

（一）判决生效后，具备下列情形之一的，因生效判决而终结的惩戒程序不得再审：

1. 刑事诉讼程序或行政罚款程序中基于同一事实作出判决，且该判决未被撤销，或者

2. 刑事诉讼程序中的判决导致公务员丧失或本应丧失职位或退休金。

（二）判决生效后已经过三年，且重新开始惩戒程序不利于公务员的，同样不被允许。

第 73 条　期限和程序

（一）启动惩戒程序再审的申请必须在三个月内、以书面形式向作出裁判的法院或书记处（Geschäftsstelle）提出。该期限从申请权利人知晓惩戒程序再审的理由之日起计算。申请中应标明所涉判决并说明撤销或变更判决的范围；申请应当附加证据说明。

（二）程序的其他方面准用关于法院惩戒程序的规定，本法另

有规定的除外。

第 74 条　以裁定形式作出裁判

（一）不具备法定许可条件或明显缺乏根据的，即使已经开始言辞辩论，法庭亦可以裁定形式驳回申请。

（二）经主管机关同意，法院可以在言辞辩论开始之前，以裁定形式撤销相关判决，并驳回惩戒之诉或撤销惩戒命令。本裁定不得被撤销。

（三）第 1 款的生效裁定以及第 2 款的裁定与生效判决具有同等效力。

第 75 条　言辞辩论，法院裁决

（一）再审程序没有以其他方式终结的，法庭将根据言辞辩论的情况以判决形式作出裁判。

（二）不服行政法院和高等行政法院的判决的，可援用相应程序中的法律救济措施。

第 76 条　法律效果，赔偿

（一）再审程序中撤销相关判决从而有利于相关公务员的，该公务员从被撤销的判决生效时获得原本应当获得的法律地位，如同原判决和再审程序中的判决内容一致。被撤销判决中涉及解除公务员关系或剥夺退休金的，准用《联邦公务员法》第 42 条的规定。①

① 《联邦公务员法》第 42 条　撤销程序的效力（一）如果具有丧失公务员权利效力的决定在撤销程序中被不具有此效力的决定取代，公务员关系视为没有解除。只要未达到规定的年龄且能继续工作，相关公务员有权转入与其原来职务相同的或相似的职业，并获得和过去职务相当的基本薪金。在转入新的职务之前，相关公务员获得原来应有薪金。（二）依据在撤销程序中认定的事实或依据以前的决定所作之生效判决，启动了旨在解除公务员关系的惩戒程序的，公务员丧失其依据本条第 1 款规定的权利，但以被科处解除公务员关系者危险。在决定生效前不得主张相关权利。（三）试用期公务员或临时公务员因本法第 34 条第 1 款第 1 项规定的行为被解聘的，准用本条第 2 款的规定。（四）其他劳动收入或赡养费视为本法第 1 款第 3 句意义上的薪金。公务员有义务提供相关信息。

（二）在第 1 款规定的情况下，除事后补发薪金外，公务员及其依法负有扶养义务之人还可根据 1971 年 3 月 8 日版的《刑事追诉措施赔偿法》（《联邦法律公报》第 1 部分，第 157 页）向公务员的供职部门主张对其他损失的补偿。申请应当在重启程序结束后三个月内向提起惩戒之诉的主管机关提出。

第六章　费用

第 77 条　费用申请和费用偿付

（一）参与人的费用承担和费用偿付，准用《行政法院法》的相关规定，[1] 本法另有规定的除外。

（二）虽然存在渎职行为但惩戒命令被取消的，费用全部或者部分由相关公务员承担。

（三）在申请法院确定期限的诉讼程序中（第 62 条），法院在对期限确定申请作出裁决的同时，一并决定诉讼费用的承担。

（四）本条款意义上的费用包括机关内部惩戒程序中的费用。

第 78 条　法院费用

法院惩戒程序应当依据本法附件中的《费率表》收取费用。行政法院程序中的其他收费准用《法院费用法》的有关规定。

第五部分　撤职或剥夺退休金后的生活费

第 79 条　撤职或者剥夺退休金后的生活费

（一）本法第 10 条第 3 款或者第 12 条第 2 款意义上的生活费，自公务员的薪金或退休金丧失时开始支付，裁判文书中另有规定的除外。

（二）在同一期间已通过补办保险而获得退休金的，依本法第 12 条第 2 款支付的生活费应予退还。为了确保返还权利得以实现，退休公务员应当作出相应的债权转让声明。

（三）法院可在裁判中规定，将生活费全部或部分支付给公务

---

① 《行政法院法》第 154 条至第 166 条的规定。

员或退休公务员负有赡养义务之人；最高主管机关可在裁决生效后对此作出进一步规定。

（四）《社会法典》第四部第 18a 条第 2 款以及第 3 款第 1 句和第 2 句意义上的劳动收入和实物收入算入生活费。前公务员或前退休公务员有义务向最高主管机关报告对支付生活费具有重要影响的情况变化。未履行该项义务的，已经支付的生活费全部或者部分予以收回。有关决定由最高主管机关作出。

（五）当事人重新被任命为公务员或进入公职关系的，其生活费请求权消灭。

第 80 条　在协助发现犯罪行为情况下的生活费支付

（一）因违反接受酬劳或礼物的禁止而被解除公务员关系或被剥夺退休金的公务员或退休公务员，如果其提供的事实有助于阻止犯罪发生，尤其是《刑法典》第 331 条至第 335 条规定的犯罪行为，或者该事实有助于澄清其自己不法行为的，最后负责的最高主管机关应当承诺其按月发放生活费，并补办保险。

（二）承诺生活费的数额按照通过补办保险而有望得到的养老金之百分比确定，或者按照行业平均养老保险并结合下列条件确定：

1. 生活费不得高于或等于补办保险后取得的退休金请求权的数额；

2. 生活费和补办保险取得的退休金请求权两者相加不得超过《公务员薪俸法》第 14 条第 1 款规定的退休金的数额。

上述最高限额规定适用于获得生活费的整个期间；相应地用部分退休金替代补办保险中的退休金期待权。

（三）前公务员年满 65 岁，或因丧失劳动能力或职业能力而从法定退休保险中得到退休金，或从专属职业保险（berufsständischen Versorgung）中获得相应给付的，方可以向其支付生活费。

（四）在重新担任公职情况下，以及退休公务员不再依据《公务员薪俸法》第 59 条领取薪金的情况下，生活费请求权消灭。在解除公务员关系或剥夺退休金时存在婚姻或生活伴侣关系的，生存配偶或生活伴侣有权领取生活费的百分之五十五。

第 81 条　赦免

(一)联邦总统依据本法享有惩戒案件的赦免权。他可以将赦免权委托给其他机构。

(二)解除公务员关系或剥夺退休金通过赦免被取消的，准用《联邦公务员法》第 43 条第 2 句的规定。①

第六部分　对个别公务员群体和退休公务员的特别规定

第 82 条　联邦警察执行官

联邦内政部以法令(形式规定，联邦警察执行官的何等上级视为本法第 33 条第 2 款第 2 项和第 5 项意义上的主管上级。

第 83 条　联邦直属团体、机构和公法上的基金会的公务员

(一)对联邦直属团体、机构和公法上的基金会中的公务员而言，负责监督的联邦部为本法意义上的最高主管机关。经联邦内政部同意，最高主管机关可通过法令形式将该权限委托给下属机关，并具体规定何者为本法意义上的下属机关、主管上级和较高主管上级。此外，经联邦内政部同意，还可以法令形式对警告、罚款和降低薪金作出与本法第 33 条不一致的规定。

(二)《联邦公务员法》第 144 条第 2 款②的规定准用于本条第 1 款所述之团体、机构和公法上的基金会。

第 84 条　对退休公务员惩戒权的行使

对于退休的公务员，其惩戒权由退休开始时的最高主管机关行使。该机关可以通过普通命令将惩戒权全部或部分委托给下属机关；命令必须在联邦法律公报中予以公布。该最高主管机关不复存

① 《联邦公务员法》第 43 条第 2 句通过赦免而恢复公务员权利的，适用本法第 42 条的规定(撤销程序的效力)。

② 《联邦公务员法》第 144 条第 2 款对于未设置监督机关的联邦直属机构、公法上的团体或基金会，根据本法或《公务员薪俸法》的规定已经委托或将要委托的工作，可交由主管的行政机关负责。

在的，由联邦内政部决定具体的管辖机关。

第七部分　过渡条款和最后规定

第 85 条　过渡条款

（一）本条第 2 款至第 7 款未作不同规定的，则在本法生效时依据当时的法律业已启动的惩戒程序，依据本法继续进行。依据当时法律所作出的惩戒措施继续有效。

（二）依据原有法律作出的下列惩戒措施视同依据本法作出的惩戒措施：

1. 降低薪金，
2. 调至基本工资较低的职位与降级，和
3. 解除职务与解除公务员关系

（三）在本法生效前业已启动的正式惩戒程序，依据当时的法律继续进行。

（四）联邦惩戒律师机构（Bundesdisziplinaranwalts）于 2003 年 12 月 31 日解散。从该时起，在本条第三款规定的情况下，由控告机关完成控告书；《联邦惩戒条例》中涉及联邦惩戒律师的规定不再适用。

（五）本法生效前已经终结的惩戒程序，若需要再审，在 2003 年 12 月 31 日之前适用原《联邦惩戒条例》（BDO，*Bundesdisziplinarordnung*）第四部分的规定；之后适用本法规定。

（六）若惩戒程序中已经依据原有法律作出生效裁判，应根据原有法律执行。

（七）就本法生效前所科处的惩戒措施的重复考虑禁止的期限及其计算，依据本法确定。依据原来的法律确定期限及其计算对公务员更加有利的，依原法律。

（八）本法第 78 条第 1 句规定的费用只适用于 2009 年 12 月 31 日之后尚未审结的法院程序。该规定不适用于 2009 年 12 月 31 日之后提起的法律程序。

第 86 条　行政管理规定

联邦内政部负责颁布为实施本法所需要的行政管理规定；该行政管理规定应当在联邦部的公报(Gemeinsamen Ministerialblatt)上予以公布。

德国《法官法》[①]

第一章　联邦和各州的法官职务

第一节　一般规定

第 1 条【职业法官和名誉法官】

司法权由职业法官和名誉法官行使。

第 2 条【适用于职业法官】

除本法另有规定外，本法规定仅适用于职业法官。

第 3 条【服务对象】

法官服务于联邦或某一联邦州。

第 4 条【冲突职责】

(一)法官在履行司法职责时，不得同时履行立法或行政职责。

(二)但法官在履行司法职责之外，还可以承担下列任务：

1. 法院管理任务，

2. 法律分配给法院或法官的其他任务，

3. 学术型高校、公共授课机构或官方授课机构中的研究和教学任务，

4. 考试事务，

5《联邦人事代表法》第 104 条第 2 句意义上的协商机构或者相

---

① 《法官法》德文为“Deutsches Richergesetz”，简称“DRiG”，1972 年 4 月 19 日颁布(《联邦法律公报》第 1 部分，第 713 页)；经 2015 年 8 月 31 日的法律修正案第 132 条最新修订(《联邦法律公报》第 1 部分，第 1474 页)。本文以李承亮之译本为基础(参看李承亮编译：《德国法学教育与司法考试法》，人民出版社 2011 年版)，根据最新的德语文本全面修订和校注。

应独立机构的主席。

第二节　法官资格

第 5 条【法官资格】

（一）大学法学专业毕业后参加见习服务并且结业的人员，取得法官资格，大学法学教育以第一次司法考试毕业，见习服务以第二次国家司法考试结业；第一次司法考试由专业科目大学考试和必修科目国家考试组成。

（二）大学教育和见习服务培训在内容安排上应相互协调一致。

第 5a 条【大学教育】

（一）大学教育的（最低）学制为四年；能够证明自己已取得参加专业科目大学考试和必修科目国家考试所必需的所有成绩的，上述时间也可以少于四年。在（申请人的）大学教育中，至少应当有两年是在本法适用范围内的大学完成。

（二）大学教育的内容是必修科目和申请人自选的专业科目。除此之外，申请人还应当证明自己成功参加了一门外语法学课程或者一门针对法学的语言课程；州法可以规定，外语能力也可以通过其他方式证明。必修科目是指民法、刑法、公法和程序法的核心领域，包括相关的欧洲法、法学方法以及哲学、历史和社会基础。专业科目是大学教育的补充和相关必修科目的深化，以及跨学科和涉外法律知识。

（三）大学教育的内容兼顾司法、行政和法律咨询实务，同时包括（从事上述实务活动）所必需的审理、谈话、修辞、争议解决、调解、审讯、交流能力等核心能力。实习在假期进行，总计不得少于三个月。州法可以规定，实习应当在同一个实习机构连贯地进行。

（四）州法（对大学教育）作出进一步的规定。

第 5b 条【见习服务】

（一）见习服务的时间为两年。

（二）见习服务培训分别在下列法定培训机构：

1. 普通法院的民事庭，
2. 检察院或法院的刑事庭，

3. 行政机关，

4. 律师，

和一个或多个能够提供专业培训的自选培训机构进行。

(三)在适当范围内，培训可以在超国家的、国家间的或外国的培训机构或外国律师事务所进行。在大学法学院和德国施派尔行政学院的培训可以折算为见习服务培训。州法可以规定第2款第1项的培训可以部分地在劳动法院进行，第2款第3项规定的培训可以部分地在行政法院、财政法院或社会法院进行。

(四)每个法定培训机构的培训时间至少为三个月，在律师事务所的培训时间至少为九个月；州法可以规定，第2款第4项规定的培训可以部分地在公证处、企业、协会或者其他能够提供专业法律咨询培训的机构进行，但该部分不得超过三个月。在个别情形，可以基于令人信服的事由延长见习服务，但成绩不够不得作为延长事由。

(五)培训期间可以设置一定的培训课程，培训课程的时间总计不得超过三个月。

(六)州法(对见习服务)作出进一步的规定。

第5c条【职业培训的折算】

(一)中级司法职务培训或非技术性中级行政职务培训结业的人员，可以申请将其完成的培训折算成上述(大学教育和见习服务)培训，折算的时间总计不得超过18个月。其中，折算成见习服务的时间不得超过六个月。

(二)州法对(折算)作出进一步的规定。

第5d条【考试】

(一)国家考试和大学考试应兼顾司法、行政和法律咨询实务，以及本法第5a条第3款第1句规定的(从事上述实务活动)所必需的核心能力；在不影响本法第5a条第2款第2句的前提下，亦应考查外语能力。应确保考试要求与成绩评定的一致性。联邦司法部根据本法授权制定法令，以确定考试单项成绩和总成绩之等级和分数评定标准，该授权立法应经联邦参议院批准。

(二)大学的专业科目考试和必修科目国家考试在内容安排上

应当以四个半学年可以完成大学法学教育为准。专业科目考试至少应当包括一份笔试作业。必修科目考试应当包括笔试和口试；州法可以规定在大学教育期间进行考试，但不得提前到第五学期之前。第一次司法考试证书中同时记载(考生)所通过的专业科目考试和国家考试的结果和考试总成绩；在考试总成绩中，国家考试成绩占70%，大学考试的成绩占30%；国家考试所在州负责向通过者颁发证书。

(三)第二次国家考试中的笔试最早在培训的第18个月、最迟在培训第21个月完成。其中应考查法定培训的内容。如果州法在闭卷考试之外还规定了课外作业，该州法还可以规定，课外作业应当在最后一个阶段的培训结束之后完成。口试考查全部培训的内容。

(四)在国家考试中，考试主管部门如果根据总体印象认为可以更准确地评定候选人的成绩时，就可以在决定(考试成绩)时对计算出来的总成绩进行一定的调整，但调整不得对候选人是否能够通过考试有影响；第二次国家考试中的调整应当考虑(候选人)在见习服务中取得的成绩。调整的幅度不得超过成绩等级平均分数段的三分之一。口试成绩在总成绩中的比重不得超过百分之四十。在见习服务中取得的成绩不得计入第二次国家考试总成绩。

(五)必修科目国家考试可以重考一次。早于规定时限报名参加国家考试并且参加了所有部分的申请人，如果未能通过，视为未参加该考试。关于试考、报名期限、在国外接受大学教育的时间、病假和休假时间折算成大学教育的时间以及中断考试的法律后果，由州法进一步规定。州法也可以对为提高成绩而重考国家考试的行为做出规定。

(六)州法对(考试)作出进一步的规定。

第6条【考试的认证】

(一)不得仅因为申请人的专业科目大学考试或必修科目国家考试(本法第5条)是在本法适用范围内的其他州参加的，就不准其(在本州)参加见习服务。在本法适用范围内的任何一个州的见习服务时间都可以在德国其他州进行折算。

(二)在本法适用范围内的任何一个州取得了第5条规定的法官资格，就意味着在联邦和其他联邦州取得了法官资格。

第7条【大学教授】

在本法适用范围内，大学法学教席教授均应具有法官资格。

第三节　法官关系

第8条【法官职务的法律形式】

法官只能以终身法官、定期法官、试用法官或代理法官的形式任命。

第9条【任职条件】

只有具备下列条件的人员才可以被任命为法官：

1. 《基本法》第116条意义上的德国人，
2. 保证随时为《基本法》所规定的自由民主的基本秩序而努力，
3. 具备法官资格(第5~7条)，
4. 掌握必要的社会能力。

第10条【终身法官的任命】

(一)取得法官资格后担任法官职务三年以上的，才能被任命为终身法官。

(二)从事下列工作的时间可以折算成第1款规定的任职时间：

1. 担任高级行政官员，
2. 在德国公共机关、国家间或超国家机构任职，但上述工作的类型和意义应与高级行政官员的工作相当，
3. 取得教授资格后在德国的学术型高校担任法学教师，
4. 在律师事务所或公证处担任律师、公证员或候补文官，
5. 从事其他职业而获得担任法官职务(所必需)的知识和经验，且该职业从类型和意义上与第1-4项规定的工作相符。

被提名人具备特殊知识和经验的，才能通过上述工作折算两年以上。

第11条【定期法官的任命】

只有符合联邦法律所规定的条件并且为完成联邦法律所规定的任务，才能任命为定期法官。

第 12 条【试用法官的任命】

（一）终身法官和检察官在任职之前，可以先被任命为试用法官。

（二）试用法官最迟在任职满五年之时，应当被任命为终身法官或者终身检察官。任职期间有不带薪休假的，上述期间相应延长。

第 13 条【试用法官的任用】

只有在法院、法院管理机构或者检察院任用试用法官才不需要征得法官本人的同意。

第 14 条【代理法官】

（一）终身公务员或者任期公务员在被任用为终身法官之前，可以被任命为代理法官。

（二）（已废止）

第 15 条【公务员关系的效力】

（一）代理法官继续保留之前的职务。薪俸和福利仍然按照之前的职务确定。在代理法官关系存续期间，其他基于公务员关系的权利和义务中止，但保密义务和禁止收受礼物的义务除外。

（二）法官关系与另一服务对象建立的，该服务对象也有支付薪俸的义务。

第 16 条【代理法官的任用期限】

（一）代理法官最迟在任职满两年之时，应当被任命为终身法官或作为候选人推荐给法官选举委员会。代理法官不接受任命的，其代理法官关系终止。

（二）关于代理法官的任用，适用试用法官的规定。

第 17 条【通过证书任命】

（一）法官通过授予证书任命。

（二）下列情形应当任命（法官）：

1. 建立法官关系，

2. 不同种类的法官关系（本法第 8 条）之间的转换，

3. 授予基本薪俸不同的其他职务。

（三）建立法官关系的委任状应当载明“任命担任法官”，并附加“终身”、“定期”、“试用”或者“代理”等文字。在建立定期法官关系时，须在证书上载明任期。

(四)对于不同种类的法官关系之间的转换，证书上应根据转任的法官类型载明第3款规定的文字，对于第一次授予职务或授予基本薪俸不同或职务称号不同的其他职务，证书上必须载明职务称号。

第17a条

对于放弃(法官)职位谋求德国联邦议会席位的法官，不得向其授予更高薪俸的其他职务。

第18条【无效任命】

(一)没有(任命)权限的机构的任命无效。任命不得事后追认。

(二)除此之外，如果在任命之时存在下列情形，任命无效：

1. 被任命的人员不是《基本法》第116条意义上的德国人，

2. (已废止)

3. 被任命的人员不具有担任公职的资格。

(三)只有在法院作出有法律效力的认定后，才能主张终身法官或定期法官的任命无效。

第19条【任命的撤回】

(一)下列情形，应当撤回任命：

1. 被任命者不具备法官资格，

2. 法官选举委员会未依法参与任命程序并且事后拒绝追认任命，

3. 基于强迫、恶意欺诈或贿赂的任命，或

4. (任命时)未发现被任命的人员实施了可能使其不配被任命为法官的犯罪行为，并且因此(已经或者后来)被生效判决判处刑罚。

(二)如果在任命时未发现被任命的人员在刑事诉讼中已经被停职或已经被判决剥夺退休金，应当撤回该任命。

(三)只有基于法院的生效判决才能撤回终身法官或定期法官的任命，除非该法官书面同意(撤回任命)。

第19a条【职务称号】

（一）终身法官和定期法官的职务称号是“法官”、“审判长”①、“庭长”、“副院长”或“院长”，同时附加所在法院名称（如“某某法院法官”、“某某法院审判长”、“某某法院庭长”、“某某法院副院长”、“某某法院院长”）。

（二）代理法官在履行职务时使用“法官”的称号，同时附加所在法院名称（“某某法院法官”）。

（三）试用法官使用“法官”的称号，其在从事检察工作时使用“检察官”称号。

第20条【一般工龄】

法官的一般工龄从其担任法官职务之日起算。如果之前就已经担任其他法官职务或担任拥有相同或更高基本薪俸的其他职务，其一般工龄从担任该职务之日起算。

第21条【免职】

（一）法官出现下列情形之一，当然被免职：

1. 丧失《基本法》第116条意义上的德国人身份，

2. 在公法公务关系或职务关系中更换服务对象，法律另有规定的除外，

3. 被任命为职业军人或有服役期限的军人。

在第2项规定的情形，（法官的）最高职务主管部门在征得新服务对象和法官本人的同意后，可以决定法官关系与新的公务或职务关系并存。

（二）法官出现下列情形之一，应当被免职：

1. 拒绝宣读法官誓词（本法第38条），

---

① 李承亮译本中将“Vorsitzender Richter”译为“庭长”，将“Direktor”译为“主任法官”。德国司法部发布的《法官法》英文版将“Vorsitzender Richter”译为“presiding judge”，意为审判长或主审法官。最高人民法院印发《最高人民法院关于完善院长、副院长、庭长、副庭长参加合议庭审理案件制度的若干意见》的通知（英文本，【法宝引证码】CLI. 3. 92531（EN））中，将庭长译为”Tribunal Directors”。故本书将“Vorsitzender Richter”译为“审判长”，将“Direktor”译为“庭长”。

2. 在被任命为法官之时为联邦议会或者州议会议员，并且在最高职务主管部门确定的合理期限内不放弃其席位，

3. 到达退休年龄后被任命为法官，

4. 书面要求免职，

5. 到达退休年龄或丧失工作能力，又不能以退休的方式终止职务关系，

6. 未经最高职务主管部门许可而在国外取得住所或惯常居所。

(三)只有基于法院的生效判决才能免除终身法官或者定期法官的职务，除非该法官书面同意(被免职)。只有在法院作出具有法律效力的认定后，根据第1款对终身法官或定期法官的免职才生效。

第22条【试用法官的免职】

(一)试用法官任职满六个月、十二个月、十八个月或者二十四个月时，可以免除其职务。

(二)试用法官任职满三年或者四年时，可以基于下列原因之一免除其职务：

1. 不适于担任法官职务，

2. 法官选举委员会拒绝接受其担任终身法官或定期法官。

(三)试用法官可因为(违纪)行为而被免职，终身法官为此行为的，会在法院惩戒程序中被科处惩戒措施。

(四)如果在任职期间有不带薪休假，上述期间应当相应地延长。

(五)在第1款和第2款规定的情形，免职决定最迟应当在免职生效之日前六周通知相关法官。

第23条【代理法官的免职】

关于试用法官免职的规定适用于代理法官的免职。

第24条【通过法院判决终止职务关系】

本法适用范围内德国法院以判决形式确认法官具有下列情形之一的，该法官的职务关系自上述法院判决生效时终止，无须另行作出裁判：

1. 因故意犯罪行为被判处一年以上自由刑，

2. 故意实施危害和平、叛乱、危害民主法治国家、叛国、危害国家安全等行为而被判处自由刑，

3. 被剥夺担任公职的资格，

4. 根据《基本法》第 18 条丧失任何一项基本权利。

第四节　法官独立

第 25 条【基本原则】

法官独立，只服从法律。

第 26 条【职务监督】

(一) 法官应服从职务监督，但以不妨碍法官独立为限。

(二) 在确保第 1 款的前提下，职务监督权限包括就违法执行公务行为提出批评的权限，和责令其及时依法完成公务的权限。

(三) 法官认为职务监督措施妨碍其独立性的，法院应根据其申请，依照本法作出裁决。

第 27 条【承担法官职务】

(一) 终身法官和定期法官应当在某一特定法院承担法官职务。

(二) 法律允许的情况下，终身法官和定期法官可以在其他法院担任法官职务。

第 28 条【在法院任职的终身法官】

(一) 只有终身法官才能以法官身份在法院工作，除非联邦法律另有规定，

(二) 只有法官才能担任法院的审判长。由一名以上的法官组成的法庭，应当由一名终身法官担任审判长。

第 29 条【在法院任职的试用法官、代理法官和借调法官】

在作出同一判决的法官中，试用法官、代理法官或借调法官不得超过一名。试用法官、代理法官或借调法官担任法官职务的，应当在业务分配方案中写明。

第 30 条【调任和撤职】

(一) 未经终身法官和定期法官书面同意，只有在下列情形才能将其调任其他职务或撤职：

1. 经过法官弹劾程序(《基本法》第 98 条第 2 款和第 5 款)，

2. 经过法院惩戒程序，

3. 为维护司法利益(本法第 31 条),

4. 由于法院组织的变更(本法第 32 条)。

(二)除第 1 款第 4 项规定的情形以外,只能根据法院生效判决宣布法官调任或者撤职。

(三)对于担任多个法官职务的法官,针对其中一个职务的撤职等同于调任。

第 31 条【为维护司法利益的调任】

如果工作范围以外的事实表明,为避免司法受到重大妨碍而有必要的,可以对终身法官或者定期法官采取如下措施:

1. 担任基本薪俸相同的其他职务,

2. 暂时退休,

3. 退休。

第 32 条【法院组织的变更】

(一)在变更法院机构或者辖区时,可以让该院的终身法官或定期法官担任其他法官职务。如果无法令其担任基本薪俸相同的其他法官职务,可以让其担任基本薪俸较低的法官职务。

(二)如果无法继续担任其他法官职务,可以免除其法官职务。(因法院组织变更而被免除法官职务的)人员随时可以担任新的法官职务,新法官职务的基本薪俸可以低于原法官职务。

(三)担任其他法官职务(第 1 款)和免职(第 2 款)的决定必须在(法院组织)变更生效后三个月内宣布。

第 33 条【保留全部薪俸】

(一)在本法第 32 条规定的情形,法官(在调任或免职)之前的基本薪俸保留不变,包括退休津贴和非临时的岗位津贴,(调任或者免职)之前的级别工龄也继续计算。关于其他薪酬,适用薪酬法的一般规定。薪酬数额取决于职务地点的,薪酬数额依被免职(本法第 32 条第 2 款第 1 句)前最后一个职务地点确定。

(二)在适用关于中止(支付)退休金和多种退休金并存的规定时,被免职的法官视为退休法官。

第 34 条【因丧失工作能力而退休】

只有基于法院的生效判决才能以丧失工作能力为由让终身法官

或者定期法官退休，但该法官书面同意(被免职)的除外。关于限制工作能力的判决准用第1句的规定。

第35条【临时禁止执行职务】

在本法第18条第3款、第19条第3款、第21条第3款、第30-34条规定的(处理)程序中，法院可以根据申请暂时禁止(相关法官)执行职务。

第36条【议会代表和政府成员】

(一)接受提名竞选德国联邦议会议员或州立法机构成员的法官，可以在选举日之前两个月内提出申请，以获得为准备选举而必要的无薪假期。

(二)法官当选为德国联邦议会议员或州立法机构成员且接受该选举，或者被任命为联邦政府或州政府成员且接受该任命的，其基于法官职务的权利和义务自动终止，无须法院根据其他法律规定作出判决。

第37条【借调】

(一)未经终身法官或定期法官本人同意，不得借调(其担任其他职务)。

(二)借调应当确定期限。

(三)借调终身法官或定期法官代理本系统其他法院的法官职务，可以不经被借调法官同意，但每年度借调的时间总共不得超过三个月。

第五节　法官的特别义务

第38条【法官誓词】

(一)法官应当在法院的公开会议上宣读下列誓词：

"我谨宣誓，依据《德意志联邦共和国基本法》和法律执行法官职务，判决时忠勤尽力，一视同仁，查明事实真相，维护公平正义，愿上帝助我。"

(二)誓词中"愿上帝助我"可以免去。

(三)州法官誓词的内容可以包含对州宪法的义务，也可以不在法院，而是以其他方式公开宣读。

第39条【维护法官独立性】

法官的任何行为，包括其职务内外的行为和政治活动，都不应当危害对其独立性的信赖。

第40条【仲裁员和调解员】

(一)唯有受仲裁协议当事人共同委托或经中立机构提名，法官方可获准兼任仲裁员或仲裁鉴定人。法官在作出决定时本身负责批准事项，或按照所在法院的业务分配负责批准事项的，不得兼任仲裁员或者仲裁鉴定人。

(二)法官兼任组织与个人之间争议的调解员，适用第1款规定。

第41条【法律鉴定意见】

(一)法官不得在职务之外出具法律鉴定意见，也不得有偿提供法律咨询。

(二)同时担任法官职务的法学或政治学公职教授出具法律鉴定意见和提供法律咨询的，应经法院最高行政主管部门批准。如果教授从事的法官工作未超出兼职范围并且(出具法律鉴定和提供法律意见)不会损害其职务利益，可以一般性地或就具体个案批准(其出具法律鉴定和提供法律意见)。

第42条【司法兼职】

只有在司法领域或法院管理领域，法官才有义务从事兼职(兼职职务、兼职工作)。

第43条【合议秘密】

法官应就合议和表决过程保守秘密，即使在其职务关系终止之后。

第六节　名誉法官

第44条【名誉法官的任命和撤职】

(一)只有基于法律并且符合法律规定的条件，才能在法院就任名誉法官。

(二)名誉法官的选举、委任或聘任应适当考虑男女性别比例。

(三)在名誉法官任期届满之前，只能根据法律规定的条件撤职，必须基于法院的生效判决才能违反其意愿撤职。

第 44a 条【不得担任名誉法官的情形】

（一）下列人员不得担任名誉法官职务：

1. 违反人道原则或法治国家原则，或者

2. 曾经担任 1991 年 12 月 20 日通过的《斯塔西档案法》（《联邦法律公报》第 1 部分，第 2272 页）第 6 条第 4 款意义上的前德意志民主共和国国家安全部的全职或非官方工作人员，或担任《斯塔西档案法》第 6 条第 5 款意义上的、与上述人员相当的工作人员而不适合担任名誉法官的人员。

（二）负责任命（名誉法官）的机构可基于该目的要求被推荐（担任名誉法官的）人员以书名形式声明其不具备第 1 款规定的情形。

第 44b 条【名誉法官的撤职】

（一）事后发现名誉法官具备本法第 44a 条第 1 款规定的情形，应当予以撤职。

（二）（第 1 款规定的撤职）在程序上适用各类名誉法官撤职的一般规定，除非第 3 款和第 4 款另有规定。

（三）如果已经提出撤职申请或已经依职权启动撤职程序，且存在具备本法第 44a 条第 1 款规定的重大嫌疑，负责撤职的法院可以命令相关名誉法官在决定作出之前不得执行职务。该命令不得撤销。

（四）关于是否撤职的决定不得撤销。在撤职决定生效一年之内，被撤职的名誉法官可以申请确认其不具备本法第 44a 条第 1 款规定的情形。上级法院以不可撤销的裁定对上述申请作出决定。如果上级法院是某一最高联邦法院或撤职决定由某一最高联邦法院作出，应当由作出决定的法院之外的其他审判机构负责。如果根据第 3 句和第 4 句的规定无法确定管辖法院，由作出决定的法院所在辖区的高等地方法院管辖。

第 45 条【名誉法官的独立性和特别义务】

（一）名誉法官在独立性上与职业法官一致。名誉法官应当保守合议秘密（本法第 43 条）。

（一 a）任何人不得因为担任或履行名誉法官职务而受到限制或受到歧视。名誉法官在履行职务期间，雇主应当减免其工作任务。

不得因担任或履行名誉法官职务而解除劳动关系。州法的其他规定不受影响。

(二)在名誉法官第一次履行职务之前，庭长应当让其在法院公开会议上宣誓。宣誓对整个任期有效，连任时，也对下一任期有效。宣誓人在宣誓时应当举起右手。

(三)名誉法官宣誓时宣读下列誓词：

“我谨宣誓，依据《德意志联邦共和国基本法》和法律履行名誉法官义务，判决时忠勤尽力，一视同仁，查明事实真相，维护公平正义，愿上帝助我。”宣誓时可以不宣读“愿上帝助我”。对此，宣誓人在宣誓之前应当告知庭长。

(四)若名誉法官声称其基于信仰或良知原因而不愿宣誓，可以宣读下列诺言：

“我谨承诺，依据《德意志联邦共和国基本法》和法律履行名誉法官义务，判决时忠勤尽力，一视同仁，查明事实真相，维护公平正义。”

上述承诺等同于誓词。

(五)若名誉法官声称其作为某个宗教或教派团体的成员而希望采用该团体的宣誓惯用语，可以在上述誓词或承诺中附加该惯用语。

(六)财政法院的名誉法官宣誓，依据《德意志联邦共和国基本法》和法律履行名誉法官义务，保守税务秘密，判决时忠勤尽力，一视同仁，查明事实真相，维护公平正义。

上述规定也适用于诺言。

(七)州法院名誉法官誓词的内容也可以附加对州宪法的义务。

(八)关于名誉法官对其职务的义务应当记录在案。

(九)除此之外，关于名誉法官的权利和义务，适用各法院系统的规定。

第 45a 条【名誉法官的称号】

刑事法院系统名誉法官的称号为“陪审员”，商事法庭名誉法官的称号为“商事法官”，其他名誉法官的称号为“名誉法官”。

第二章 联邦法官

第一节 一般规定

第 46 条【联邦公务员法的适用】

在特别规定出台之前，联邦法官的法律关系适用联邦公务员的规定，本法另有规定的除外。

第 47 条【联邦人事委员会的法官事务】

联邦司法部的人事部门主管以联邦人事委员会常务委员的身份参与处理联邦法官事务，司法部另指定一名公务员担任该正式委员的候补委员。四名法官担任非常务委员；非常务委员及其候补委员必须为联邦终身法官。(担任委员的)司法部官员和法官由联邦司法部长在征得相关联邦部门同意后推荐；其中三名法官委员以及各自候补委员(的推荐)应当基于法官协会领导机构的提名。

第 48 条【退休】

(一)终身法官在年满退休年龄的月份结束后退休。终身法官年满 67 周岁退休(一般退休年龄)。

(二)不得推迟退休。

(三)1947 年 1 月 1 日之前出生的终身法官年满 65 周岁退休。1946 年 12 月 31 日之后出生的终身法官的退休年龄按照下列方法提高：

出生年份	提高的退休年龄(单位为月)	退休年龄	
		年	月
1947	1	65	1
1948	2	65	2
1949	3	65	3
1950	4	65	4
1951	5	65	5
1952	6	65	6
1953	7	65	7

续表

出生年份	提高的退休年龄（单位为月）	退休年龄	
		年	月
1954	8	65	8
1955	9	65	9
1956	10	65	10
1957	11	65	11
1958	12	66	0
1959	14	66	2
1960	16	66	4
1961	18	66	6
1962	20	66	8
1963	22	66	10

（四）年满 62 周岁且已成为《社会法典》第九编第 2 条第 2 款意义上的残疾人的终身法官可以申请退休。1952 年 1 月 1 日之前出生的终身法官属于《社会法典》第九编第 2 条第 2 款意义上的残疾人的，年满 60 周岁即可申请退休。1951 年 12 月 31 日之后出生的终身法官属于《社会法典》第九编第 2 条第 2 款意义上的残疾人的，（申请）退休的年龄按照下列方法提高：

出生年份	提高的退休年龄（单位为月）	退休年龄	
		年	月
1952			
1 月	1	60	1
2 月	2	60	2
3 月	3	60	3
4 月	4	60	4
5 月	5	60	5
6~12 月	6	60	6

续表

出生年份	提高的退休年龄（单位为月）	退休年龄	
		年	月
1953	7	60	7
1954	8	60	8
1955	9	60	9
1956	10	60	10
1957	11	60	11
1958	12	61	0
1959	14	61	2
1960	16	61	4
1961	18	61	6
1962	20	61	8
1963	22	61	10

（五）终身法官年满 63 岁可以申请退休。

（六）准用《联邦公务员法》第 147 条第 3 款。

第 48a 条【由于家庭原因的非全职工作和休假】

（一）如果法官事实上照顾或看护下列人员：一个以上未满十八周岁的子女，或经医生鉴定需要看护的其他亲属，应批准其下列申请：

1. 工作时间不低于正常工作时间一半的非全职工作，

2. 三年的可延长不带薪休假。

（二）第 1 款规定的休假和本法第 48b 条规定的休假总共不得超过十二年。延长非全职工作或延长休假的申请最迟应当在原减免许可到期前六个月提出。

（三）提出第 1 款第 1 项规定之申请的法官，必须同时同意在开始非全职工作、变更非全职工作（的工作时间）和恢复全职工作时在本系统其他法院工作，其申请才能获得批准。提出第 1 款第 2

项规定之申请的法官，必须同时同意担任本法院系统的其他法官职务，其申请才能获得批准。

(四)在第1款规定的工作减免期间，只有不违背减免目的的兼职才能获得批准。

(五)在获准(非全职工作)期间申请变更工作时间或申请恢复全职工作的，由其职务主管部门(受理)并作出决定。如存在特殊困难情形，以至于不能合理期待法官按目前的工作时间从事非全职工作，应允许其变更工作时间或恢复全职工作。如存在特殊困难情形，以至于不能合理期待法官继续休假，职务主管部门可以允许提前结束休假。准用第2款第2句。

(六)在第1款第2项结合第2款第1句规定的休假期间，(不带薪休假的法官)有权根据关于带薪法官津贴的规定请求给付疾病救济金。法官为津贴领取人近亲属者，或根据《社会法典》第五编第10条享有家庭救济金请求权的，不适用上述规定。

第48b条【由于劳动市场原因的休假】

(一)劳动市场出现异常的劳动力过剩，从而存在扩大公务人员录用规模之重大公共利益时，年满五十五周岁的法官申请不带薪休假直至退休的，应当予以批准。

(二)法官必须声明在休假期间不从事有偿兼职工作，且仅在不违反全职法官义务的前提下从事本法第46条结合《联邦公务员法》第100条第1款规定的有偿工作，其休假申请才能获得批准。过错违反上述义务的，应当撤回其休假许可。法官根据第1句作出声明之后，职务主管部门仍然可以批准其从事兼职工作，但该兼职工作不得违背批准休假的目的。若存在特殊困难情形，以至于不能合理期待法官继续休假的，职务主管部门可以(提前)终止休假。

(三)对于在1997年7月1日以前获准第1款规定的休假的法官，本法意义上的退休时间根据1997年6月30日以前版本的第48条第3款第1句第1项确定。

(四)在2004年12月31日之前，年满五十周岁的法官可以获准第1款规定的休假。

包括第48a条规定的休假在内，休假的时间总共不得超过十五年。

第 48c 条【非全职工作】

对于从事非全职工作十五年以上且年满五十周岁的法官，虽然不符合第 48a 条第 1 款规定的条件但不能合理期待其恢复全职工作的，可以批准其继续从事非全职工作，但工作时间不得低于正常工作时间的四分之三。

第 48d 条【非全职工作，休假和职业发展】

本法第 48a 条或第 48c 条规定的非全职工作和休假不得妨碍法官的职业发展；唯有存在重大实质性原因时，才能区别对待非全职法官和全职法官。

第二节　法官代表

第 49 条【法官委员会和评议委员会】

各联邦法院设立下列法官代表机构：

1. 设立法官委员会，参与决定(法官的)一般事务和社会事务，

2. 设立评议委员会，参与任命法官。

第 50 条【法官委员会的组成】

(一)法官委员会由下列委员组成：

1. 从联邦普通法院和联邦专利法院分别选举产生五名法官委员，

2. 从联邦行政法院、联邦财政法院、联邦劳动法院和联邦社会法院分别选举产生三名法官委员。

(二)专门针对军事法院法官设立的法官委员会，由三名选举产生的法官委员组成。该法官委员会自行决定其办公地点。①

(三)法院院长以及常务副院长不得担任法官委员会委员。

第 51 条【法官委员会的选举】

(一)法官委员会委员以及相同数量的候补委员以秘密和直接选举的方式产生，任期四年。

---

① 联邦军事法院(Truppendienstgericht)审理军人职务案件。该法院有两座，北德的在明斯特(Münster)，南德的在慕尼黑(München)，故需要委员会决定其办公地点。

（二）院长召集法官大会筹备选举，军事法院由最年长的法官负责召集法官大会。法官大会在最年长法官的主持下决定选举程序。

第52条【法官委员会的职责】

关于法官委员会的权限和责任，准用1974年3月15日通过的《联邦人事代表法》（《联邦法律公报》第1部分，第693页）第2条第1款、第66-74条、第75条第2款和第3款第1-5项以及第11-16项、第76条第2款、第78条第1款第1、2项以及第2至4款、第80-81条。

第53条【法官委员会和人事代表机构的共同职责】

（一）就法官委员会和人事代表机构共同参与的事务，法官委员会派出委员到人事代表机构共同决定。

（二）派出委员人数和全体法官人数之比例，应与人事代表人数和全体公务员、职员和工人人数之比例相当。派出委员不得少于《人事代表法》第17条第3款和第5款第1句确定的人数。

第54条【评议委员会的组成】

（一）各联邦法院系统均在最高层级法院设立评议委员会。联邦行政法院的评议委员会同时负责军事法院。评议委员会的组成如下：

1. 联邦普通法院的评议委员会由院长、常务副院长、院长会议成员中选举产生的两名委员以及三名其他委员组成，院长担任主席。

2. 其他最高层级联邦法院的评议委员会由院长、常务副院长、院长会议成员中选举产生的一名委员以及两名其他委员组成，院长担任主席。

没有常务副院长的，由资历最深的审判长代替，资历相同的，由年龄最长的审判长代替。其他委员由评议委员会所在法院的全体法官秘密、直接选举产生。准用本法第51条第2款。

（二）涉及军事法院的法官事务时，联邦行政法院法官选举产生的两名评议委员由军事法院法官选举产生的两名评议委员代替；准用第1款第5句和第6句。

（三）联邦专利法院设立专门的评议委员会；由院长、常务副院长、院长会议成员中选举产生的两名委员以及三名其他委员组成，院长担任主席。准用第 1 款第 5 句和第 6 句。

（四）评议委员会的任期为四年。

第 55 条【评议委员会的职责】

评议委员会参与本院所有法官的任命和遴选。法官到另一法院系统的法院工作的，同样如此。

第 56 条【参与程序的启动】

（一）最高职务主管部门申请评议委员会的出具评价意见。申请中应附候选人的材料、身份和能力证明。向评议委员会提交个人档案的，应征得候选人或法官的同意。

（二）只要有一名法官选举委员会成员提出要求，最高职务主管部门就应当申请（评议委员会）的出具评价意见。

第 57 条【评议委员会的评价意见】

（一）评议委员会应就申请人或法官的个人和专业能力出具书面意见和理由。评议委员会的意见应计入人事档案。

（二）评议委员会应当在一个月之内出具意见。

（三）评议委员会出具意见后或第 2 款规定的期限届满后，才能进行法官的任命和选举。

第 58 条【事务管理，委员的法律地位】

（一）法官代表机构应当制定议事规则，规范其决议（程序）和内部管理。

（二）法官代表机构的支出计入法院的财政预算。法院行政管理机构负责提供办公场所和办公用品。

（三）法官代表机构成员为名誉职务。委员的权利和义务准用《联邦人事代表法》第 8-11 条、第 46 条第 3-7 款、第 47 条第 2 款。

第 59 条【借调法官】

（一）被借调到联邦法院超过三个月的法官，才能参与接受借调法院的法官委员会选举。被借调到其他法院或行政机关超过三个月的联邦法官，丧失对原工作法院之法官委员会的选举权。

（二）借调法官不得担任接受借调的联邦法院的评议委员；也

不能参与该院评议委员会的选举。担任评议委员的联邦法官在被借调的同时丧失其委员身份；但其选举权不受影响。

第60条【法官代表事务的诉讼】

有关法官代表机构之组成和工作的法律争议由行政法院负责受理。对涉及法官委员会和人事代表机构共同职责(本法第53条第1款)的法律纠纷，行政法院依其诉讼程序，并结合《联邦人事代表法》第83条第2款和第84条加以裁判。

第三节　联邦职务法庭

第61条【职务法庭的组成】

(一)联邦职务法庭是联邦普通法院专门负责联邦法官(事务)的特别法庭。

(二)联邦职务法庭的审理和判决由一名审判长、两名常任陪审法官和两名非常任陪审法官负责。审判长和常任陪审法官由联邦普通法院的法官担任，非常任陪审法官由涉案法官所属法院系统的终身法官担任。所有法院的院长和常务副院长不得担任职务法庭成员。

(三)职务法庭之审判长、陪审法官及其候补人员，均由联邦普通法院院长会议确定。审判长和陪审法官任期为五年。非常任陪审法官应当从各联邦法院院长的推荐名单中按顺序任命。

(四)职务法庭视为《法院组织法》第132条意义上的民事庭。

第62条【职务法庭的管辖】

(一)联邦职务法庭对下列事务有终审裁决权：

1. 惩戒事件，包括退休法官之惩戒事件；
2. 为维护司法利益的调任事件；
3. 终身法官和定期法官的下列事务：

(1)任命的无效，

(2)任命的撤回，

(3)免职，

(4)因丧失工作能力而退休，

(5)因部分丧失工作能力而限制法官的任用；

4. 下列措施的撤销：

（1）因法院组织的变更而采取的措施，

（2）本法第 37 条第 3 款规定的法官借调，

（3）涉及试用法官和代理法官的免职、撤回任命或确认任命无效或因丧失工作能力勒令退休的决定，

（4）指派兼职，

（5）因本法第 26 条第 3 款规定的原因而采取的职务监督措施，

（6）本法第 48a-48c 条规定的减轻工作任务或留职停薪的决定。

（二）联邦职务法庭负责对各州职务法庭判决的再上诉（第 79 条）。

第 63 条【惩戒程序】

（一）针对法官的惩戒事件，准用《联邦惩戒法》的规定。

（二）职务法庭根据最高职务主管部门的申请裁定暂时停止职务和扣留薪俸以及裁定撤销上述措施。裁定应当送达最高职务主管部门和相关法官。

（三）联邦职务法庭在惩戒程序中引用关于上诉诉讼费之规定的，可适用《联邦惩戒法》第 78 条。在诉讼费方面，针对主管上级之惩戒命令提起的诉讼程序与职务法庭的罚款程序相当。在诉讼费方面，申请暂时停止职务和扣除薪俸的程序适用申请中止上述措施的程序规定。

第 64 条【惩戒措施】

（一）通过惩戒命令的形式只能科处警告。

（二）对各最高层级联邦法院的法官仅能科处警告、罚款或撤职。

第 65 条【调任程序】

（一）为维护司法利益而调任的司法程序（调任程序），准用《行政法院法》的相关规定。

（二）（调任）程序以最高职务主管部门提出申请而启动。不设置前置程序。联邦行政法院中的联邦利益代表不参与调任程序。

（三）法院（经审理后）宣布第 31 条规定的措施合法，或驳回申请。

第 66 条【复核程序】

(一)第 62 条第 1 款第 3、4 项规定事项的司法程序(复核程序),准用《行政法院法》的相关规定。联邦行政法院中的联邦利益代表不参与该程序。

(二)只有第 62 条第 1 款第 4 项规定事项的司法程序才设置前置程序。

(三)第 62 条第 1 款第 3 项规定事项的司法程序通过最高职务主管部门的申请而启动,第 4 项规定事项的司法程序以法官提出申请而启动。

第 67 条【复核程序的判决形式】

(一)对于第 62 条第 1 款第 3 项第 1 种情形,法院确认无效或者驳回申请。

(二)对于第 62 条第 1 款第 3 项第 2-4 种情形,法院确认措施或免职合法或驳回申请。

(三)对于第 62 条第 1 款第 4 项第 1-4 种情形,法院确认撤销措施或驳回申请。

(四)对于第 62 条第 1 款第 4 项第 5 种情形,法院确认措施违法或驳回申请。

第 68 条【程序的中止】

(一)如果职务监督措施由于本法第 26 条第 3 款规定的原因被撤销,且判决结果取决于法官关系的存在与否,而法官关系的存在与否又是另一程序的标的,则在该程序完成以前,职务法庭应当中止审理。中止审理裁定应当说明理由。

(二)如果其他法院的程序尚未启动,职务法庭可以在中止审理裁定中确定一个启动程序的合理期限。如果程序在该期限届满时仍未启动,职务法庭无须其他实质审查即可驳回申请。

(三)如果非职务法庭的判决取决于职务监督措施是否由于本法第 26 条第 3 款规定的原因违法,则在职务法庭的程序完成之前,非职务法庭应当中止审理。中止审理裁定应当说明理由。第 2 款准用于上述情形。

第四节　联邦宪法法院法官

第 69 条【适用本法的限制】

在与《基本法》和《联邦宪法法院法》规定的联邦宪法法院法官的特殊法律地位相一致的前提下，本法适用于联邦宪法法院法官。

第 70 条【作为联邦宪法法院法官的联邦法官】

（一）各最高层级联邦法院的法官成为联邦宪法法院成员后，其作为最高层级联邦法院法官的权利和义务中止。

（二）联邦宪法法院法官在根据《联邦宪法法院法》第 98 条终止职务时，如申请以最高层级联邦法院法官的身份退休，应予批准。

第三章　州法官

第 71 条【《公务员法律地位法》的效力】

在特别规定出台之前，州法官的法律地位适用《公务员法律地位法》，本法另有规定的除外。

第 71a 条【《公务员供给法》的适用】

《公务员供给法》第一至八章适用于州法官的退休，本法另有规定的除外。

第 72 条【法官委员会的组成】

各州设立法官委员会。委员由（全体）法官从法官中直接、秘密选举产生。

第 73 条【法官委员会的职责】

法官委员会的职责至少应当包括：

1. 参与法官的一般和社会事务，

2. 与人事代表机构共同参与涉及法官和法院工作人员的一般和社会事务。

第 74 条【评议委员会的组成】

（一）每个法院系统设立一个评议委员会。法律也可以规定多个法院系统共同设立一个评议委员会。

（二）评议委员会主席由一名法院院长担任，其他评议委员由法官担任，在其他评议委员中，至少一半评议委员应当由法官选举产生。

第 75 条【评议委员会的职责】

(一)在任命法官担任基本薪俸高于初始职务的职务时，评议委员会应当参与任命程序。评议委员会就法官的个人和专业能力提交书面意见和理由。

(二)评议委员会还可以承担其他职责。

第 76 条【退休年龄】

(一)终身法官在达到退休年龄后退休(一般退休年龄)。

(二)法律可以规定，法官达到特定年龄后可以申请退休。

第 76a 条【非全职工作】

(法官)可以从事非全职工作。

第 77 条【职务法庭的设立】

(一)各州组建职务法庭。

(二)职务法庭由一名审判长、若干名常任陪审法官和若干名非常任陪审法官组成，常任陪审法官和非常任陪审法官的人数应当相等。职务法庭的所有成员均应为终身法官。非常任陪审法官应由涉案法官所属法院系统的法官担任。

(三)职务法庭成员由所属法院院长会议确定。州立法机关可以规定，该院院长会议应当按照其他法院院长会议出具的推荐名单任命。法院院长和常务副院长不得担任职务法庭成员。

(四)州法律可以作出与第 1 款第 2 句不同的规定，规定来自律师界的名誉法官也可以担任(职务法庭的)常任陪审法官。只有当选为律师协会理事的律师才能被任命为职务法庭成员。职务法庭成员不得同时担任律师协会理事或律师代表大会代表，也不得在律师协会和律师代表大会从事全职或兼职工作。职务法庭的律师成员由职务法庭所属法院院长会议任命，任期五年；任期届满后可以连任。院长会议在任命律师担任常任陪审法官时受律师协会理事会出具的推荐名单约束。如果在职务法庭辖区内存在多个律师协会，来自各律师协会的职务法庭成员人数在比例上应当与各律师协会会员人数的比例相当。院长会议确定(职务法庭中的)律师成员人数。推荐名单中的人数至少应当是任命人数的 1.5 倍。州法对于职务法庭律师成员的任命程序作出进一步规定。

第 78 条【职务法庭的管辖】

职务法庭针对下列事务作出裁判：

1. 包括退休法官在内的所有法官的惩戒案件；

2. 为维护司法利益的调任；

3. 终身法官和定期法官的下列事务：

(1)任命的无效，

(2)任命的撤回，

(3)免职，

(4)因丧失工作能力而退休，

(5)因部分丧失工作能力而限制派用；

4. 下列措施的撤销：

(1)因法院组织的变更而采取的措施，

(2)本法第 37 条第 3 款规定的法官借调，

(3)涉及试用法官和代理法官的免职、撤回任命或者确认任命无效或者因丧失工作能力勒令退休的决定，

(4)指派兼职，

(5)因本法第 26 条第 3 款规定的原因而采取的职务监督措施，

(6)减轻工作任务或者勒令休假的决定。

第 79 条【审级】

(一)职务法庭的诉讼程序至少应当包括两审。

(二)对于本法第 78 条第 2、3、4 项规定案件，诉讼参加人可以根据本法第 80 条向联邦职务法庭提出再上诉。

(三)对于本法第 78 条第 1 项规定的案件，州立法机构可以规定由联邦职务法庭负责再上诉。

第 80 条【调任程序和复核程序的再上诉】

(一)调任程序和复核程序中的再上诉准用《行政法院法》的规定。联邦行政法院中的联邦利益代表不参与上述程序。

(二)再上诉都应予以准许。

(三)再上诉理由必须是相关判决未适用或未正确适用某一法律规范。

第 81 条【惩戒程序中再上诉的准许】

(一)如果州立法机构规定，惩戒程序可以向联邦职务法庭提起再上诉(第 79 条第 3 款)，则再上诉须经州职务法庭准许，但第 3 款规定的情形除外。具备下列情形之一的，(州职务法庭)方可准许再上诉：

1. 所涉法律事项具有基础意义；

2. 判决与联邦职务法庭的判决不同且正是基于该不同作出的。

(二)在判决送达后两周之内，(当事人)可以提起抗告，请求撤销不准再上诉的决定。抗告应当向作出申诉人要求撤销的决定的法院提出。抗告书中应当说明案件所涉法律事项的基础意义，或指明与要求撤销的判决不同的联邦职务法院的裁判。提起抗告具有阻却判决生效的效力。抗告未获支持的，联邦职务法庭通过裁定作出判决。(联邦职务法庭法官)一致同意不予受理或驳回抗告的，裁定中无须说明理由。联邦职务法庭驳回抗告之时，原判决生效。抗告获得支持的，再上诉期限自抗告裁定送达之日起算。

(三)存在下列重大程序瑕疵的，再上诉无须获得准许：

1. 法庭的组成不符合法律规定，

2. 依法不得履行法官职务或由于可能偏袒一方已被申请回避的法官参与了判决，或者

3. 判决未说明理由。

第 82 条【惩戒程序的再上诉程序】

(一)再上诉应在判决或准许再上诉的裁定送达后两周内，向作出被要求撤销的判决的法院以书面形式或口头声明的方式提起，以口头声明方式提起的，应在书记处做成书面记录，必须在提起再上诉后两周内说明再上诉理由。理由中应当说明，判决的哪些内容应当被撤销，哪些内容应当改判，以及申请撤销或改判的理由。准用第 80 条第 3 款。

(二)被要求撤销的判决所认定的事实对联邦职务法庭有约束力，但当事人针对该事实认定提出了合法有据之再上诉理由的除外。

(三)准用《行政法院法》第 144 条第 1 款和第 158 条第 1 款。

法院通过判决驳回再上诉或撤销原判决。

第 83 条【程序规定】

对于(州法官的)惩戒程序、调任程序和复核程序，准用本法第 63 条第 2 款、第 64 条第 1 款、第 65-68 条。州立法机关可以针对州法官惩戒案件的诉讼费用作出规定。

第 84 条【宪法法官】

本法在何种程度上适用于州宪法法院成员，由州法规定。

第 85-103 条

(已被修正和废止)

第四章　过渡条款和补充规定

第一节　联邦法律的修订

第 104 条【已废止条款的援引】

其他法律和条例援引已被本法废止的规定或名称的，以本法中相应的规定或名称代替。

第二节　法律关系的过渡

第 105 条【终身法官和定期法官的过渡规定】

(一)在本法生效之前取得终身公职或任期公职的专职法官，自动取得本法规定的终身法官和定期法官的法律地位。

(二)在本法生效之前未取得法官资格(就在法院任职)的人员，可以根据本法生效前的规定继续在法院任职。

(三)在 1945 年 5 月 8 日后为担任法官职务已经宣誓的人员，可以免除其宣誓(本法第 38 条)义务。

第 106 条【试用法官、代理法官和借调法官的过渡规定】

(一)在本法生效之前取得试用公职并且履行法官职务的人员，自动取得试用法官的法律地位。本法第 12 条第 2 款与第 22 条第 1 款和第 2 款规定的期间自实际任职之时起算。

(二)终身或任期公务员在本法生效前已经代理履行法官职务的，可以在本法生效后一年内继续履行该职务。在此之后，该人员只能根据本法的规定在法院任职。

第 107 条

（已废止）

第 108 条

（已废止）

第 109 条【法官资格】

在 2003 年 7 月 1 日已经具备法官资格的，继续保留这一资格。

第 110 条【高级行政官员资格】

在本法生效以前在完成三年以上大学法学教育和三年以上公职培训，且参加法律规定的考试取得高级行政官员资格的人员，在本法生效以后也可以被任命为宪法法院系统、行政法院系统和社会法院系统的法官。准用第 19 条第 1 款第 1 项。

第 111 条【劳动法院和社会法院的审判长】

（一）在本法生效前符合《劳动法院法》第 18 条第 3 款和《社会法院法》第 9 条第 2 款规定之条件的人员，在本法生效后两年之内仍可被任命为劳动法院和社会法院的审判长；准用第 19 条第 1 款第 1 项。本法生效后两年之内，劳动法院的审判长仍可被任命为定期法官。对定期法官，仍适用本法生效前的《劳动法院法》第 18 条第 4 款和第 19 条。

（二）根据《社会法院法》第 207 条第 1 款基于州法规定任命审判长的，适用前款规定。

第 112 条【对外国考试的承认和在外国取得之教育证明的认证】

（一）《联邦难民法》关于考试承认的规定，以及州法关于专业科目大学考试承认的规定不受本法的影响。

（二）来自《统一协议》第 3 条所规定区域的德国人，1990 年 10 月 3 日以前在国外参加的司法考试，如根据前民主德国与苏联或与中、东欧的苏联盟国签署的国际条约或根据其法律规定，该考试在民主德国相当于法律本科毕业且相当于第一次国家考试的，可被认可为本法第 5 条第 1 款意义上的第一次国家考试。

第 112a 条【与法律见习服务资格考试相当的考试】

（一）在欧盟成员国、《欧洲经济区协定》其他成员国或瑞士获得大学法学文凭，且根据《欧洲律师在德国执业法》第 1 条有资格在该国参加大学毕业后的职业培训的，可批准其(在德国)参加见习服务的申请，但其知识和能力应相当于通过本法第5条第1款规定的必修科目国家考试所代表的知识和能力。

(二)根据第1款规定而进行的能力审查，包括对大学文凭和相关证明的查验，尤其是学业证书、考试证书、其他能力证明和从事相关职业的经历证明。如审查后认为外国考试和本法第5条第1款规定之考试不具有等值性，可根据当事人的申请进行资格考试。

(三)资格考试是以德语进行的国家考试，内容涉及必要的德国法知识，考查申请人是否有能力成功完成法律见习服务。考试科目为民法、刑法和公法以及各自的程序法。在第2句规定的各法律领域中，申请人应当针对在第2款第1句规定的审查范围内未能证实已经充分掌握的法律领域，(在资格考试中)完成必修科目国家考试中涉及该领域的笔试。

(四)符合下列条件的，即为通过资格考试：

1. 申请人通过笔试的场数达到考试所在州的法律所规定的通过必修科目国家考试所需要通过的笔试场数，但不得低于必修科目国家考试全部笔试场数的一半，并且

2. 在第3款第1句规定的法律领域中，申请人至少通过了其中两个领域的笔试，并且其中至少包括一场民法领域的笔试。

在第3款第2句规定的法律领域中，对于在第2款第1句规定的考查中证实(申请人)已经充分掌握的法律领域，该领域的笔试视为已经通过。

(五)未通过资格考试的，可以重考一次。

(六)根据第1款所确认的等值性具有通过本法第5条第1款意义上的第一次司法考试的效力。

(七)等值性审查和资格考试由州司法行政机关或根据州法举办必修科目国家考试的其他机构负责。两个以上的州可以通过签署协议设立共同的机构负责审查和资格考试。

第113-118条

(已废止)

第三节　补充规定

第 119 条

（已废止）

第 120 条【联邦专利法院的技术成员】

符合《专利法》第 65 条第 2 款规定的条件的人员，也具有联邦专利法院法官的资格。本法第 19 条第 1 款第 I 项适用于上述情形。

第 120a 条【关于职务称号的特别规定】

本法关于职务称号的规定不适用于联邦宪法法院法官。

第 121 条【联邦法官担任州立法机构成员】

关于 1978 年 6 月 1 日以后选人州立法机构的联邦法官的法律地位，适用 1977 年 2 月 18 日通过的《议员法》(《联邦法律公报》第一卷第 297 页)第 5-7 条、第 23 条第 5 款和第 36 条第 1 款针对选人德国联邦议会的法官的规定。法官如果由于担任立法机构成员而不享有生活费性质的补偿，其之前薪俸的百分之五十应当继续保留；基于《联邦薪俸法》第 14 条的普通加薪应当予以考虑。

第 122 条【检察官】

（一）只有具备法官资格（本法第 5-7 条）的人员才能被任命为检察官。

（二）检察官职务相当于本法第 10 条第 1 款意义上的法官职务。

（三）本法第 41 条适用于检察官。

（四）针对检察官的惩戒程序中，由法官职务法庭作出裁判。（职务法庭的）非常任陪审法官应由终身检察官担任。联邦职务法庭中的非常任陪审法官由联邦司法部长任命。州职务法庭中的非常任陪审法官的任命由州立法机构规定。

（五）第 1 至 4 款和本法第 110 条第 1 句适用于联邦行政法院的联邦利益代表、联邦军纪检察官、州行政法院系统中的检察官；联邦职务法庭的非常任陪审法官由联邦司法部长在征得主管部长同意后任命。

第 123 条【律师职业法庭的组成】

1959 年 8 月 1 日通过的《联邦律师法》(《联邦法律公报》第 1 部

分，第565页）第94条第1款和第101条第3款不受本法影响。由律师法庭审判长或律师法院院长担任名誉法官的法院，由州司法行政机关确定。

第124条【职业转换】

（一）根据1990年8月31日《统一协议》附件1第3章A主题第3节第8项和《1990年9月23日法律修正案》（《联邦法律公报》第2部分，第885页）第1条而具有职业法官资格者，只要具备一定的资格和能力，即使被任命为终身法官后，也可以被任命为终身公务员而担任检察官，该任命应当征得相关法官的书面同意。

（二）（前款规定的）资格和能力通过在检察院的两年试用来证明，并在职务评价中予以确定。

（三）如果在第2款规定的职务评价中不能确定（法官）具备（担任检察官的）资格和能力，该法官继续担任（试用之前）已经取得的职务。

（四）根据1990年8月31日《统一协议》附件1第3章A主题第3节第8项字母z双字母cc下和《1990年9月23日法律修正案》（《联邦法律公报》第2部分，第885页）第1条而具有检察官资格者，在被任命为终身公务员担任检察官之后又被任命为法官的，也适用第1-3款。法官在检察院试用期间的职务称号是"检察官"。

第125条

（已废止）

第126条【生效】

本法自1962年7月1日生效。但第114-116条自公布次日生效。

德国《联邦公务员法》[1](节选)

第一章　一般规定

第1条　适用范围

本法适用于联邦公务员，除非法律另有其他规定。

第2条　主管公务员的权能

联邦及其他直属联邦的团体、机构和公法上的基金会有权任用公务员，他们在本法生效时有此权能，或嗣后通过法律规定、法律授权等方式获得该权能。

第3条　概念规定

(一)公务员的最高主管机关为其职务所属部门(供职部门)的最高主管机关。

(二)对下属公务员的个人工作享有公务员法上的决定权者，为公务员的主管上级。

(三)有权作出工作命令者，为上级。

(四)主管上级关系和上级关系由行政体系结构决定。

第二章　公务员关系

第4条　公务员关系

公务员与其上级主管部门之间的关系是公法上的工作关系和信赖关系(公务员关系)。

---

① 《联邦公务员法》，德文"Bundesbeamtengesetz"，简称"BBG"，2009年2月5日颁布(《联邦法律公报》第1部分，第160页)，经2015年12月3日的法律修正案第2条最新修订(《联邦法律公报》第1部分，第2178页)。

第5条　公务员关系的许可

只有承担下列任务的人员，始可被任命进入公务员关系之中：

1. 国家主权方面的任务，或

2. 为保障国家和公共生活安全，不得委托给私法上职务关系之人的任务。

第6条　公务员关系的种类

（一）长期承担本法第5条规定之任务的，公务员关系为终身。此为一般情况。（二）在法律有特别规定的情况下，允许附时间限制的公务员关系，其在限定期限内承担本法第5条规定的任务。法律未作其他规定的，对有时间限制的公务员关系，相应适用关于终身公务员关系的规定。

（三）试用期公务员关系须经过一定的试用期后

1. 作为终身公务员，或

2. 委以领导职务

（四）临时公务员关系须

1. 完成实习期，或者

2. 临时承担本法第5条规定的任务。

（五）名誉公务员关系承担本法第5条规定的任务无报酬。名誉公务员关系不得转为其他种类的公务员关系，公务员关系不得转为名誉公务员关系。

第五章　公务员关系的结束

第一节　解聘

第30条　结束的根据

公务员关系因下列各项原因而结束：

1. 解聘，

2. 丧失公务员权利，

3. 依据《联邦公务员惩戒法》被剥夺公务员关系，或者

4. 进入退休状态。

第34条　试用期公务员的解聘

（一）如果具备下列情形之一的，本法第6条第3款第1句意义

上的试用期公务员可以被解聘：

1. 终身公务员关系中的行为导致降低薪金；

2. 未能经受住本法第 11 条第 1 款第 1 句第 2 项规定的考验；

3. 工作能力欠缺，不可能工作到退休，或者

4. 机构撤销，或所在机构的组成或任务发生重大变化，或在机构合并中其工作岗位受到影响，且不可能另作他用。第 1 句第 2 项的情况不包括健康原因，在第 3 项情况下应审查其是否适合其他工作。

(二)在下列受雇佣期限下，解聘期限为

1. 受雇期限为三个月的，为两周到月末，且

2. 受雇期限超过三个月的，为六周到季末。试用期公务员关系期间在同一最高主管机关管辖范围内持续工作的时间视为受雇期限。

(三)在本法第 1 款第 1 项情况下解聘可不受相关期限规定的约束。相应适用《联邦公务员惩戒法》第 21 条至第 29 条的规定。

(四)试用期公务员在达到终身公务员关系的年限要求的当月底解聘。

第 37 条　临时公务员的解聘

(一)临时公务员可以随时被解聘。解聘不受有关期限规定的约束。相应适用本法第 34 条第 4 款的规定。

(二)临时公务员处于见习服务期(im Vorbereitungsdienst)的，应给予其完成见习服务并参加考试的机会。他们的公务员关系在下列时间点解除：

1. 获知通过考试或确定没有通过考试；或者

2. 获知没有通过必须的期中考试(Zwischenprüfung)。

第 41 条　丧失公务员权利

(一)公务员在正式的刑事诉讼中被德国法院以判决形式

1. 因故意犯罪行为被科处一年以上自由刑的，或者

2. 因故意犯罪行为，依据有关危害和平、叛乱、危害民主法治国家或者叛国和危害外部安全，或者如果该行为与职务行为有关，被科处六个月以上自由刑的，

判决生效后公务员关系随即终结。如果担任公职的资格被剥夺，或者根据宪法法院依据《基本法》第 18 条作出的裁决，公务员丧失某一基本权利的，相应适用此规定。

（二）如果法律未作其他规定，在公务员关系依据本条第 1 款结束后，相关公务员不得索要薪金和其他待遇。官衔以及授予的与职务相关的称号不得再使用。

第 42 条　撤销程序的效力

（一）如果具有丧失公务员权利效力的决定在撤销程序中被不具有此效力的决定取代，公务员关系视为没有解除。只要未达到规定的年龄且能继续工作，相关公务员有权转入与其原来职务相同的或相似的职业，并获得和过去职务相当的基本薪金。在转入新的职务之前，相关公务员获得原来应有薪金。

（二）依据在撤销程序中认定的事实或依据以前的决定所作之生效判决，启动了旨在解除公务员关系的惩戒程序的，公务员丧失其依据本条第 1 款规定的权利，但以被科处解除公务员关系者危险。在决定生效前不得主张相关权利。

（三）试用期公务员或临时公务员因本法第 34 条第 1 款第 1 项规定的行为被解聘的，准用本条第 2 款的规定。

（四）其他劳动收入或赡养费视为本法第 1 款第 3 句意义上的薪金。公务员有义务提供相关信息。

第 43 条　赦免权

联邦总统或其指定机关享有关于丧失公务员权利的赦免权。公务员权利的丧失以赦免途径被完全消除的，即刻起相应适用本法第 42 条的规定。

第六章　公务员关系中的法律地位

第一节　一般的义务与权利

第 60 条　基本义务

（一）公务员为全体人民服务，不为政党服务。他们中立且公正地完成自己的任务，在履行公职时始终考虑大众利益。公务员必须通过自己的行为证明赞同并维护基本法意义上的自由民主基本制度。

（二）在政治活动中，公务员应当保持源自于不同于大众的地位和职责。

第 61 条　任务的完成，行为

（一）公务员必须全身心地投入工作。公务员必须无私地完成委托给自己的任务。公务员于公务内外的行为必须与其职业得到的尊重和信任相符。

（二）公务员有义务参加旨在维持或者提高其知识和能力的职业培训措施。

第 62 条　服从义务

（一）公务员必须向其上级提供建议和予以支持。负有执行公务命令的义务，并遵守公务方面的一般准则。如果根据特别的法律规定公务员可以不遵守命令且只服从法律的，不适用此规定。

（二）在机构调整情况下，公务员必须服从主管部门安排。

第 63 条　对合法性负责

（一）公务员对自己公务行为的合法性承担完全的个人责任。

（二）公务员对公务命令的合法性表示怀疑的，必须立即报告其直接上级。如果命令被维持，但对其合法性依然表示怀疑的，公务员应当报告上级的上级。如果命令得到确认，公务员必须执行，且不再承担个人责任。如果委托的行为侵害人的尊严或有刑事违法性或者秩序违法性，且公务员可以意识到此种违法性的，不适用此规定。经要求，确认必须以书面形式进行。

（三）上级要求立即执行命令，因为犹豫即有危险且上级的上级不能及时作出决定的，准用本条第 2 款第 3 句至第 5 句的规定。

第 66 条　禁止执行公务

最高主管机关或其指定机关可以基于紧迫的工作原因禁止公务员执行公务。如果在三个月内没有对该公务员提起惩戒诉讼程序或其他撤销任命或结束公务员关系的程序，禁止取消。

第 67 条　保密义务

（一）公务员应对其知道的或在履行公务期间知道的公务事务守口如瓶。在主管部门以外及公务员关系结束后，同样适用该规定。

(二)下列情形不适用本条第1款的规定:

1. 公务交往中知道的信息,

2. 被告知的公开的或者根据其重要性无须保密的事实,或者

3. 有事实根据证明存在刑法典第331条至第337条规定的贪腐犯罪嫌疑,而向最高主管机关、刑事追诉机关或者最高主管机关指定的机关告发。

此外,告发预谋的犯罪和维护自由民主的基本秩序的法定义务,不受本条第1款的影响。

(三)未经许可,就本条第1款规定的事务,公务员既不得在法庭内也不得在法庭外作证或者发表声明。许可由上级批准,公务员关系结束的,由最后一个上级批准。构成申明对象的事件发生在前主管部门的,只能在得到该前主管部门的同意后方可批准。

(四)即使公务员关系结束后,经上级或最后一个上级要求,公务员必须上缴官方文件、工作计划、进展一览表以及关于公务事件的各种记载,包括复制品。本规定同样适用于公务员的家属和继承人。

第71条　禁止接受报酬、礼物和其他利益

(一)公务员不得利用职务之便为自己或者他人索要、让其允诺或者接受报酬、礼物或者其他利益,公务员关系已经结束的,亦同。例外情况须经最高主管机关或者次最高主管机关同意。同意的权限也可以委托给其他机关。

(二)违反本条第1款的禁止规定之人,经要求,必须将基于违反义务行为所获得之物上交其上级,但在刑事诉讼中被命令没收,或者以其他方式被收归国有的除外。交出要求的范围相应适用《民法典》关于不当得利的返还的规定。本款第1句规定的上交义务还包括向上级提供所获得之物的种类、数量和下落的信息。

第75条　损害赔偿义务

(一)公务员故意或者重大过失地违反其负有的义务,应当向分配该项工作的供职部门赔偿由此造成的损失。损失由两个或者两个以上的公务员共同造成的,承担连带责任。

（二）供职部门已向第三人承担了损害赔偿责任的，供职部门针对第三人认可该赔偿请求权的时间，或针对供职部门作出有法律效力的确认的时间，即属于民法典时效规定意义上的知悉时刻。

（三）公务员向供职部门进行了赔偿，且供职部门对第三人有损害赔偿请求权的，损害赔偿请求权转移至公务员。

第 77 条　未履行义务

（一）公务员有责地违反其所承担的义务的，属于渎职。在职务之外，根据具体的情况，只有严重影响了职务应有的信任或者严重影响了公务员制度的，违反义务的行为始可被认为是渎职。

（二）对于已经退休和曾经领取过生活费的公务员，下列情形视为渎职：

1. 从事违反《基本法》意义上的自由民主基本秩序的行为；

2. 参与旨在影响联邦德国的存在或安全的行为；

3. 违反保密义务和告发义务、违反公务员关系结束后的禁止行为事项、违反禁止接受报酬、礼品和其他利益之规定；

4. 违反第 46 条第 1 款、第 2 款、第 4 款、第 7 款和第 57 条，有责地不履行某项职责，不接受进入公务员关系的新任命。

前一句中的第 1-3 项同样适用于享有养老金请求权的前公务员。

（三）对于渎职行为的追责依《联邦惩戒法》进行。

第三节　兼职

第 97 条　概念规定

（一）兼职是指履行兼任职务或者从事兼职工作。

（二）兼任职务是指从事那些不属于主要职务工作范围、但根据其他公法上的职务关系或公务关系而完成的任务。

（三）兼职活动是指任一种其他的、不属于本职工作的活动。

（四）接受名誉职务以及无报酬监护人职责的，不属于兼职。

第 98 条　公务内的兼职

经主管机关要求，公务员有义务从事公务内的兼职，但以该项工作与其职业教育相适应且未提出报酬要求者为限。

第 99 条　须经批准的兼职活动

（一）除本法第 100 条第 1 款列举情形外，公务员从事任何有报酬的兼职活动，均须经过事前批准。本规定同样适用于下列无报酬的兼职活动：

1. 接受某一兼任职务；

2. 商业的或自由职业工作或者两者的协作，和

3. 进入企业机构，但不包括合作社。

（二）对于兼职申请，得基于影响公共利益而拒绝批准，特别是对具有下列情形的兼职活动：

1. 就其工作方式和范围来看，需要投入过多精力而妨碍履行公务职责；

2. 可能与公务员职责相冲突；

3. 从事的是公务员所在机关拟完成或可能完成的工作；

4. 可能影响公务员公正性和公平性；

5. 可能导致公务员在未来任职中受到重大限制；

6. 有损国家管理形象的。

如果从其执业程度或工作绩效，或考虑到其种类、范围和期限等因素，兼职活动可以被视为第二职业的，一般也应当予以拒绝。

（三）如果一个或多个兼职活动的时间投入超过周工作时间的五分之一，即属于第 2 款第 2 句第 1 项所规定的条件。在履行公职能力受限的情况下，周工作时间的五分之一按照本法第 45 条第 2 款第 1 句缩短后的工作时间为根据。兼职活动所得报酬超过公务员职务年基本工资百分之四十的，也具备拒绝批准的条件。公务员若能提供事实证明其时间投入没有超过通常的周工作时间，或者在具体情况下不宜拒绝批准的，主管机关可以例外地批准兼职活动。在适用本款第 1 句至第 4 句时应当全面考虑申报的各项兼职活动。

（四）兼职活动批准期限最长为五年。可以对批准附加条件和负担。批准后发现兼职活动影响公务利益的，可以撤回批准。

（五）批准由最高主管机关做主。最高主管机关可以将该权限委托给下属机关。批准申请以及对申请的决定均用书面形式作出。公务员应当向作出决定的机关提供必要的证据，尤其是关于兼职活

动种类、范围以及报酬。上述情形发生任何变化的，也应当立即以书面形式通知主管机关。

第 100 条　无须批准的兼职活动

(一)下列兼职活动无须报批：

1. 公务员管理属于自己的财产；

2. 写作、科研、艺术或学术工作；

3. 公立高校和联邦军队高校内的教师和研究机构公务员，从事与教学科研相关的独立研究工作；

4. 在工会、职业联合会或公务员自助会等组织中从事维护公务员职业权益的活动。

(二)第 1 款第 2 项和第 3 项意义上的活动以及第 1 款第 4 项规定的工作，如果有报酬或金钱利益的，应当在接受前书面告知主管机关。尤其要说明工作种类和范围，以及预计酬劳情况。情况发生变化的，亦应立即书面告知主管部门。

(三)主管机关可以根据已有证明，要求以书面形式告知其所从事的无须批准的工作情况，尤其是工作的种类和范围。

(四)如果公务员从事的兼职工作有违职责，可以全部或部分禁止无须批准的兼职活动。

第四节　人事档案权

第 112 条　材料的清除

(一)不适用《联邦公务员惩戒法》第 16 条第 3 款和第 4 款第 1 句规定的有关异议、主张和评价的材料包括：

1. 如果材料被证明没有根据或者被证明是错误的，在征得公务员同意的情况下应立即从人事档案中清除或销毁，

2. 如果材料无益于公务员或者可能对公务员造成不利的，经申请于两年后清除并销毁；该规定不适用于对公务评价。

本款第 1 句第 2 项规定的期限可因本规定意义上的新的事实，或因开始刑事诉讼程序或惩戒程序而中止。新的指责被证明没有根据或者是错误的，该期限视同没有中止。

(二)对于不属于惩戒档案组成部分的刑事案件通告以及对联邦中央登记咨询的答复，在征得公务员同意的情况下，应在两年后

清除并销毁。该情况适用第 1 款第 2 句和第 3 句的规定。

第九章　复议途径和权利保护

第 125 条　申请和复议的官方途径

（一）公务员可以提出申请和复议。复议必须走官方途径。可以向最高主管机关进行复议。

（二）针对自己直接上级的复议，可直接向更高一级上级提出。

第 126 条　行政法途径

（一）公务员、退休公务员、前公务员及其遗属基于公务员关系的控告以及主管部门的控告，均应走行政法途径。

（二）所有控告均应依照《行政法院条例》第八章的规定进行审前程序。即使惩戒措施是由最高主管机关作出的，同样如此。

（三）最高主管机关可以颁布不同决定。对于并非必须由自己采取的措施，最高主管机关可以用一般命令形式委托给其他机关。该命令应当予以公开。

（四）对委派或调任提起的抗诉和撤销之诉，不具有延迟效力。

第 127 条　供职部门的代表

（一）在基于公务员关系的诉讼中，公务员的供职部门由该部门所属的或结束公务员关系时所属的最高主管机关代表参加诉讼。依据《公务员薪俸法》第 53 条至第 61 条提出请求权的，供职部门由最高主管机关作为业务主管者代替参加诉讼。

（二）最高主管机关不复存在，且未确定其他主管机关的，由联邦内政部代替参与诉讼。

（三）最高主管机关可以用一般规定的形式将代表权委托给其他机关。该命令应当在联邦法律公报中予以公布。

第 128 条　命令和决定的送达

根据本法规定应当告知公务员或领取生活费者的命令和决定，必须送达其本人，但以此等命令和决定规定了期限，或者公务员或领取生活费的权利因其而受到影响者为限。如果法律未作其他规定，根据《行政送达法》的规定送达。

德国《刑法典》[①]（节选）

第 11 条【人称和事物的含义】

（一）本法所说的

1. 亲属指：

a. 直系血亲和姻亲、配偶、同性生活伴侣、订婚者（包括同性生活伴侣关系法意义上的订婚）、兄弟姐妹、兄弟姐妹的配偶或生活伴侣、配偶或生活伴侣的兄弟姐妹。即使上述关系所产生的婚姻或生活伴侣关系解除，或者血亲和姻亲关系消灭，上述关系本身不受影响。

b. 养父母和养子女；

2. 公职人员指：

a. 官员或法官，

b. 具有其他公法意义上的职务关系的工作人员，

c. 其他被聘用在官方或其他机构或受其委托从事公务的人员；

2a. 欧洲公务人员指：

a. 欧盟委员会、欧洲中央银行、欧洲审计院以及欧盟下设法院的成员；

b. 欧盟或根据欧盟法律设立之机构的公务人员和职员；

c. 接受欧盟或根据欧盟法律设立之机构的委托而从事工作的人员；

3. 法官指：依德国法律担任的职业法官或名誉职法官；

---

① 德国《刑法典》，德文“Strafgesetzbuch”，简称“StGB”，1871 年 5 月 15 日颁布，经 2016 年 7 月 8 日的法律修正案第 1 条最新修订（《联邦法律公报》第 1 部分，第 1610 页）。

4. 从事特别公务的人员指：非公职人员而

a. 在官方或其他机构从事公务的，或

b. 在为官方或其他机构执行公务的社团或其他团体、企事业单位；

5. 违法行为仅指：实现了刑法规定的构成要件的行为；

6. 犯罪的实施指：犯罪的既遂和未遂；

7. 机关：包括法院在内；

8. 处分指：各种矫正与保安处分、充公、没收和查封；

9. 补偿指：各种以财产为内容的等价给付。

(二)本法所谓之故意犯罪是指：故意实现犯罪构成要件，其中包括故意实施本法规定构成要件为前提的行为而过失引起了特别的结果。

(三)文书指：录音、录像、数据储存、图片和用于同样目的之类似物品。

第 43a 条【财产刑的科处】

(一)法律规定适用本条规定的，法院在科处行为人终身自由刑或 2 年以上有期自由刑时，可要求行为人支付一笔款项，其数额应限制于其财产价值以内(财产刑)。在对行为人的财产进行评估时，被命令充公的财产利益不予估计。财产之价值可予以评估。

(二)相应适用第 42 条的规定(从宽缴纳)。

(三)在行为人不能缴纳财产刑情况下，法院规定一定期限的自由刑，以替代财产刑。替代自由刑的最高期限为 2 年自由刑，最低为 1 个月自由刑。

第 45 条【担任公职、选举和投票权的丧失】

(一)因犯重罪被判处 1 年以上自由刑的，在 5 年内丧失担任公职和公开选举的资格。

(二)如法律有特别规定，法院可剥夺受审判人第 1 款规定的资格，期间为 2 年以上 5 年以下。

第 73 条【充公的先决条件】

(一)正犯或共犯因违法行为取得财产利益的，法院命令将其充公。如因被害人收回财产利益而使数额抵消或减少的，不在此限。

(二)充公命令的效力范围涉及所得利益，还涉及正犯或共犯出让所得物而获得的财物或将攫取之财物作为被他人丧失、损坏或夺走的财物的补偿，或基于所得权利而获取的财物。

(三)如正犯或共犯为他人实施违法行为，而该他人因此取得财物的，应根据第1款和第2款的规定，命令将其充公。

(四)充公物属于他人所有或应属于他人所有的，仍应命令充公，但以该财物是由于他人为违法行为所提供或明知是犯罪行为而提供的为限。

第73a条【折价款的充公】

由于所得物的性质或其他原因，致使不能充公的特定物，或不能依第73条第2款第2句的规定充公代替物的，法院可命令将所得物折抵为适当价款充公。如价款低于所得物时，法院除充公该物外，仍可命令充公价款。

第73b条【估计】

应对所得物的数量及其价值，以及被害人的请求实现后所抵消或减少的财物利益作出估计。

第73c条【充公之免除与减少】

(一)如充公后将使被充公人处境艰难，可不命令充公。如所得物的价值在被充公人的财产中已不存在或所得物价值很小的，亦可不命令充公。

(二)允许减少充公数额的，可适用第42条的规定。

第73d条【其他情况的充公】

(一)违法行为触犯某一法律，且该法律指向本法规定的，如果有事实证明特定物用于违法行为或因违法行为而获得，法院可命令将正犯或共犯的特定物充公。因特定物是用于违法行为或因违法行为而获得，因而不属于正犯或共犯的，同样适用第1句的规定。相应适用第73条第2款的规定。

(二)特定物的充公在犯罪后全部或部分已不可能的，相应适用第73a条和第73b条的规定。

(三)在依第1款命令充公后，因正犯或共犯在命令之前实施的其他违法行为，被重新裁决充公正犯或共犯的特定物的，法院应考虑已经作出之命令。

(四)相应适用第73c条的规定。

第331条【接受利益】

(一)公务员、欧洲公务人员或从事特别公务的人员，为履行其职务行为而为自己或他人索要、让他人允诺或收受他人利益的，处3年以下自由刑或罚金。

(二)法官、欧盟下设法院成员、仲裁员，基于现在或将来的裁判行为，为自己或他人索要、让他人允诺或接受他人利益的，处5年以下自由刑或罚金。犯本罪未遂的，亦应处罚。

(三)行为人让他人允诺或接受的利益，非其本人所要求，而主管当局在其职权范围内，事先许可或行为人事后立即报告而被追认的，不依第1款处罚。

第332条【索贿】

(一)公务员、欧盟公务人员或从事特别公务的人员，基于现在或将来职务上的行为索取、让他人允诺或收受他人利益，因而违反或可能违反其职务义务的，处6个月以上5年以下自由刑或罚金；情节较轻的，处3年以下自由刑或罚金。犯本罪未遂的，亦应处罚。

(二)法官、欧盟法院成员、仲裁员，基于现在或将来的裁判行为索要、让人允诺或收受他人利益，因而违反或可能违反裁判义务的，处1年以上10年以下自由刑；情节较轻的，处6个月以上5年以下自由刑。

(三)行为人基于将来职务上的行为索要、让他人允诺或收受他人利益，而向他人示意，具备下列情形之一的，适用第1款和第2款的规定：

1. 行为违反其职务义务，或
2. 以是否获得利益来影响裁判的。

第333条【行贿】

(一)对公务员、欧盟公务人员、从事特别公务的人员或联邦国防军士兵，就其将来职务上的行为，为其本人或第三人提供、允诺或给予利益的，处3年以下自由刑或罚金。

(二)对法官、欧盟法院成员、仲裁员，就其现在或将来的裁判行为提供、允诺或给予利益的，处5年以下自由刑或罚金。

(三)主管当局在其职权范围内事先允许上述人员接受利益，或其立即报告后加以追认的，行为不依第1款处罚。

第334条【违反公职的行贿】

(一)对公务员、欧盟公务人员、从事特别公务的人员或联邦国防军士兵，就其现在将来职务上的行为提供、允诺或给予利益，因而违反其职责或可能违反其职责的，处3个月以上5年以下自由刑；情节较轻的，处2年以下自由刑或罚金。

(二)对法官、欧盟法院成员、仲裁员的裁判行为提供、允诺或给予利益，有下列情形之一的，在第1款情形下处3个月以上5年以下自由刑；在第2款情形下处6个月以上5年以下自由刑。犯本罪未遂的，亦应处罚。

1. 行为违反其裁判义务，或

2. 将来可能违反其裁判义务。

(三)行为人要求对方为将来的行为而提供、允诺或给予利益，有下列情形之一的，适用第1款和第2款的规定：

1. 行为违反其职责，或

2. 以是否获得利益来影响裁判。

第335条【情节特别严重的贿赂】

(一)犯下列条款之罪，情节特别严重的，在第1项情形下处1年以上10年以下自由刑；在第2项情形下处2年以上自由刑：

1. 第332条第1款第1句和与之有关的第3款，第334条第1款第1句和第2款，以及与之有关的第3款之罪，

2. 第332条第2款以及与之有关的第3款之罪。

(二)具备下列情形之一的，一般属于第1款意义上的情节特别严重：

1. 行为所涉及之利益巨大的，

2. 行为人继续索要并接受利益，将来足以违反其职责的，

3. 行为人以此为职业或作为为继续实施此等犯罪而成立的犯

罪集团成员犯此罪的。

第335a条【外国职员和国际职员】

(一)第332条、第334条以及第335条同样适用于下列人员将来的裁判行为或职务行为:

1. 外国或国际法院的法官;

2. 其他公务人员,包括:

a. 外国国家雇员或接受外国国家委托从事公务的人员;

b. 国际组织雇员或者接受国际组织委托从事工作的人员;

c. 外国国家的士兵,或者接受国际组织委托从事工作的士兵。

(二)第331条和第333条同样适用于下列人员将来的裁判行为或职务行为:

1. 国际刑事法院的法官;

2. 国际刑事法院的雇员。

(三)第333条第1款和第3款同样适用于下列人员将来的职务行为:

1. 北约其他国家驻德部队的士兵,且行为发生时在德国;

2. 该部队的雇员。

第336条【职务上的不作为】

为第331条至第335条规定的职务行为或法官的裁判行为的,视同不作为。

第338条【财产刑和扩大之充公】

在第332条和第334条、以及与之相关的第335a条至第337条情形下,如行为人以此为职业或系为继续实施此等犯罪而成立的集团成员的,适用第73d条的规定。

第339条【枉法】

法官、公务员或仲裁员在领导或裁判案件时,为有利于一方当事人或不利于一方当事人而枉法的,处1年以上5年以下自由刑。

第340条【职务中的身体伤害】

(一)公务员在执行公务或与公务有关的事务时,自己或令他人实施身体伤害行为的,处3个月以上5年以下自由刑。情节较轻的,处5年以下自由刑或罚金刑。

(二)犯本罪未遂的，亦应处罚。

(三)第224条至第229条的规定同样适用于本条第1款第1句的犯罪行为。

第343条【逼供】

(一)被任命参与下列程序的公务员，对他人进行虐待、使用暴力、暴力威胁或精神折磨，以逼迫其在程序中为一定陈述或解释，或不为一定陈述或解释的，处1年以上10年以下自由刑：

1. 刑事诉讼程序，行政性收容的科处程序，

2. 罚款程序或者

3. 惩戒程序或者名誉法官或职业法官诉讼程序。

(二)情节较轻的，处6个月以上5年以下自由刑。

第344条【追诉无辜者】

(一)被任命参与除科处非剥夺自由的处分(第11条第1款第8项)程序以外的其他刑事诉讼程序的公务员，明知他人无罪或依法不应受刑事追诉，而故意进行刑事追诉或请求进行刑事追诉的，处1年以上10年以下自由刑，情节较轻的，处3个月以上5年以下自由刑。第1句的规定同样适用于被任命参与命令行政监督程序的公务员。

(二)被任命参与科处非剥夺自由的处分(第11条第1款第8项)程序的公务员，明知他人依法不应当受到刑事追诉，而故意进行刑事追诉或请求进行刑事追诉的，处3个月以上5年以下自由刑。第1句的规定同样适用于被任命参与下列程序的公务员：1. 罚款程序，或2. 惩戒程序或名誉法官或职业法官诉讼程序。犯本罪未遂的，亦应处罚。

第345条【对无辜者的执行】

(一)被任命参与执行自由刑、剥夺自由的矫正及保安处分或行政收容的公务员，对依法不应当被执行的人故意执行刑罚、处分或收容的，处1年以上10年以下自由刑，情节较轻的，处3个月以上5年以下自由刑。

(二)过失犯本罪的，处1年以下自由刑或罚金刑。

(三)被任命参与执行第1款规定以外的刑罚或处分(第11条

第1款第8项)的公务员，对依法不应当被执行的人故意执行刑罚或处分的，处3个月以上5年以下自由刑。被任命参与下列执行者，亦同：1. 少年拘禁，2. 因违反秩序法而施加的罚款或附随后果，3. 治安罚款或治安拘留，或4. 惩戒处分，名誉法官或职业法官处分。犯本罪未遂的，亦应处罚。

第348条【职务中的虚假记载】

(一)有权制作文书的公务员，在其职权范围内，对法律上的重要事实作虚伪记录，或在官方的登记册、书籍或资料档案中作虚伪记载的，处5年以下自由刑或罚金刑。

(二)犯本罪未遂的，亦应处罚。

第353b条【侵害职务机密和违反特别保密义务】

(一)下列人员，未经许可而公开其知悉或了解到的机密，因而危及重大公共利益的，处5年以下自由刑或罚金刑。过失犯本罪而危及重大公共利益的，处1年以下自由刑或罚金刑：

1. 公务员，

2. 对公务负有特别义务的人员，或

3. 依《人身代理法》接受任务或委托之人。

(二)除第1款的情形之外，对于某一事实或消息

1. 依据联邦或州立法机构或其所服务的委员会的决议，负有保守秘密义务的人，或

2. 被另一个公务机关指明，违反保密义务将受刑罚处罚因而负有保守秘密义务的人，

将该事实或消息未经许可转告他人或予以公开，因而危及重大公共利益的，处3年以下自由刑或罚金刑。

(三)犯本罪未遂的，亦应处罚。

(四)本行为非经授权不得追诉。该授权

a. 在第1款情形下，行为人在为联邦或州的立法机关工作时获知的秘密，

b. 在第2款第1项情形下，由立法机关的议长作出。

a. 在第1款情形下，行为人在为联邦机关或联邦的其他公务机关工作时获知的秘密，

b. 在第 2 款第 2 项情形下，行为人被联邦的公务机关赋予保密义务的，由最高联邦机关作出。

第 353d 条【非法通报法庭审理情况】

有下列行为之一的，处 1 年以下自由刑或罚金刑：

1. 违反法律禁令，将不予公开的法院审理活动或与案件有关之公文非法予以公开的，

2. 违反法院根据法律所赋予的缄默义务，将从非公开审理的案件中、或从与案件有关的公文中所获悉的事实非法予以公开的，或者

3. 将刑事诉讼、行政罚款程序或惩戒程序的起诉书或其他公文，在未公开讨论或在诉讼程序结束前，将其全部或其重要部分公布于众的。

第 357 条【引诱下属犯罪】

(一)上司引诱或试图引诱下属犯渎职罪，或容忍下属犯渎职罪的，依其所引诱或容忍之罪处罚。

(二)受委托负责监督或管理其他公务人员事务，受监督或管理的公务人员犯渎职罪，如其与监督或管理的事务有关的，适用第 1 款的规定。

第 358 条【附随后果】

除依第 332 条，第 335 条，第 339 条，第 340 条，第 343 条，第 344 条，第 345 条第 1 款和第 3 款，第 348 条，第 352 条至第 353b 条第 1 款，第 355 条和第 357 条的规定处六个月以上自由刑外，法院还可剥夺行为人担任公职的资格(第 45 条第 2 款)。

主要参考文献

一、中文文献

(一)著作

1. 范愉主编:《司法制度概论》，中国人民大学出版社 2004 年版。
2. 韩苏琳编译:《美英德法四国司法制度概况》，人民法院出版社 2008 年版。
3. 怀效锋主编:《法院与法官》，法律出版社 2006 年版。
4. 李承亮编译:《德国法学教育与司法考试法》，人民出版社 2011 年版。
5. 李德志主编:《人事行政学》，高等教育出版社 2001 年版。
6. 全亮著:《法官惩戒制度比较研究》，法律出版社 2011 年版。
7. 邵建东主编:《德国司法制度》，厦门大学出版社 2010 年版。
8. 宋远升著:《法官论》，法律出版社 2012 年版。
9. 王公义等课题组编著:《外国司法体制若干问题概述》，法律出版社 2005 年版。
10. 谢怀栻译:《德意志联邦共和国民事诉讼法》，中国法制出版社 2001 年版。
11. 徐静村主编:《21 世纪中国刑事程序改革研究》，法律出版社 2003 年版。
12. 薛刚凌主编:《外国及港澳台行政诉讼制度》，北京大学出版社 2006 年版。
13. [美]布莱恩·福斯特著:《司法错误论——性质、来源和救济》，刘建坤译，中国人民公安大学出版社 2007 年版。
14. [德]马克西米利安·福克斯著:《侵权行为法》，齐晓琨译，法律出版社 2006 年版。

15. [意]莫诺·卡佩莱蒂著：《比较法视野中的司法程序》，徐昕、王奕译，清华大学出版社 2005 年版。

(二)期刊

1. 陈杭平：《在司法独立与司法负责之间——美国州法官考评制度之考察与评析》，载《当代法学》2015 年第 5 期。
2. 胡岩：《论司法错误与司法责任——兼论“错案追究制”的正当性》，载《法律适用》2011 年第 3 期。
3. 蒋惠岭：《论法官惩戒程序之司法性》，载《法律适用》2003 年第 10 期。
4. 蒋惠岭：《严格约束司法职务外活动》，载《法律适用》2001 年第 9 期。
5. Matthias Goebel：《德国法院在公务员惩戒救济制度中的角色》，载《法律适用》2014 年第 5 期。
6. 王伦刚、刘思达：《从实体问责到程序之治——中国法院错案追究制运行的实证考察》，载《法学家》2016 年第 2 期。
7. 叶林、汪强：《法官弹劾制度刍议》，载《安徽广播电视大学学报》2005 年第 2 期。
8. 尹泽海：《论法官职务监督与法官独立》，载《河北科技大学学报(社会科学版)》2005 年第 1 期。
9. [德]博德：《德国的司法职业与司法独立》，载宋冰编：《程序、正义与现代化——外国法学家在华演讲录》，中国政法大学出版社 1998 年版。
10. [德]沃尔夫冈·塞勒特著：《“法官独立”和“法官法定”原则在德国的历史发展》，马红湘译、方小敏校，载《南京大学法律评论》1997 年春季号。

(三)学位论文

1. 钱雪丽：《论我国法官责任追究制之完善》，华东政法大学 2015 年硕士学位论文。
2. 苏海清：《法官过错责任追究机制研究》，华东政法大学 2015 年硕士学位论文。
3. 朱崇坤：《法官错案责任追究的法理分析》，中共中央党校 2014 年博士学位论文。

4. 赵建伟：《职务犯罪应对措施国际比较研究》，大连海事大学2009年博士学位论文。

二、外文文献

1. Eisele, Strafrecht-Besonderer Teil: Bd. I, Straftaten gegen die Person und die Allgemeinheit, 3. Aufl., 2014.
2. Hummel, Dieter; Köhler, Daniel; Mayer, Dietrich: BDG Bundesdisziplinargesetz und materielles Disziplinarrecht. Kommentar für die Praxis. Bund-Verlag, Frankfurt, 5. Auflage 2012.
3. Kindhäuser, Strafrecht, Besonderer Teil I, Straftaten gegen Persönlichkeitsrechte, Staat und Gesellschaft, 6. Aufl., 2014.
4. Kindhäuser, Strafgesetzbuch, Lehr-und Praxiskommentar, 6. Aufl., 2015.
5. Münchener Kommentar zum Strafgesetzbuch, 2. Aufl., 2011 ff.
6. Nomos Kommentar Strafgesetzbuch, 4. Aufl., 2013.
7. Systematischer Kommentar zum Strafgesetzbuch, 2014.
8. Wessels/Hettinger, Strafrecht, Besonderer Teil 1, Straftaten gegen Persönlichkeits-und Gemeinschaftswerte, 38. Aufl., 2014.
9. David S. Clark, The Selection and Accountability of Judges in West Germany, 61 S. Cal. L. Rev. 1840.
10. Erb, Zur Verfolgung von Rechtsbeugung in Kollegialgerichten, NStZ 2009, 189ff.
11. Herzog/Roggan, Zu einer Reform der Strafbarkeit wegen Aussageerpressung- § 343 StGB, GA 2008, 142ff.
12. Jäger, Die Delikte gegen Leben und körperliche Unversehrtheit nach dem 6. Strafrechtsreformgesetz JuS 2000, 31ff.
13. Samtleben, Die rechtliche Veranwortlichkeit der Richter, in G. Drobing & H. Puttfarken eds. Deutsche Landesreferate zum Privatrecht und Handelsrecht 85, 1982.
14. Schiemann, Rechtsbeugung durch den Strafrichter. Der Fall Schill, NJW 2002, 112ff.